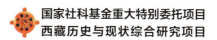

国家社科基金重大特别委托项目
西藏历史与现状综合研究项目

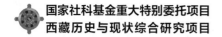

国家社科基金重大特别委托项目
西藏历史与现状综合研究项目

多元文化共演与
经济社会变迁

——川西北牧民定居调查

文艳林　著

社会科学文献出版社
SOCIAL SCIENCES ACADEMIC PRESS (CHINA)

总　序

郝时远

　　中国的西藏自治区，是青藏高原的主体部分，是一个自然地理、人文社会极具特色的地区。雪域高原、藏传佛教彰显了这种特色的基本格调。西藏地区平均海拔 4000 米，是人类生活距离太阳最近的地方；藏传佛教集中体现了西藏地域文化的历史特点，宗教典籍中所包含的历史、语言、天文、数理、哲学、医学、建筑、绘画、工艺等知识体系之丰富，超过了任何其他宗教的知识积累，对社会生活的渗透和影响十分广泛。因此，具有国际性的藏学研究离不开西藏地区的历史和现实，中国理所当然是藏学研究的故乡。

　　藏学研究的历史通常被推溯到 17 世纪西方传教士对西藏地区的记载，其实这是一种误解。事实上，从公元 7 世纪藏文的创制，并以藏文追溯世代口传的历史、翻译佛教典籍、记载社会生活的现实，就是藏学研究的开端。同一时代汉文典籍有关吐蕃的历史、政治、经济、文化、社会生活及其与中原王朝互动关系的记录，就是中国藏学研究的本土基础。现代学术研究体系中的藏学，如同汉学、东方学、蒙古学等国际性的学问一样，曾深受西学理论和方法的影响。但是，西学对中国的研究也只能建立在中国历史资料和学术资源基础之上，因为这些历史资料、学术资源中所蕴含的不仅是史实，而且包括了古代记录者、撰著者所依据的资料、分析、解读和观念。因此，中国现代藏学研究的发展，不仅需要参考、借鉴和吸收西学的成就，而且必须立足本土的传统，光大中国藏学研究的中国特色。

作为一门学问，藏学是一个综合性的学术研究领域，"西藏历史与现状综合研究项目"即是立足藏学研究综合性特点的国家社会科学基金重大特别委托项目。自 2009 年"西藏历史与现状综合研究项目"启动以来，中国社会科学院建立了项目领导小组，组成了专家委员会，制定了《"西藏历史与现状综合研究项目"管理办法》，采取发布年度课题指南和委托的方式，面向全国进行招标申报。几年来，根据年度发布的项目指南，通过专家初审、专家委员会评审的工作机制，逐年批准了一百多项课题，约占申报量的十分之一。这些项目的成果形式主要为学术专著、档案整理、文献翻译、研究报告、学术论文等类型。

承担这些课题的主持人，既包括长期从事藏学研究的知名学者，也包括致力于从事这方面研究的后生晚辈，他们的学科背景十分多样，包括历史学、政治学、经济学、民族学、人类学、宗教学、社会学、法学、语言学、生态学、心理学、医学、教育学、农学、地理学和国际关系研究等诸多学科，分布于全国 23 个省、自治区、直辖市的各类科学研究机构、高等院校。专家委员会在坚持以选题、论证等质量入选原则的基础上，对西藏自治区、青海、四川、甘肃、云南这些藏族聚居地区的学者和研究机构，给予了一定程度的支持。这些地区的科学研究机构、高等院校大都具有藏学研究的实体、团队，是研究西藏历史与现实的重要力量。

"西藏历史与现状综合研究项目"具有时空跨度大、内容覆盖广的特点。在历史研究方面，以断代、区域、专题为主，其中包括一些历史档案的整理，突出了古代西藏与中原地区的政治、经济和文化交流关系；在宗教研究方面，以藏传佛教的政教合一制度及其影响、寺规戒律与寺庙管理、僧人行止和社会责任为重点，突出了藏传佛教与构建和谐社会的关系；在现实研究方面，则涉及政治、经济、文化、社会和生态环境等诸多领域，突出了跨越式发展和长治久安的主题。

在平均海拔 4000 米的雪域高原，实现现代化的发展，是中国改革开放以来推进经济社会发展的重大难题之一，也是没有国际经验可资借鉴的中国实践，其开创性自不待言。同时，以西藏自治区现代化为主题的经济社会发展，不仅面对地理、气候、环境、经济基础、文化特点、社会结构等特殊性，而且面对境外达赖集团和西方一些所谓"援藏"势力制造的"西藏问题"。因此，这一项目的实施也必然包括针对这方面的研究选题。

所谓"西藏问题"是近代大英帝国侵略中国、图谋将西藏地区纳入其殖民统治而制造的一个历史伪案，流毒甚广。虽然在一个世纪之后，英国官方承认以往对中国西藏的政策是"时代错误"，但是西方国家纵容十四世达赖喇嘛四处游说这种"时代错误"的国际环境并未改变。作为"时代错误"的核心内容，即英国殖民势力图谋独占西藏地区，伪造了一个具有"现代国家"特征的"香格里拉"神话，使旧西藏的"人间天堂"印象在西方社会大行其道，并且作为历史参照物来指责 1959 年西藏地区的民主改革、诋毁新西藏日新月异的现实发展。以致从 17 世纪到 20 世纪上半叶，众多西方人（包括英国人）对旧西藏黑暗、愚昧、肮脏、落后、残酷的大量实地记录，在今天的西方社会舆论中变成讳莫如深的话题，进而造成广泛的"集体失忆"现象。

这种外部环境，始终是十四世达赖喇嘛及其集团势力炒作"西藏问题"和分裂中国的动力。自 20 世纪 80 年代末以来，随着苏联国家裂变的进程，达赖集团在西方势力的支持下展开了持续不断、无孔不入的分裂活动。达赖喇嘛以其政教合一的身份，一方面在国际社会中扮演"非暴力"的"和平使者"，另一方面则挑起中国西藏等地区的社会骚乱、街头暴力等分裂活动。2008

年，达赖集团针对中国举办奥运会而组织的大规模破坏活动，在境外形成了抢夺奥运火炬、冲击中国大使馆的恶劣暴行，在境内制造了打、砸、烧、杀的严重罪行，其目的就是要使所谓"西藏问题"弄假成真。而一些西方国家对此视而不见，则大都出于"乐观其成"的"西化""分化"中国的战略意图。其根本原因在于，中国的经济社会发展蒸蒸日上，西藏自治区的现代化进程不断加快，正在彰显中国特色社会主义制度的优越性，而西方世界不能接受中国特色社会主义取得成功，达赖喇嘛不能接受西藏地区彻底铲除政教合一封建农奴制度残存的历史影响。

在美国等西方国家的政治和社会舆论中，有关中国的议题不少，其中所谓"西藏问题"是重点之一。一些西方首脑和政要时不时以会见达赖喇嘛等方式，来表达他们对"西藏问题"的关注，显示其捍卫"人权"的高尚道义。其实，当"西藏问题"成为这些国家政党竞争、舆论炒作的工具性议题后，通过会见达赖喇嘛来向中国施加压力，已经成为西方政治作茧自缚的梦魇。实践证明，只要在事实上固守"时代错误"，所谓"西藏问题"的国际化只能导致搬石砸脚的后果。对中国而言，内因是变化的依据，外因是变化的条件这一哲学原理没有改变，推进"中国特色、西藏特点"现代化建设的时间表是由中国确定的，中国具备抵御任何外部势力破坏国家统一、民族团结、社会稳定的能力。从这个意义上说，本项目的实施不仅关注了国际事务中的涉藏斗争问题，而且尤其重视西藏经济社会跨越式发展和长治久安的议题。

在"西藏历史与现状综合研究项目"的实施进程中，贯彻中央第五次西藏工作座谈会的精神，落实国家和西藏自治区"十二五"规划的发展要求，是课题立项的重要指向。"中国特色、西藏特点"的发展战略，无论在理论上还是在实践中，都是一个现在进行时的过程。如何把西藏地区建设成为中国"重要的国家安全屏障、重要的生态安全屏障、重要的战略资源储备基地、重要的高原特色农产品基地、重要的中华民族特色文化保护地、重要的世界旅游目的地",不仅需要脚踏实地地践行发展,而且需要科学研究的智力支持。在这方面,本项目设立了一系列相关的研究课题,诸如西藏跨越式发展目标评估,西藏民生改善的目标与政策,西藏基本公共服务及其管理能力,西藏特色经济发展与发展潜力,西藏交通运输业的发展与国内外贸易,西藏小城镇建设与发展,西藏人口较少民族及其跨越式发展等研究方向,分解出诸多的专题性研究课题。

注重和鼓励调查研究,是实施"西藏历史与现状综合研究项目"的基本原则。对西藏等地区经济社会发展的研究,涉面甚广,特别是涉及农村、牧区、城镇社区的研究,都需要开展深入的实地调查,课题指南强调实证、课题设计要求具体,也成为这类课题立项的基本条件。在这方面,我们设计了回访性的调查研究项目,即在20世纪五六十年代开展的藏区调查基础上,进行经济社会发展变迁的回访性调查,以展现半个多世纪以来这些微观社区的变化。这些现实性的课题,广泛地关注了经济社会的各个领域,其中包括人口、妇女、教育、就业、医疗、社会保障等民生改善问题,宗教信仰、语言文字、传统技艺、风俗习惯等文化传承问题,基础设施、资源开发、农牧业、旅游业、城镇化等经济发展问题,自然保护、退耕还林、退牧还草、生态移民等生态保护问题等。我们期望这些陆续付梓的成果,能够从不同侧面反映西藏等地区经济社会发展的面貌,反映藏族人民生活水平不断提高的现实,体现科学研究服务于实践需求的智力支持。

如前所述,藏学研究是中国学术领域的重要组成部分,也是中华民族伟大复兴在学术事业方面的重要支点之一。"西藏历史与现状综合研究项目"的实施涉及的学科众多,它虽然以西藏等藏族聚居地区为主要研究对象,但是从学科视野方面进一步扩展了藏学研究的空间，也扩大了从事藏学研究的学术力量。但是，这一项目的实施及其推出的学术成果，只是当代中国藏学研究发展的一个加油站，它在一定程度上反映了中国藏学研究综合发展的态势，进一步加强了藏学研究服务于"中国特色、西藏特点"的发展要求。但是，我们也必须看到，在全面建成小康社会和全面深化改革的进程中，西藏实现跨越式发展和长治久安，无论是理论预期还是实际过程，都面对着诸多具有长期性、复杂性、艰巨性特点的现实问题，其中包括来自国际层面和境外达赖集团的干扰。继续深化这些问题的研究，可谓任重道远。

在"西藏历史与现状综合研究项目"进入结项和出版阶段之际，我代表"西藏历史与现状综合研究项目"专家委员会，对全国哲学社会科学规划办公室、中国社会科学院及其项目领导小组几年来给予的关心、支持和指导致以崇高的敬意！对"西藏历史与现状综合研究项目"办公室在组织实施、协调联络、监督检查、鉴定验收等方面付出的努力表示衷心的感谢！同时，承担"西藏历史与现状综合研究项目"成果出版事务的社会科学文献出版社，在课题鉴定环节即介入了这项工作，为这套研究成果的出版付出了令人感佩的努力，向他们表示诚挚的谢意！

2013 年 12 月　北京

目 录

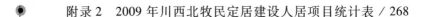

前 言

始于 2008 年的四川藏区牧民定居工程在全国游牧民定居的进程中，算是一个重头戏，其特点是规模大、进展快。这个工程大致经历了设计、建设和验收三个阶段。设计阶段主要是四川地方政府审定总体规划，按照"政府主导、牧民主体、社会支援"的思路，"规划先行，强化科学推进"，组织内地 12 个对口支援市的规划设计力量，负责对牧民定居点进行规划设计。指导思想是"靠近公路边、靠近场镇边、靠近县城边""外观民族化、内部现代化、居住舒适化、结构安全化"。建设阶段则由四川省统一协调，各地市积极支援，藏区地方政府组织动员民众实施。验收阶段由四川省自行组织专门人员进行检查验收和总结。下面是四川省民族工作委员会牧民定居办公室在 2012 年底定居工程结束时给出的一组数据。

截至 2012 年年底，29 个牧民定居覆盖县份已基本完成四年规划建设任务。共建成定居点 1243 个，其中，建成定居房 100574 户，建成村民活动中心 962 个、各类交通道路 7112.14 千米、学校 55 所，埋设饮水管道 2776.56 千米，建设高位水池 313 处、架设 10 千伏输电线路 1863.3 千米，建设定居点内垃圾收集点 2169 个，建设移动通信发射塔 256 个。安装小微水能发电机组 82 台、变电器 396 台、路灯 6164 盏、太阳能热水器 3.5 万台，新建公共厕所 679 座、排污管网 928 千米、简易垃圾处理场 300 处、简易污水生化处理设施 275 个，建设卫星电视接收设备 94 套，新建桥涵 4383 米、河堤和堡坎 25.77 万立方米。与此同时开展的帐篷新生活行动，发放了 10 万顶新型帐篷及 10 万套 90 万件篷内设施，发放 3 批次 7 万台便携式太阳能电视机到户。四年中省级财政投资 38.82 亿元（笔者注：未计算市州及其以下各级地方政府和牧民个人的匹配投入）。

通过总结验收，发现后期问题是：资金短缺 20.31 亿元；定居计划未能完全覆盖游牧民，有 4 万余户牧民未纳入定居计划，包括 2008 年规划时漏报的 27909 户和分户新增的 14916 户；基层集体经济发展后劲乏力，缺乏必要管理和维护费用。[①] 总体结论是：配套产业较为滞后，产业的发展不能完全满足"住得下、留得下、可发展、能致富"的要求，游牧还是在游，诸如产业转型、人才培训与开发、新村社区配套设施建设和福利保障等后续问题依然严峻。

针对这项工程的制定实施和效果，国家专门立项，并由中国社会科学院和北京大学相关专家进行了调查，发现了值得关注和思考的问题。

第一节　国内外类似研究现状

2009 年笔者调查到，在四川藏区尚有 40 万～50 万人过着游牧和半游牧的生活，其中纯游牧人口 20 余万，占全区总人口的 1/4 左右。前期调查表明，游牧带来的生态恶化、畜种退化等一系列问题，直接影响到区域协调发展、生态安全和社会稳定。结束游牧，推动牧民定居化建设，是当前藏区经济社会发展的重大任务，也是科学研究关心的重大课题。从 2009 年起，四川省政府采取政府投入、对口援助、个人参与等方式，修建数量众多的定居点。这一浩大工程，已经超出了地方能力，成为国家当前定居化攻坚的重点，得到中央的肯定和支持，引起了国内外学界的广泛关注。

一　国外有关牧民定居的调查

20 世纪以来，定居问题在世界范围内引起了极大兴趣，经长期不断的探索，国内外都取得了积极成果。就定居调查而言，学界较为关心的是定居与其他因素的关系。一般调查认为定居模式及其成效受多种因素影响。有学者在自然物理环境对定居的影响调查基础上，用多变量分析法评估了西班牙地区的定居模式，建立地理信息矩阵，强调了自然物理环境和定居间的紧密联系（Mora-Aliseda，1990）[②]。有学者通过民族生活习惯和定居

[①] 由 2012 年四川省民工委、省藏区牧民定居工程领导小组办提供数据。

[②] Mora-Aliseda, J., "Population density and the natural physical environment of extremadura", *Revista de Estudios Agro Sociales*, 1990.

制度差异性对定居模式的影响进行调查，在建构标准模式前提下，根据家庭规模大小、收入、个人习惯和不同定居制度等差异性分析，概括了土库曼山村定居模式的非标准状态（Tadzhibayeva-GN，1990）个案。①

此外，学界认为政治稳定对定居模式的影响也是显著的。例如肯尼亚北部 Rendi-le 地区定居模式的调查，就发现该种定居模式受地区政治不稳定和干旱影响，已经发生显著的变化（Partridge-WL，1989）②。在更进一步的调查中发现，政府行为对定居的影响是巨大的。有人对 20 世纪 30 年代吉尔吉斯斯坦的游牧民族吉尔吉斯族的调查发现，原本游牧 2000 多年的牧民定居后，开始逐渐介入社会政治、经济活动并发展文化教育事业，随着经济发展，该民族生产生活方式也发生了显著变化。由于政府行为影响较强，苏联中亚地区游牧民定居于 20 世纪 60 年代已完成（哈尔阿力，2002）。③

不仅如此，学界认为社会心理、定居愿景及相关政策等都是影响定居模式的重要因素。有学者通过对多巴哥和特立尼达等不同的新开垦地定居点规范化的调查（Glem-JM，Labossiere-RP，Wolfe-JM 等，1993）④，以及对中东地区和拉丁美洲非正式定居发展交互文化的比较，发现没有一个包罗万象的模型能够促进新开垦地的定居的组成和成熟，定居模式具有显著的个性差异（Alsayyad，1993）。⑤

有意义的是，中国的定居问题也受到国外关注。20 世纪，国外有学者通过对干旱地区草原的自然环境、生态、牧草、家畜、社会结构等方面的调查，认为定居比较适用于水平放牧的地区，但对于垂直放牧的地方就很难适用（七户长生等，1994）。⑥ 有学者在对中国牧区调查后认为，草原退

① Tadzhibayeva-GN, "Consumption of food and non-food goods by rural households in the Turk-menSSR", *Soviet-Geography*, 1990.

② Partridge-WL, "Involuntary resettlement in development projects", *Journal-of-Refugee-Studies*, 1989.

③ 哈尔阿力：《哈萨克斯坦畜牧业考察纪实》，《草食家畜》2002。

④ Glem-JM, Labossiere-RP, Wolfe-JM, "Squatter regularization: problems and prospects", *Third-World-Planning-Review*, 1993.

⑤ Alsayyad-N, "Squatting, culture and development: a comparative analysis of informal settlements in Latin America and the Middle East", *Journal-of-Developing-Societies*, 1993.

⑥ 〔日〕七户长生：《干旱·游牧·草原——中国干旱地区草原畜牧经营》，丁泽雯译，农业出版社，1994。

化不仅仅是一个简单的技术问题，而且是技术、政策、文化的综合过程，因此，从政治、经济、资源和战略意义来看，中国牧区的定居点建设应推行可持续发展策略（格立格·威廉姆森，1995）。①

二 国内有关牧民定居的调查

较之跨国调查，国内调查具有较多长处。20 世纪后期，学界统计中国西藏、四川、新疆、甘肃、青海、内蒙古等地有 1000 多万人从事游牧业②，这有其历史性和合理性的一面③，草原文明为人类文明是做出了巨大贡献的（肖翻华、肖方等，1999）④，也有学者针对区域，从游牧群体的自然和生产条件等方面进行了调查⑤，掌握了有价值的数据资料。更有人发现川西北游牧部落的经济形态和社会形态具有典型的原始部落特征，并用恩格斯的《家庭、私有制和国家的起源》的观点，对川西北早期的阿虚骨系和部落联盟进行了长期调查，探索了这些部落至今存在的原因⑥；也有学者通过调查，感到传统畜牧业已经走向衰落，并引发生态危机和产业衰退，做出了传统畜牧业已经结束、新兴畜牧业即将兴起的判断，提出了结束游牧、发展定居的思路⑦。这些调查研究，受到政府的重视，更引发了学界对定居模式及其发展路径的广泛探讨。学术界对于牧区生态环境和牧民生存生活等提出过综合配套的发展思路，即在推进沙产业、草产业的进

① 〔澳大利亚〕格立格·威廉姆森：《中国的牧区》，甘肃文化出版社，1995。

② 肖方：《从游牧到定居——中国游牧民族的社会经济文化变迁》，《民族团结》1999 年第 6 期。

③ 张伦：《关于发展畜牧业问题的调查和思考》，《新疆畜牧业》1995 年第 2 期。

④ 参见肖翻华《新疆十万牧民大定居》，《民族团结》1999 年第 9 期；肖方《从游牧到定居到全面的社会进步及文化发展》，《民族团结》1999 年第 5 期。

⑤ 高永久、邓艾：《藏族游牧民定居与新牧区建设——甘南藏族自治州调查报告》，《民族研究》2007 年第 5 期；李海梅：《牧民定居后季节草场优化配置的研究》，新疆农业大学硕士学位论文，2001。

⑥ 杨明：《川西北草地部落社会形态的调查——兼谈草地部落的社会性质》，《中国牦牛》1983 年第 1 期；《川西北藏族牧区部落联盟遗迹初探》，《西南民族学院学报》（哲学社会科学版）1985 年第 1 期；《川西北藏族游牧部落的经济形态》，《西南民族学院学报》（社会科学版）1986 年第 1 期。

⑦ 参见张伦《畜牧篇什》，新疆人民出版社，1995 年第 1 版，第 98～130 页；又参见许鹏《关于牧民定居工程与模式的讨论》，《软科学跨世纪发展的探索与思考》，新疆人民出版社 1999 年第 1 版，第 198～202 页。

程中解决包括牧民定居在内的系列问题（钱学森，1995）①。这种"一揽子"的系统工程思想，在学术界引起很大反响。有学者从城镇化的视角，把牧民定居类型归纳为城镇（县城）型、乡村型和牧场分散型，并认为县城定居使牧民实现城镇化定居、物质和文化生活条件得到根本性改善，因而是最理想的牧民定居方式（贺卫光，2003）②；也有学者进一步从由游牧到定居的社会生产、生活方式的转变上着手调查，将游牧民族与农耕民族进行比较，总结定居存在的问题，提出改变传统草地畜牧业生产方式和推进草原畜牧业现代化（许鹏等，1999、2004）③，以及推动牧区经济体制改革等建议（李毓堂，1994）④。

　　由于定居处于探索阶段，游牧民定居模式缺乏清晰的规范，定居缺乏持久恒常的推动力和惯性，故有学者对牧区定居的动力机制、效益状况与政策建设等问题进行了不懈探索。这类研究，较多地选取甘南藏族自治州等地牧民定居实例进行取样和实证分析（张涛，2003；高新才、王娟娟，2007；王娟娟、高新才，2009）⑤。还有人从藏区稳定发展的角度，选取四川藏区为范例，对定居的稳定性与持续性进行了一般性调查和讨论，提出转"定居"为"安居"的观点（王岚、吴榕、崔庆五，2011）⑥。

　　随着全球一体化浪潮的深入和人本意识的增强，近年，学界关注定居给游牧民族生产、生活方式带来的变化。有学者通过调查认为，牧区社会经济持续发展的关键在于生产方式改进、经济结构转向、生活方式及社会结构转变，并试图从经济学角度，提出发展特色经济、培育新的经济增长点，以实现区域经济的可持续发展，提高牧业技能和推动草原畜牧业现代

---

① 参见钱学森《发展沙产业、开发大沙漠》，《国土经济》1995 年第 6 期。

② 贺卫光：《甘肃牧区牧民定居与草原生态环境保护》，《西北民族大学学报》（哲学社会科学版）2003 年第 5 期。

③ 许鹏等：《关于新疆农业与生态环境可持续发展的建议》，《中国科学院院刊》1999 年第 5 期；许鹏等：《新疆草地资源特征与生态治理》，《新疆环境保护》2004 年 S1 期。

④ 李毓堂：《草业》，宁夏人民出版社，1994，第 58～121 页。

⑤ 张涛：《甘南藏族自治州牧民定居模式与效应分析》，《甘肃社会科学》2003 年第 6 期；高新才、王娟娟：《牧民定居工程的经济社会效应——基于玛曲县的调查分析》，《开发研究》2007 年第 5 期；王娟娟、高新才：《游牧人口定居的机制研究——以甘南牧区为例》，《经济经纬》2009 年第 2 期。

⑥ 王岚、吴榕、崔庆五：《四川藏区牧民由"定居"转为"安居"的几个问题》，《西南民族大学学报》（人文社会科学版）2011 年第 11 期。

化、增草、增畜、提高质量、提高效益，以及加大科技力度，改善牧区生活等解决方案。值得注意的是，中国加入 WTO 后，随着市场经济迅猛发展和社会急剧转型，不可避免地触及定居问题的探讨和攻坚。

三　对上述研究成果的评论

从上述调查看，国外学者善于运用历史学、民族学、考古学、人类学的方法对游牧群体定居做纵向关联考察，并从游牧民族对环境的适应性等方面进行研究。这为国内学者提供了方法上的借鉴。国内学者更多论证了定居的优越性，并从定居的实现路径上进行了探索，试图尽快解决现实问题，提出了各自的解决方案。应该肯定的是，这些成果对所在地区或调查分析对象的显著意义，不仅有助于解决当时客观现实问题，而且对定居问题后期不断深化和拓展，也是有参考价值。

尽管如此，上述调查中并没有发现我们关心的成果。首先，从正面看，目前川西北藏区实施的定居工程究竟进行到怎样的程度，遇到了什么样的问题，采取了什么样的模式，为什么采取这样的模式而非那样的模式，这些不同的模式取得了什么社会经济绩效。但上述调查研究没有给予令人信服的答案。其次，从侧面看，上述调查研究提出了大量的方法和思路，都是针对一个地区的具体问题而言，具有地方性和民族性特征，这些特征并没有给予定居问题普遍性的揭示，比如大家研究较多的甘南藏区，其面积不到川西北藏区的 1/5，人口不到川西北藏区的一半，气候、自然和社会条件与川西北藏区都有很大的差别，这些成果对川西北藏区的定居化问题缺乏指导意义。此外，从学理逻辑考察，游牧与定居之间究竟存在一种什么样的演进逻辑。目前，有助于回答这些问题的资料或线索资源是相当稀缺的，还没有针对藏区尤其是中国第二大藏区——四川藏区定居的科学系统调查，这就为本研究提供了空间。

四　地方政府对定居的思路和预期

改革开放特别是西部大开发以来，川西北牧区发生了翻天覆地的变化，正处于历史上最好的发展时期。但必须看到，这一地区自然环境复杂而恶劣、经济社会发展仍然落后、牧民群众生产生活条件仍然艰苦、社会稳定局势仍十分严峻。川西北牧区是全四川省乃至全国发展最落后、生活条件最艰苦、生存条件最恶劣的地区，尚有 9.9 万户 47 万人至今过着较为落后的游牧生活，是统筹四川全省及全国藏区协调发展的重点和难点。为贯彻落实党中央、国务院关于统筹西藏以外藏区发展的战略部署和四川省委、省政府在全省藏区牧区实施牧民定居行动计划的重大决策，让广大牧民早日过上现代定居生活，推动藏区经济社会全面发展，四川地方政府决定实施牧民定居工程。

川西北藏区面积广阔，人口密度较低，是我国五大牧区之一和除西藏外最大的藏族聚居区域，面积 23.98 万平方千米，占全省面积的 48.8%；2008 年底总人口 158 万人，占全省总人口的 1.8%；人口密度为 6.6 人/平方千米，仅为全省人口密度的 4%。

（1）川西北藏区地理区位偏远，战略地位重要，位于川、藏、滇、青、甘五省区接合部，距中心城市甚远，29 县的县政府所在地与成都平均距离近 600 千米。素有"汉藏走廊"之称，对全国稳定具有重要的战略地位。

自然环境复杂，生存条件恶劣，平均海拔 3000 米以上，年均气温 0℃以下，大气平均含氧量仅为内地的 60%，各种常见病和特殊地方病高发，地质灾害接和气象灾害频发，相当部分地区被视为"生命禁区"，有的不具备基本生产和生存条件。

川西北藏区生态地位重要，生态功能下降，地处长江黄河源区及水源涵养区，是我国重要的高原生态屏障。但生态环境脆弱，生态破坏严重，导致森林植被急剧减少，水土大量流失，草原荒漠化、沙化趋势日益突出，严重危及国家生态安全。

川西北藏区经济虽有较快发展，然而发展水平仍较落后。2008 年牧区地区生产总值 150 亿元，约为 2000 年的 3 倍，年均增长 17%。但仍属经济发展落后地区，2008 年人均 GDP 为 9600 元，仅为全省的 73%、全国的 51%。川西北藏区基础设施建设滞后，严重制约经济发展，交通基础设施落后，路网密度仅为 8.6 千米每平方千米，为全省最末位；农村基础设施严重缺乏，未通公路、电以及电话的行政村分别约占总数的 70%、40% 和 90%，大量人口未实现饮水安全。川西北藏区财政自给能力薄弱，人民生活水平较低。2008 年牧区地方财政一般预算收入 14.5 亿元，支出 95 亿元，自给率仅为 15.2%。牧民人均纯收入 2009 元，仅为全省的 56%、全国的48%。由于地方政府财力有限，对基本公共服务投入不足，更加剧了牧民生活的困难。川西北藏区基本公共服务落后，贫困面大、程度深，教育、医疗等落后，牧民受教育程度低，身体素质较差，文盲、半文盲比例约为70%，平均寿命仅为55岁。有贫困人口近60万人，贫困面高达40%以上，有9个县被列入国家重点扶贫县，1000多个行政村被列入省级扶贫村。不少牧民家庭贫困程度深重，尚未解决温饱。

川西北藏区基层维稳任务重，反分裂形势严峻。由于基础设施建设、经济社会发展和基本公共服务落后，加之人口分散、流动性大，社会管理难度大，国内外分裂势力活动频繁，这一地区已成为我国反分裂斗争的前沿地带，维护社会稳定和反分裂斗争任务艰巨、形势严峻。以游牧方式为主，定居难度较大。全省藏区11.2万户53.3万名纯牧民中，无任何定居房的牧民有4.7万户22万人；仅有简易固定居所的牧民有5.2万户25万人，两者合计共9.9万户47万人，占纯牧民总数的88.6%。居住条件简陋，生活环境恶劣。牧民大多居住在自制简易牦牛帐篷内，面积较小、破旧、低矮、潮湿，保暖功能差；生活设施极其简陋，基本生活用品缺乏，牧民大多席地而卧；饮水安全、卫生保健等住房卫生条件无法保障。

关于实施牧民定居行动计划的意义，四川地方政府认为：自1998年开始在川西北藏区实施人、草、畜"三配套"工程以来，共建成"三配套"户6.27万户、定居住房627.5万平方米、牲畜暖棚1351.3万平方米、围栏改良地460万亩、饲草饲料基地49.8万亩，有效改善了牧民生产生活条件。但由于工程覆盖范围小、投入标准低、配套设施建设落后，绝大部分牧民定居无从谈起，牧区公共服务难以满足牧民基本需求。

据2008年12月牧区各县对500户牧民家庭的抽样调查显示，97.83%的牧民愿意定居，98.14%的牧民户愿意出资建房，牧民群众希望早日过上现代定居生活的心情急迫而强烈。大力实施牧民定居行动计划，对解决牧民永久定居问题、实现藏区经济社会和谐发展具有重大现实意义和长远意义。

（1）改善牧民基本生产生活条件。四川藏区牧区地广人稀，基本公共服务存在很大盲区。实施牧民定居行动计划，有利于为定居牧民集中提供公共服务设施以及与定居点生活相适应的教育、卫生等公共服务，能让牧民享受现代生活方式和基本均等化的公共服务，从根本上改善牧民基本生产生活条件。

（2）推进牧区社会主义新农村建设。新牧区建设是社会主义新农村建设的重要组成部分，牧民定居是新牧区建设的重要基础。实施牧民定居行动计划，集中建设牧民定居新村，引导牧民集中居住，大力发展配套产业，为定居牧民创造良好的生活环境和发展空间，是牧区建设社会主义新农村的重要途径。

（3）促进藏区全面协调发展。牧区是藏区中发展最为落后的地区，牧民生活水平尤其低下，是藏区全面协调发展的重点和难点地区。实施牧民定居行动计划，通过大力改善牧民生活水平，提高牧区公共服务保障能力，培育和壮大牧区特色产业，能在较短时间内促进牧区经济社会的跨越发展，确保中央统筹西藏以外藏区发展战略目标的实现。

（4）保护生态环境和促进可持续发展。生态保护是牧区的重要任务，是国家可持续发展战略的要求。实施牧民定居行动计划，将牧民定居与草原围栏、沙化治理、湿地保护同步实施，能缓解因草原超载过牧带来的草场退化、载畜能力、草畜矛盾突出等问题，有利于实现牧民定居与生态保护的统一，推动牧区经济社会可持续发展。

（5）促进民族团结和维护社会稳定。四川藏区社会管理难度较大，是我国民族宗教工作的重点和难点地区，是反分裂前沿阵地。实施牧民定居行动计划，形成以社区为基础的现代社会管理模式，有利于密切基层组织与牧民群众的联系，促进民族关系的和谐发展，遏制分裂势力渗透，从根本上筑牢藏区长治久安的基础。

为此，地方政府确定的推进定居行动计划的指导思想、基本原则有七点。

（1）以习近平新时代中国特色社会主义思想为指导，全面落实党的民族政策，从牧区实际出发，全面统筹部署，以改善民生为核心，以牧民定居新村建设、帐篷新生活、生产设施和配套公共服务设施建设为主要内容，将牧民定居行动计划与牧区新农村建设、基本公共服务能力建设、生态环境保护、特色产业发展与加强社会管理相结合，尽快改善牧区基本生产生活条件，全面提升牧区公共服务，促进牧区和谐稳定和经济社会又好又快发展。

（2）尊重科学，合理布局。在尊重自然、经济和社会规律的前提下，根据资源环境承载能力和地质地理条件，统筹考虑基础设施、产业发展、水源水质条件、生态环境和寺庙布局等情况，合理选择宜居地区，科学确定和规划牧民定居点布局和规模，引导人口合理集中定居。

（3）政府引导，牧民自愿。采取政府统一规划设计、公共财政支持、牧民自愿的方式进行，公共基础设施以政府投入为主、住房以牧民投入为主、信贷扶持和政府以奖代补相结合。项目实施以县政府为责任主体，组织引导群众参与，发挥牧民群众幸福生活的积极性，共同推动牧民定居行动计划顺利实施。

（4）因地制宜，分类指导。充分考虑各地实际，因地制宜地制定实施方案，明确不同的发展重点，解决各自存在的突出问题。要加强对不同区域的指导，尤其要科学合理地确定不同地区的建设标准、建设时序和建设模式，切忌"一刀切"。

（5）统筹兼顾，协调发展。按照改善民生、加强配套、提升功能的思路，着力加强基本公共服务，加快发展配套产业，把解决牧民定居问题与推进牧区城镇化、草原生态保护和建设、扶贫开发、地方病综合防治相结合。

（6）突出特色，经济实用。定居点建设要充分体现藏民族特色，原则上做到"一县一特色"或保持历史上形成的区域风貌。根据定居牧民的经济承受能力，制定合理的建筑面积标准，严格控制特需建材价格，力求降低工程造价，确保经济实用。

（7）先易后难，稳步推进。立足当前，放眼长远，按照先易后难、先近后远的原则，以家庭成员定居和劳动力游牧相结合，先行启动一批建设意愿强烈和条件较好的行政村定居点建设，发挥其示范带动作用，总结经验，有计划、有步骤地推进。

地方政府确定的定居工程的总体目标是，到 2012 年，建成定居点 1409 个、定居房 9.9 万套、村民活动中心 1049 个、牲畜棚圈 1398.57 万平方米、牲畜暖棚 932.38 万平方米、储草棚 705.22 万平方米、学校 137 所、饮水水源点 791 个、公路 12843 千米、输电线路 9181 千米、发放帐篷 10 万顶，基本实现 9.9 万户、47 万牧民定居，结束全省藏区牧区的游牧无定居生活，实现"家家有固定房、户户有新帐篷、村村有活动中心"，牧民居住条件和牧区基础设施有明显改善，生活质量和水平有明显提高，公共服务水平有较大提升，现代畜牧业等特色产业有新发展，富民安康工程有新成就，生态环境得到有效保护。

五 地方政府的行动计划

牧民定居点建设。牧民定居点建设是牧民定居行动计划的核心内容，主要完成对9.9万户47万未定居和仅有简易固定住所的牧民实施以砖木、砖石、石木结构为主的永久性定居房建设。

定居点规模。规划建设定居点1409个。定居点规模主要根据牧区实际情况确定。一是结合乡、村建制的完整性，按照"一村多点"或"一村一点"规划适度规模的定居点，个别条件好的考虑"多村一点"；二是定居点规模与周围草场的载畜量相适应，定居点建设与生态保护相结合。借鉴牧区已实施定居点建设的成功经验，在牧民安全饮水和生活燃料有基本保证的前提下，确定定居点规模在40～100户。

定居点布局与选址。布局——定居点规划布局在条件许可的情况下尽量"三靠"，即靠近公路、靠近集镇、靠近县城，方便为定居点配套交通等基础设施和医疗卫生等公共服务设施。选址——一是考虑气候高寒因素，避开风口、阴背地；二是符合防灾要求，避开地震活动带和易发生山体滑坡、泥石流、洪涝灾害等区域；三是满足定居点建设规模的用地条件；四是有水质较好、水量可靠的饮用水源（自流引水水源或地下水）；五是定居点周围有充足的草场或建设饲草料基地的条件。

定居房建设。规划建设定居房9.9万套1043.96万平方米。定居房的结构和户型规划，一是结合区域建筑特点，外观突出民族风格和地域特色；二是牧民自愿选择房屋结构和户型；三是充分利用当地建材；四是以坚固为主，经济实用、面积适当、档次适中。定居房以一至二层的土木和石木结构为主，交通方便的地方适当规划砖木或砖混结构。按人均居住15～20平方米规划，根据调查的牧民意愿分别按户居住80平方米、100平方米、120平方米三个标准规划建筑面积。

在建设定居点的同时，推进帐篷新生活。规划为10万户牧民每户提供1顶功能完备的新式帐篷。按12平方米和8平方米两种规格设计，分别解决1户4～5人或2～4人居住，室内配套折叠桌椅、折叠床、坐凳、简易储物柜、灶具、照明用具等生活设施。

生产设施建设。根据牧区户均养殖牲畜情况、牲畜棚圈等主要生产设施按纯牧县和半农半牧县区别规划。规划建设牲畜棚圈 1398.57 万平方米、牲畜暖棚 932.38 万平方米、储草棚 705.22 万平方米。牲畜棚圈——纯牧县规划每户 150 平方米，半农半牧县规划每户 120 平方米。牲畜暖棚——纯牧县规划每户 100 平方米，半农半牧县规划每户 80 平方米。储草棚——纯牧县规划每户 80 平方米，半农半牧县规划每户 50 平方米。

配套设施建设。建设村民活动中心、卫生室、学校，完善饮水、电力、交通、通信、广播电视等设施设备。

村民活动中心。每个定居点建设一个村民活动中心，共建 1409 个。村民活动中心建筑面积根据定居点规模确定为 100～200 平方米，规划建设村民活动中心 29.41 万平方米。村民活动中心按照"一中心多用途"原则建设。内设村党支部及村委办公室、党员活动室、村卫生室、农家书屋、畜牧农技服务室、商贸网点，以及广播电视通信设施。村民活动中心的建筑风格充分考虑藏民族文化传统特色，结合现代牧民生产生活要求，力求实用、便捷，体现朝气蓬勃的时代气息，成为定居点的标志性建筑。

卫生室。卫生室用房统一纳入村活动中心建设，面积一般在 50 平方米左右，设置相对独立的诊疗室、药械室。卫生室应充分利用就近乡、镇所在地现有医疗资源，原则上不单独建卫生室用房。卫生室纳入所在地乡镇卫生院归口管理，承担相应的疾病预防、妇幼保健、健康教育等工作，提供常见病、多发病的一般诊治和转诊服务，实现小病不出村。每个定居村卫生室配备 1～2 名村医生，从现有医生中调剂或从医学院校毕业学生中招选或从农牧民中选拔培养，建立保障机制，稳定村医队伍。卫生室配置消毒锅、血压计、急救箱、药品柜、观察床、诊断桌椅、小型急救器械及通信工具等基本诊疗设备。建立村医生培训合格上岗制度，分期分批完成所有村医生培训，取得省卫生厅颁发的培训合格证，在乡镇卫生院医生指导下上岗执业。财政对每个卫生室一次性补助 0.5 万元的药品周转金。

学校。规划建设学校 137 所 17.28 万平方米。牧民定居点的教育问题主要通过调整、完善学校布局，提升、巩固、完善现有基础教育来解决，一般不新设校点，对规模较大、距离现有学校较远的定居点原则上只设立三年级以下的学校，四年级以上的学生到寄宿制学校学习。

其他配套设施。饮水设施。新建自流引水水源点 791 个，打井 1954

眼，配套管网 8425 千米。建设从定居点到干道的连接公路 12843 千米（包括原规划的部分通村公路），定居点内便道 3653 千米。连接公路路基宽 4米，泥结石路面；便道宽 1.2 米，泥结石路面。建设输电线路 9181 千米，安装变压器 950 台、太阳能设备 27329 套。为每个定居点建有线广播 1 处、卫星电视节目接收设备 1 套；建移动通信信号发射塔 482 处。建设垃圾收集点 1409 处。

配套产业发展。①旅游业。牧民定居点建设要做好与牧区旅游线路、产品设计的衔接，加强旅游接待服务设施和要素建设，大力发展"藏家乐""牧家乐"等家庭旅游并合理开发以森林、草原、湿地为载体的生态旅游。组织定居老年妇女积极生产民族手工艺品和特色旅游商品。②特色畜牧业。在定居点周围，开展草场改良、工种草，建设打储草基地，解决牲畜饲料之需和安全过冬问题。积极发展牦牛、藏绵羊、藏猪、藏鸡等特色养殖产业，推进牲畜品种改良，推广牲畜舍饲、半舍饲和暖棚建设，提升牲畜品种质量，提高出栏率和商品率，结合旅游提供特色旅游食品，解决定居牧民生计和增收问题。③定居点燃料业。培育液化石油气、小水电、太阳能、风能和生物质燃料等燃料业，着力解决定居点基本生活和生产用燃料问题。

规划的投资估算及资金筹措。牧民定居行动计划规划总投资为 180.68亿元，其中，定居房投资 77.49 亿元、牲畜棚圈投资 11.19 亿元、牲畜暖棚投资 37.30 亿元、储草棚投资 15.51 亿元、村民活动中心投资 4.41 亿元、帐篷新生活投资 4.96 亿元、初级小学投资 2.59 亿元、卫生室设备投资 0.21 亿元、饮水设施投资 3.15 亿元、交通设施投资 13.94 亿元、能源设施投资 9.16 亿元（其中太阳能设施 1.70 亿元）、通信及广播电视等设施投资 0.71 亿元、垃圾收集点投资 0.06 亿元。

投资估算依据。投资估算主要依据当地建筑材料市场价格、设施设备市场价格（不含人工工资和建材运费），结合已实施的定居工程建设投资水平测算投资标准。

投资估算标准。新建造价：甘孜州纯牧县为 1000 元/平方米，其他就地取材条件好的半牧区县为 800 元/平方米；阿坝州纯牧县为 1000 元/平方米，其他就地取材条件好的半牧区县均价为 800 元/平方米；凉山州木里县为 800 元/平方米。改建造价：甘孜州纯牧县为 600 元/平方米，其他就地取材条件好的半牧区县为 480 元/ 平方米；阿坝州纯牧县为 600 元/ 平方米，其他就地取材条件好的半牧区县均价为 480 元/ 平方米；凉山州木里县为 480 元/ 平方米。牲畜棚圈的建造各地均为 80 元/平方米。牲畜暖圈各地均为 400 元/平方米。储草棚各地均为 220 元/平方米。帐篷新生活每户投资 5000 元。村民活动中心造价 1500 元/ 平方米。每个卫生室设备配置投资 10000 元、药品周转金 5000 元。学校造价 1500 元/ 平方米。饮水设施：自流引水水源点 5000 元/个，打井 30000 元/眼，配套管网 30000元/千米。连接公路 100000 元/千米，便道 30000 元/千米。能源设施：输电线路 80000 元/千米，变压器 12000 元/台，太阳能发电设备 7000 元/套。广播通信设施：有线广播 3000 元/处、卫星电视节目接收设备 6000 元/套。移动通信信号发射塔 120000 元/处。垃圾收集点 4000 元/处。

资金筹措方案。牧民定居行动计划的项目建设资金主要通过争取中央资金补助、省财政补助、牧民自筹和整合中央、省项目资金等渠道筹措。其中，定居房、牲畜棚圈、牲畜暖棚和储草棚的建设资金，按规划定居每户（5 人）通过政府补助 10000 元，另积极争取再增加 15000 元，共 25 亿元，其余 116.5 亿元由牧民自筹和贷款解决。村民活动中心、学校、帐篷新生活、卫生室设备、太阳能发电设备和垃圾收集点的建设资金由省财政整合资金 14 亿元解决。交通、电力、通信、安全饮水等配套设施建设资金通过整合中央和省专项资金 26 亿元解决。

规划实施的保障措施。牧民定居行动计划由四川省富民安康工程领导小组总负责，协调职能部门落实承担的任务，并督促检查，及时通报情况。省富民安康工程领导小组办公室负责日常具体事务。省级相关部门制定配套实施方案，并结合各自职责调整工作重心，做好指导、保障、协调和帮助牧民定居行动计划的各项工作。州、县政府要成立相应的工作领导小组，具体负责组织方案实施。县级政府是牧民定居行动计划的工作主体、实施主体和责任主体，要在省、州相关部门的指导和协调下，做好细化实施方案的制定和落实。

领导小组办公室负责领导小组日常工作，全程协调、督促、检查、指导牧民定居行动计划的实施工作，与建设厅共同制定对口支援的援建方案。

四川省委组织部负责党员活动室的设备配置和人员培训；省委宣传部

负责编制牧民定居行动计划的宣传方案并组织实施；省发改委负责编制牧民定居行动计划总体规划，制定村民活动中心、定居点能源建设实施方案和争取中央补助资金。省经委负责制定水泥、钢材、砖瓦等建筑材料供应方案，并组织实施。省财政厅负责资金筹措、项目资金监督管理。省建设厅负责牧民定居点的选点、定居点规划，定居房和村民活动中心设计建设指导工作。省民政厅负责实施帐篷新生活，确保2009年完成。省交通厅负责编制定居点配套公路建设以及建筑材料和帐篷等物资运输的实施方案，提供公路建设的技术指导和争取项目资金。省教育厅负责编制定居点配套学校建设的实施方案，指导项目建设和争取项目资金。省卫生厅负责定居点配套卫生室设备的配置和医务人员培训。省文化厅负责定居点配套文化中心设备的配置，指导开展文化活动。省水利厅负责编制定居点安全饮水实施方案，指导项目建设和争取项目资金。省林业厅负责编制定居房和村民活动中心建设的木材保障供应方案，并组织实施，确保供应。省监察厅负责牧民定居行动计划实施的监督检查。省公安厅负责定居点警务室的设备配置和人员培训。省军区负责定居点民兵活动室的设备配置和人员培训。省旅游局负责定居点旅游发展和人才培训、旅游促销。省畜牧局负责草原建设、牲畜疫情防治、畜牧业发展的指导。省通信管理局负责编制定居点配套通信设施建设的实施方案，指导项目建设和争取项目资金。省广电局负责定居点广电设备的配置和人员培训。省物价局会同相关部门共同研究提出建材价格干预机制。省质监局负责水泥、钢材等建筑材料的质量监督。中国人民银行成都分行、四川省银监局负责制定牧民定居行动的信贷政策。

加强资金保障，确保实施进度。积极争取中央资金加大对四川省实施牧民定居行动计划的支持。省财政要按照规划确定的投资，确保资金落实到位。国家安排的补助资金，由实施县政府包干使用，按照规划和建设进度及时下拨。州、县政府也要调整资金投向，确保相应的配套投入。通过采取信贷扶持和政府以奖代补相结合等激励办法，鼓励牧民增加对家庭生产生活设施的投入。加强项目资金管理，严把资金拨付关、资金使用关和审计关，确保专款专用。

六 客观效果

四川省委、省政府在总结这次定居行动的时候，做出如下结论。

藏区州县党委、政府坚决贯彻落实省委、省政府的决策部署,切实履行工作主体、责任主体职责,认真组织实施牧民定居行动计划暨帐篷新生活行动,基本全面完成了四年规划的建设任务。

牧民定居行动计划任务完成情况。截至目前,两州一县已基本全面完成四年规划建设任务。经过优化规划设计,提高定居集中度、集镇化,共建成定居点 1243 个,其中,甘孜州 620 个、阿坝州 614 个、木里县 9 个。建成定居房 100574 户,其中,甘孜州 57916 户、完成率 101%,阿坝州 42146 户、完成率 102%,木里县 512 户、完成率 100%。

定居点配套设施建设情况。甘孜州建成村民活动中心 508 个、通点道路 4004.9 千米、点内道路 878.24 千米、学校 50 所,埋设饮水管道 2351.3 千米,架设 10 千伏输电线路 1426.3 千米,建设定居点内垃圾收集点 960 个、移动通信发射塔 225 个。阿坝州建成村民活动中心 445 个、文体广场 449 个,新建各类道路 2173 千米、高位水池 295 处、供水管网 975 千米,打井 614 口,建成 10 千伏线路 437 千米、380 千伏线路 1184 千米,安装小微水能发电机组 82 台、变电器 396 台、路灯 6164 盏、太阳能热水器 3.5 万台,新建公共厕所 679 座、排污管网 928 千米、垃圾回收点 1197 个、简易垃圾处理场 300 处、简易污水生化处理设施 275 个,配备移动通信信号发射塔 24 处、卫星电视接收设备 94 套,新建桥涵 4383 米、河堤和堡坎 25.77 万立方米。木里县建成村民活动中心 9 个、公共厕所 13 个、垃圾回收站 12 个、学校 5 所、安全饮水池 18 口、供水管网 130.26 千米、移动通信机站 7 个,建设点内道路 8 千米、定居点连接道路 48 千米,安装健身器材 5 套,维修居点连接道路 10 千米,维修定居点驿道 40 千米,维修定居点学校宿舍 200 平方米。

帐篷新生活行动全面完成。10 万顶新型帐篷及 10 万套 90 万件篷内设施已全部发放到位,使用情况良好,干群反响热烈。3 批次 7 万台便携式太阳能电视机全部发放到户,使用情况良好。

财政资金筹措到位情况。根据审计厅核实,4 年来,省直各有关部门共计筹措下拨牧民定居行动计划资金 702501.59 万元,无法整合安排用于项目的资金 314313.34 万元,实际到位可用于牧民定居行动计划规划项目建设的资金 388188.25 万元,省级财政还应整合安排资金 203126.91 万元。

藏区牧民定居行动计划暨帐篷新生活行动帮助四川藏区 10 万余户 50

余万牧民群众告别"逐水草而居"的游牧生产生活方式,实现了"一步跨千年"的大变迁、大跨越、大发展,加快推进了团结、民主、富裕、文明、和谐的社会主义新藏区建设进程,有力促进了四川藏区跨越式发展和长久治安,为同步建成全面小康社会奠定了坚实基础。

牧民生活水平极大提高,加快了全面小康社会建设进程。四年来,随着一大批公共及配套基础设施建设,牧区公共服务盲区不断消减,文化教育、医疗卫生等公共服务的均等化步伐进一步加快,社会事业得到空前发展,牧区群众住房难、行路难、饮水难、上学难、看病难等最直接、最现实、最迫切的民生问题得以较好地解决,定居牧民享受到了教育、医疗、养老等公共服务,幸福指数不断提高。随着1243个民族特色浓郁、功能配套完善、环境整洁优美的现代新村分批建成,50万牧民群众结束了逐水草而居的游牧生活,告别了牛毛帐篷和简易住房,住进了宽敞明亮、安全保暖、功能齐全的定居新房,用上了电视机、洗衣机、电冰箱等现代家用电器,过上了"城里人"的幸福生活。随着10万顶新型帐篷、10万套90万件篷内设施和7万台便携式太阳能电视机陆续发放,牧民群众在游牧过程中也能享受到现代化的文明生活,在国内创造性地解决了牧民定居享受现代文明和传承游牧传统文化的矛盾。随着藏区牧民群众生活水平的大幅提高,藏区与内地的差距不断缩小,为民族地区与全省同步实现全面小康奠定了基础。

自身发展能力极大增强,促进了藏区跨越式发展。实施牧民定居行动计划,推动了藏区路、水、电、通信等基础设施的极大改善,有效增强了藏区发展后劲,为跨越式发展创造了必要条件。实施牧民定居行动计划,牧民群众生产生活条件显著提高,牧业经济抗御自然灾害的能力明显增强,推动了传统游牧的粗放模式正逐步向集约化家庭牧场的现代畜牧业可持续模式转变,促进了牧区经济快速健康发展。实施牧民定居行动计划,牧区文化设施不断完善,文化活动蓬勃开展,既促进了民族文化、红色文化和旅游文化资源开发和品牌打造,又为发展第三产业奠定了良好基础,有效拓展了牧民群众增收渠道,增强了牧民自我发展、增收致富的能力。

基层组织建设极大加强,推动了社会管理创新。牧民定居行动计划从硬件建设和软件建设两个方面同时入手,大力推进基层组织建设和社会创新管理。两州一县共建成962个定居点村民活动中心,配套完善了村"两委"办公室、卫生室、警务室、农（畜）技服务室硬件设施建设。同时，研究制定了《四川省牧民定居点公共服务与社会管理办法（试行）》，各地结合实际认真贯彻落实。并且，出台了定居村增加 1 名村干部编制和每 50 户增设 1 个公益性岗位，相关人员经费由财政转移支付的政策。强化了藏区基层组织建设，提升了定居点公共服务与社会管理水平。

民族团结进步极大增强，促进了藏区社会长治久安。牧民定居行动计划暨帐篷新生活行动实施过程中，各族干部群众始终同呼吸、共命运、心连心，并肩为改善藏区牧民群众的生产生活条件奋斗，共同书写了新时期民族团结进步的新篇章。牧民定居行动计划暨帐篷新生活行动让广大牧民群众得到了实实在在的好处，真真切切感受到了党和政府的亲切关怀。各族群众维护祖国统一和民族团结的自觉性增强，牧民群众的国家和中华民族认同感得到加强，境内外恶旧势力、敌对势力、分裂势力的活动空间和影响力日益缩小，有力促进了藏区长治久安。

七　存在的问题

资金缺口较大。牧民定居行动计划项目资金属于通过整合筹集，因无法整合而造成的资金缺口共 20.31 亿元，其中甘孜州 9.71 亿元，阿坝州 10.60 亿元。

未纳入定居计划户数较多。据初步统计，共有 4 万余户牧民未纳入定居计划。其中，2008 年规划时因为各县统计时遗漏而未纳入定居计划 27909 户，2008 年后分户新增 14916 户。

后续管理有待加强。州县虽已按照《四川省牧民定居点公共服务与社会管理办法（试行）》的要求，结合各地实际制定了相应实施细则，落实了责任主体和监管主体，但由于基层集体经济发展后劲乏力，缺乏必要管理和维护费用，后续管理还比较薄弱。

配套产业较为滞后。由于项目建设的重点是定居点及其公共和基础设施，对产业结构调整、农牧业生产设施的投入不足，种植业、畜牧业、乡村旅游等产业的发展尚不能满足"住得下、留得下、可发展、能致富"的要求。

公共设施需提升完善。部分定居点的连接道路、消防设施和上下水防冻设施等公共基础设施还需进一步提升完善；部分地方对提升改造定居房的抗震设防要求还考虑不够，个别工程在施工细节上有瑕疵，存在质量隐患，部分工程竣工验收进度滞后，尚未办理竣工决算等手续。

八 地方政府对中央的希望及其结果

由于四川地方政府在定居工程中感到力不从心，把很多希望寄托在中央的支持上。为此，提出了一些解决思路，具体体现在以下各方面。

要求国家出台生态补偿办法，国家加大投入力度，支持藏区生态修复。中央向下游地区征收生态补偿税，中央、地方按4∶6比例分配，中央部分全额分配给藏区，用于生态保护补偿。征收开发企业资源有偿使用费，主要用于资源开发地生态修复、公共服务和基础设施建设，以及改善当地群众生产生活条件，开展就业培训，增强就业能力。资源开发企业缴纳生态恢复治理保证金，用于修复对资源开发地造成的生态破坏。建立以商业保险公司为主体、中央财政注入风险补偿基金的政策性森林保险制度。启动森林、草地、湿地生态补偿试点，按照每亩20元进行补偿，草地按照每亩10元补贴草种费。

要求国家加大生态建设工程实施力度。国家将川西北藏区生态环境保护与建设，特别是《川西北防沙治沙工程规划》纳入国家生态环境保护总体规划，尽快批复实施；将川西北藏区县比照三江源政策全部纳入转移支付范围。将藏区天保工程延长50年，退耕还林、退牧还草补偿期延长两个周期，将川西北藏区县全部纳入退牧还草工程实施范围。新增川西北藏区巩固退耕还林成果专项资金13亿元；人工造林、封山育林、退耕还林补助标准分别提高到每亩400元、150元和600元；森林管护费提高到每亩10元；按每亩300元、500元标准设立森林抚育、低效林改造补助；禁牧、休牧草地补助标准分别提高到每亩10元和3元，按每亩10元的标准设立草地管护费。

将重大建设项目纳入国家规划。请国家将藏区重大基础设施建设项目纳入国家"十二五""十三五"规划，予以专项支持。对交通、能源基础设施规划给予特殊支持，在国道网规划中增加藏区国道路线，国道、省道干线公路均按二级及以上标准规划，提升藏区路网密度，并将川西北规划的藏区高速公路纳入国家高速公路网规划。规划建设藏区天然气管道。

发行藏区基础设施建设债券。请国家发行藏区发展中长期国债或藏区基础设施建设债券，每年安排川西北藏区建设债券 100 亿元，专项用于以藏区交通为主的基础设施建设。

提高国家资金补助标准。建议川西北藏区国道建设由中央全额投入，省道、县道公路和机场交通基础设施建设项目，按照国家、省 8∶2 的比例给予支持；通乡、通村公路补助分别提高到每公里 80 万元和 40 万元，村道、乡道和县道及以上公路养护标准分别提高到每公里 0.25 万元、0.5 万元和 1 万元；安排中央预算内资金冲抵川西北藏区铁路项目出资，川藏铁路由国家全额投入。对城乡公共设施、农田水利、供电水电站、无电地区电力建设、农村电网、安全饮水、城镇廉租房、生态环境保护等领域的基础设施建设项目予以全额补助。对藏区公路、铁路、机场、通信和城乡环保等基础设施正式投入运行五年内的给予运营补贴；对藏区发展新能源、替代能源实行财政补贴政策。

要求国家给予社会事业特殊扶持。要求国家将藏区高中和幼儿教育比照义务教育给予支持；中央财政按每生每年 2000 元标准全额解决藏区寄宿制和中职学校学生生活补助；国家每年专项安排藏区师资培训经费 900 万元。2011 年藏区新农合筹资标准达到 200 元，中央财政按照人均 120 元补助。参照西藏标准提高川西北藏区各级广播电视台（站）播出费补助和"村村通"维护经费。藏区城乡居民最低生活保障、医疗救助人均补助标准均高于全省 30%；按人均 100 元的标准全额资助城市低保对象参加城镇居民医疗保险，中央财政承担所需资金的 85%；按每县 300 万元的标准划拨专项资金，解决特殊困难群体的临时救助问题；农村五保对象供养标准提高到每人每月 250 元，"三孤"人员供养标准提高到每月 600 元。享受农村计生家庭奖励扶助夫妻年龄提前到 50 周岁，标准提高到 1200 元；计生特别扶助标准提高 50%，"少生快富"工程标准提高到 5000 元，新增资金由国家专项解决。

完善城乡居民社会保障体系。要求国家在不占用川西北面上 10% 试点指标基础上，将藏区纳入全国首批新型农村养老保险制度试点地区，补助标准在非藏区标准基础上提高 50%；被征地农牧民参加养老保险政府补贴资金由中央财政解决 70%。将川西北藏区困难僧尼纳入社会养老保险体系，由国家全额补助养老保险基金。藏区职工从 2009 年起实行统账结合的基本医疗保险制度，所需资金由中央补助 50%。降低藏区社会保险缴费基数和费率，减少的基金收入由中央给予专项补助。

实行稳定增长的均衡性转移支付政策。要求国家针对川西北藏区生活、行政成本高，维护社会稳定任务重、支出大，减收增支因素较多等特殊情况，从 2009 年起实行稳定增长的均衡性转移支付政策。将藏区人员公用基本支出和必要的事业发展支出全额纳入标准支出需求计算，并按照不低于 2006～2008 年上述保障范围支出平均增长幅度，安排均衡性转移支付补助增量。对藏区实行的转移支付不计算新增财力部分。

实行特殊的财税政策。要求国家将藏区分享的增值税全部留给当地，或将增值税超过基数部分全额返还；所得税上缴中央的 60% 全部留归当地；中央不参与藏区非税收入的分享，或将非税收入全部返还；允许总部不在本地区的分公司所得税、勘测设计收入税在资源开发地和项目所在地缴纳，实行就地注册、就地纳税。

给予农村信用社特殊支持。要求国家鼓励通过财政注资、发行债券等方式，支持藏区农村信用社补充资本金。建立藏区农村信用社发展扶持基金，免征农村信用社营业税和所得税，弥补历年亏损。对无法商业化可持续生存的农村信用社，要求中央按贷款余额的 4% 给予费用补贴。

支持藏区整体扶贫开发。要求国家将川西北藏区整体纳入国家扶贫开发重点扶持范围（或享受国家扶贫开发重点县同等待遇），制定差别化扶贫标准给予扶持，每年安排川西北藏区专项财政扶贫资金 10 亿元。

化解藏区债务。要求国家设立专项资金，化解川西北藏区实施教育、卫生、政法和农村公益事业等公益性基础设施建设产生的债务。

调整防灾减灾政策。要求国家调整藏区救灾四级应急响应启动条件，凡符合一次性自然灾害紧急转移 5000 人次以上，或因灾死亡 10 人以上、倒塌房屋 2000 间以上的，国家启动应急响应，安排自然灾害救济补助经费、生活补助和房屋恢复重建标准在国家基础上增加一倍，中央财政全额安排救灾资金。

支持发展特色优势产业。要求国家结合川西北藏区资源特点，合理布局、优先安排农牧业、旅游业、水电业、矿产业、中藏药业等特色优势产业项目，给予财政贴息，设立并逐年增加藏区产业发展基金，推进藏区优势特色产业发展。

完善资源定价机制。要求国家建立完善的以市场定价为主、政府调控为辅，充分考虑土地征用、搬迁、安置、补偿、生态环境治理等因素的资源定价机制。除国家战略资源和法律法规政策规定外，资源开发权原则上以招标、拍卖和挂牌等方式出让，同时明确资源开发方环境治理及生态修复责任。

优先安排、优先审批藏区项目。要求国家对符合规划和产业政策的重大建设项目开辟绿色通道，加快审批进程，优先安排资金，帮助协调落实开工条件，促成项目尽快开工建设。

建立水电有偿使用和补偿机制试点。要求国家在川西北藏区率先开展建立资源开发新机制的综合试点，探索建立"6＋1"水电开发新机制，即：征收资源开发补偿费、建立资源开发生态补偿机制、建立资源开发利益共享机制、支持地方依法参股资源开发、合理确定资源产品存量、支持资源就地转化，并在财税政策上对资源所在地给予倾斜和支持。

加大农牧业补贴力度。要求国家给予青稞、马铃薯良种补贴每亩30元、120元；良种能繁母牦牛每头补贴60元，改良后备母牦牛每头补贴500元，引进良种牦牛、藏系羊每头（只）补贴600元、300元，出栏减畜牦牛、藏系羊每头（只）补贴300元、100元。农机购置补贴由30%提高到50%，并给予运费、农机作业补贴和农机维护服务补助。提高当地农产品最低收购价，征收的耕地占用费全部用于当地发展农业生产。把藏区青稞、小麦、玉米、马铃薯等重要农作物和牦牛、藏系羊、藏猪等特有种植饲养业纳入中央财政政策性农业保险范围，国家基本保费补贴提高到70%；建立从中央到地方、从保险经营机构到财政的大灾风险分担机制；藏区新型农民科技和劳动力转移培训补助标准在现有基础上提高一倍。

支持旅游业发展。要求国家将川西北藏区旅游发展纳入国家规划，加快实施《香格里拉生态旅游核心区发展规划》；设立藏区旅游文化发展专项资金，用于景区基础设施建设和民族文化遗产保护。批准九寨黄龙机场为口岸机场。

提高藏区商贸补助。将藏区商贸流通服务业发展的财政直补资金比例提高到总投资的20%；藏区家电下乡补贴资金提高到17%；汽车下乡最高限额补贴提高到8000元/辆，摩托车下乡补贴提高到1000元/辆。"万村千乡市场工程"藏区农家店建店补贴资金提高到15000元/个。

提高干部职工待遇。要求国家提高艰苦边远地区津贴标准，适当提高川西北艰苦边远地区类区的待遇，使川西北与西藏同海拔、相同艰苦程度的高海拔藏区的机关事业单位职工的工资水平，达到西藏机关事业单位职工的工资水平，新增资金由中央财政全额负担。川西北藏区机关事业单位职工，按照国家关于西藏、青海实行浮动、固定工资政策，执行浮动、固定工资。艰苦边远地区类别以乡、镇为单位划分。在艰苦边远地区退休的人员，以当地同职务在职人员艰苦边远地区津贴标准为基数，按本人计发退休费的比例增加退休费。

强化藏区人才队伍建设。要求国家对藏区公务人员、专业技术人才教育、培训、交流给予专项资金扶持；对藏区机关招录双语人才，牧区乡镇机关招录公务员实行定向和特殊招录办法；放宽条件招录适应藏区需要的大专院校专业人才；高级、中级、初级职称结构按照 2∶3∶5 的比例设置。实行大中专录取单独画线、单独招生政策。

解决森工企业历史遗留问题。要求国家一次性安排专项资金解决藏区森工企业拖欠的离退休人员统筹外项目费用；从 2009 年起，每年将藏区"森工企业社会保险""森工保发放缺口专项补贴""森工企业退休人员医疗费""森工老工伤人员专项资金""死亡职工遗属生活困难补助费"等纳入中央财政专项补助。

以上二十三条特殊扶持要求，大致分为财政税收政策调整、福利政策调整、产业政策调整、区域发展政策调整、人才政策调整等五个大的方面。这些政策调整牵动国家层面的施政策略和区域均衡问题，在中央看来，大多数是不能满足的。首先，地方政府往往从自身区域发展考虑，过多地强调了地方的特殊性而忽视全局的同一性，提出后有别于其他地区的政策诉求，这实质上是把自己所在的区域当成一个"特区"加以考虑，而事实上它仅仅是一个普通的行政区域而已。作为普通行政区域，不可能突破政策边际获取较其他同等区域更大的特权。比如，生态补偿采取牺牲下游利益弥补上游利益的做法，必然会招致下游地方反对，挫伤下游发展积极性，引发新的区域矛盾，国家断然不会采纳。其次，在国家实施西部大开发、振兴东北和中部崛起战略的同时，几乎全局推进，发展遍地开花，任何一个特殊的举措都会引起新的矛盾。在历史上形成的惯例之外的任何一个非全局性的特殊投入都成为全国关注的焦点。再次，国家的规模性的投入是有原则和边际的，不完全是按照地方的要求来进行的。比如，加大向川西北藏区投入预期不明、效益不确定的重大工程项目，不符合科学发展和可持续发展的基本要求。最后，牧民定居行动是全国性的工程，在国家统一的要求下，可以体现各地的特殊性，但不得以特殊性而突破原则性。综上，四川地方政府的很多要求均不会很快得到满足。四川地方因为藏区问题一再强调特殊性，其实已经陷入了一个误区，那就是忽视了全国有五大藏区，它们在政策上都是一视同仁的。特别是四川强调"稳藏安康"的历史经验，已经被"稳藏安青""西藏工作"等博弈冲淡，它只能在自己有限的政策范围内活动。

第二节 本研究关心的主要问题

本研究以游牧部落活动较为频繁的川西北牧区作为主要研究区域，该地区曾哺育了本地英雄岭·格萨尔，创造过藏族历史上辉煌的游牧文化，对此进行跟踪调查，具有典型性和代表性。同时也调查了具有嘉绒文化烙印的若尔盖牧区，便于对相关文化进行比较研究。

首先是政府对定居工程的认识：政府是如何认识定居问题的，为什么将定居问题纳入经济建设规划，前期成效如何，目前具体规划和实施进展如何？这要从政府政策及其实施方面进行调查，此为关注点之一。

其次，抓住几个费解的凸显问题：政府一度发放的现代游牧用品，包括绝大部分免费发放的牧民生活必需的帐篷和放牧用品，何以没有受到游牧民的欢迎？为此，拟从游牧部落文化、规模、生产生活方式，及其与所在区域农耕经济文化的关系等角度进行考察，做具体了解，此为关注点之二。

再次，如果游牧经济与游牧文化的信仰需求在帐篷寺庙模式中得到了相应的满足，游牧民定居后这种满足感如何，游牧民对寺庙，尤其是帐篷寺庙的看法如何，信仰在游牧与定居中究竟有多大的意义或影响，牧民和寺庙是如何看待延续千百年的游牧文明或文化的？故应从牧民和寺庙两个方面着手进行调查。此为关注点之三。

复次，不同区域定居点牧民对定居后的城镇化生活生产方式的适应有何不同，产生这些不同的根源何在，如果出现定而不居或游而不牧的现象和人群，他们该向何处去，他们曾经作为游牧经济的生产工具使用的数以万计的枪支该向何处去？此为关注点之四。

最后，游牧与定居之间是否存在一种内在逻辑，定居可以"一刀切"吗，这对解释定居问题是否具有普遍性？这些问题的解析可以使调查提升一定的学术理论空间。

第三节　本研究的突破点

政府、寺庙、定居点和农牧民是本研究关注的四个重要因素。在调查中，拟突破的关键问题有三点。

一是对四川藏区定居工程的动因、农牧民对定居的认识、农牧民的参与配合情况对定居绩效的影响等方面进行调查。

二是拟对不同定居模式进行分类和归纳调查，试图建构指标体系，析出不同定居模式下的人口与社会结构变化对基层治理的影响，进而评析定居工程的经济社会绩效，这是首次从这个角度关注牧民定居问题。

三是本研究首次对政府的决策动因、政策措施的实施情况进行调查，确定这一政策在定居中的价值和意义，突破一般学术研究的范畴，把科学性与时效性、实用性紧密结合起来。

第一章　研究涉及的区域

调查牧民定居离不开几个相关问题，即游牧的产生和发展状况、聚落的形成与变迁、不同区域的特质及它们之间的关系、主观定居点与自然聚落及其相互关系等。一般地，我们知道人类的幼年时代生产力极为低下，人少兽多，经常面临被自然灾害和猛禽恶兽消灭的危险。人类出于趋利避害的本能，选择了最利于自己生存栖息的环境，那就是以树为家。在高大的树上，既避开了陆地上部分毒蛇猛兽的追捕，又最大限度地避开了洪水的侵袭，树荫也可以遮挡暴雨烈日，这样相比地上确实不失为一个安全的场所。从人类在树上生存发展的经历来看，人类至少经过了缘树采摘和居高制敌的生产斗争历程。随着人类生存能力和生产能力的增强，也随着繁殖扩大的需要，人类感到树上的限制多了起来，不仅生活不方便，而且生产也大大地受到限制。这样，自然选择了下到地上寻穴而居。很多早期人类树居和穴居的历史痕迹和遗存，都印证了这个事实。① 既然到了地面，就对穴居提出了很多要求，安全适宜的温度湿度、足够的空间、足够的氧气、充足的水源、观感上的舒适度等，而且这些要素具有唯一性和不可替代性。这样，由穴居而变为有目的的人为建构居住空间，逐步形成聚落。安全适宜的温度湿度、足够的空间、足够的氧气、充足的水源、观感上的舒适度等要素与天然洞穴相比，后者是幼年的人类最先试图挑战的也是最具有可能的。这样，人类就在具备条件的地方尝试用天然的材料——土木或石木营建自己的洞穴——早期的住房。在山地和高原地带，大自然给出的条件十分苛刻，土地的空旷广袤与宜居地的稀缺并存，人类不断繁衍发

---

① 见元谋猿人、山顶洞人相关文献，参见周锐等《生活环境对山顶洞人的影响》2011；王文成《元谋人与东方人类的起源》，《云南民族大学学报》（哲学社会科学版）2007年第4期。

展的需要与技术落后的现实并存，故在一些适合人居的地方，人类见缝插针地选择了那些零散的聚落，这些聚落通过一定的水路、陆路又连成一条条的珠状带，这些珠状带扩大而连接在一起，又形成聚落较大的村镇。川西北四大流域的聚落和村镇大体就是这样形成的。[①] 有了居住地，并不能完全解决人类生存繁衍的需要。高寒地带没有随时能够供给的适合人类生存需要的营养来源，只有通过驯养和种植。种植需要相对平整的一定面积的土地，驯养需要大量的饲料和人力，这些都是川西北早年人类面临的难题。在具备一定的土地的地方，人类因地制宜发展了种植业，而在没有一定种植条件的地方——至少那时没有，人类发明并使用武器——刀矛或弓箭，通过牲畜本能的觅食植物，采集营养，再从牲畜那里稳定地获得营养和热量，建立生物生态圈中的能量循环，推动人类的生存繁衍。这由此引出了两个后果：一个是在具备种植条件的地方形成了农耕聚落；另一个是在更具备放牧的地带形成了游牧聚落——也是后来的部落，就是在相对固定的一个环境中放牧生活。长此以往，不同的环境就形成了不同的聚落和部落文化。川西北地壳被剧烈隆起的褶皱和深切的河谷构成零乱而复杂的地理单元，进而为人类适应性地造就零散的聚落文化提供了前提条件，这就是我们今天看到的大渡河上游高山峡谷和草地聚落区、雅砻江中上游高原河谷和山原聚落区、金沙江中上游高原河谷聚落区、长江黄河源头流域高原草地聚落区和岷江上游河谷聚落区的不同文化特征，以及它们内部不同区域、不同阶段的经济、社会和文化特征。

第一节　大渡河上游高山峡谷和草地聚落区

大渡河上游高山峡谷和草地聚落区包括康定、泸定、丹巴、马尔康、壤塘、金川、小金等七个相近气候区，面积 43.55 万平方千米，2012 年人口 48.3952 万，101 个乡，17 个镇。地标 29°28′N～32°41′N，100°31′E～102°59′E。2010 年区域 GDP 56.9825 亿元，仅次于岷江上游河谷聚落区，居五大区第二位。[②] 大渡河流域的地貌特征的琐碎、松散、险恶和封闭等，

---

① 见甘孜、阿坝等地考古材料。
② 根据 2010 年《马尔康年鉴》等七县年鉴整理。

造就了这里的聚落的碎、险、闭、幽等景观。历史上这里被称为"民族走廊"或"藏彝走廊",事实上就是一个民族交会和融合的地区。显著的落差和巨大的流量,导致大渡河及其支流对流经区域的猛烈切割,形成激流陡壁,飞瀑险潭。这样的情形,倒也印证了一句俗话"一方水土养一方人",这里的人们历经了惊险和风雨,练就了不畏艰险、敢于挑战的性格特征。历史上有大小金川之役,太平军战斗,泸定桥、大渡河之役乃至民主改革进程中的血与火的较量,留下了林立的烽火古碉和古代屯兵后裔,也留下了乾隆帝、石达开、红军等惊心动魄的故事。在沿河两岸,数以千计的烈士墓和石棺墓葬发出耀眼的白光,仿佛诉说着这块土地下面还有很多震撼人心、魂牵梦绕的故事。毛泽东诗曰"金沙水拍云崖暖,大渡桥横铁索寒",一个"寒"字,锁定了大渡河之魂。大渡河上游整体特征表现为高山峡谷和草地聚落风貌,包括康定高原梯次气候区,马尔康高原峡谷气候区,泸定、丹巴、金川、小金高山河谷气候区,以及壤塘草地河谷气候区。

康定高原梯次气候区以康定县域为主,处康巴藏区东部,地标为29°39′N ~ 30°45′N, 101°33′E ~ 102°38′E。东与宝兴、天全、泸定、石棉县交界,南接九龙、木里县,西邻雅江县,北靠小金、丹巴、道孚县。境内海拔从1200米至7556米,地形复杂,形成了独特的高原型大陆性季风气候。康定高原梯次气候区是一个立体气候梯次分布显著、种养业并举、地区差异显著、属横断山河谷气候与青藏高原气候交汇的地区,也是多种民族文化交融并存的地区。东部地区的大渡河谷与西部地区的折多山原地区垂直海拔在3000米以上,与境内最高峰贡嘎山顶(海拔7800余米)高差竟达6800米。西部山原以牧业为主,个别单纯种植业交错发展;东部种养并举,以种植业为主。故实施定居工程,主要意义在于折多山以西,即俗称"关外"的牧区。与川西北大多数地区县城一样,康定处于拥塞狭长的河谷地带,这是交通、商业、军事等因素交互作用的结果。因为该地处于第一阶梯——成都平原通往第三阶梯康藏高原的交通要塞——横断山区上,这个地区是龙门山断层急剧隆起之地,这在客观上加剧了该区的险恶地理态势。在近代及其以前的冷兵器时代,抑或是近现代尚不发达的热兵器时代,这个条件广泛被兵家用于据险扼守与屯兵防御,尽管曾经作为西康省治所在和现甘孜州治所在,屡经开发建设,但显著的地区差异和文化差异依然没有逆转式变化，一言以蔽之："历史惯性强大，文化交融激越。"

泸定高山河谷气候区以泸定县域为主，这里是川西高原向四川盆地的过渡地带，是进入藏东的咽喉要道，具有连接川藏的锁钥地位。地标 29°28′N ~ 30°6′N，101°49′E ~ 102°27′E，该县地形走势呈西北高、东南低。泸定是一个以汉族为主、藏彝等 17 个民族杂居的地区。① 藏区民主改革前，在磨西和岚安高山地带存在着局部的游牧活动。经过较长时期的改革变迁，这些零散的游牧活动基本实现了定居生产和生活。随着气候变化和社会变迁，这些地方逐步形成了以农耕为主的经济形态。但是在牧区定居化进程中，泸定依然具有特殊的意义，它为定居提供了历史线索，也为定居提供了人才、教育、培训、技术和物质生产等方面的服务。

丹巴高山河谷气候区以丹巴县域为主，总体区位处甘孜州东部，青藏高原东南边缘，地标 30°24′N ~ 31°23′N，101°17′E ~ 102°12′E，东、东南、南、西、北部依次与阿坝州小金、康定、道孚、金川县等县域接壤。有汉族、彝族、藏族、羌族、苗族、回族、蒙古族、土家族、傈僳族、满族、瑶族、侗族、纳西族、布依族、白族、壮族、傣族等民族分布，其中以藏族、汉族、羌族为主。丹巴县治的自然地理与康定有很多相似之处，也是处于狭长拥塞的河谷地带，同样是多种文化的交汇区域。1987 年，四川文物考古研究所与甘孜州文化局联合发掘了中路乡罕额依文化遗址。发现其"出土文物中尤其是陶器呈现出一种迥异于周边地区同时期的文化遗址的崭新的文化面貌。从距今的 5000 年到 2000 年间，罕额依遗址的三期文化遗存既有着先后的承继关系又存在发展和变化，初步展示了大渡河上游地区从新石器时代晚期到西汉时期的古代文化面貌"②。严格意义上，它历史上是一个多种文化的沉淀带，是一个多样态历史文化的宝库。文化纷呈以语言表现最为充分：嘉戎语、安多语、弥约语（尔龚）、梭坡语（二十四村）、羌语以及汉语在这里交汇，"一沟一语、沟沟不通；一寨一话，寨寨不同"的文化奇观在这里出现。③ 应该说，文化的多样性是人类文明演进

---

① 泸定县县志编纂委员会编著《泸定县志》，中国文史出版社，2010。
② 四川省文物考古研究所《四川考古报告集》，文物出版社，1998，第 77 页。
③ 四川省丹巴县县志编纂委员会编《丹巴县志》，民族出版社，1996。

的动力源泉，文化生态的活力也正是表现在文化多样性上。语言作为文化的载体和表现，自然应在此列。但是这种文化奇观在18世纪中前期遭受了清王朝的狠狠打击后，开始逐步走向低迷。如同各沟汇流到大渡河那样，各种文化向章谷镇汇集，在这里，人们不再运用自己的"地脚话"交流，而是改作通行的汉语。与康定一样，丹巴的牧民定居意义不是全县性的，事实上它的牧区已经缩小在靠近道孚的边耳、丹东等很有限的地方。造成这种现状的缘由不仅是普遍存在的气候和产业变化，更是植被的破坏和生态恶化。尤其是源自20世纪50年代的天然林大开发，砍伐前覆盖丹巴全县面积的50%以上的至少2205748立方米的天然林被砍伐之后，[①] 该区草地和水土保护屏障几乎丧失殆尽。[②] 由于砍伐行动的空前，当时大量原始森林木材充盈山野，沟壑为之阻塞，江河为之断流。但是，这场砍伐行动并没有使国家从中赚到钱，从直接经济效益看，当时盘点就倒亏了1129.76万元。[③] 如此说来，近代以来，丹巴地方文化遭受一连串政治、军事和生态打击后，已经失去了往日的活力和生机。自然，赖以为生的游牧业失去了支撑它的城市文明、农耕文明、生态文明等重要给养与反哺，那么它基本上走到尽头已经是不可多选的结局。

金川高山河谷气候区以金川县域为主，该县位于阿坝州西南部，东、西南、西北、东北依次与小金、道孚、丹巴、壤塘和马尔康县相连。地标30°04′N～31°58′N，101°13′E～102°19′E。金川县因境内大金川得名，而大金川因沿河产金得名。金川属大陆性高原季风气候，多晴朗天气，昼夜温差较大。西北部地区山势平缓水草丰茂，是天然草场畜牧区，东南部高山峡谷地区河谷两岸的冲积阶梯状台地为农耕地，半山缓坡亦有耕地分布，为农业区。境内有藏、羌、回、汉等14个民族，是一个多民族聚居、以农业为主的高原山区县。金川有丰富的土地资源、植物资源、水力资源、矿产资源。按河流布局，金川县在壤塘下游区域，相对于上寨壤塘而言，当地称为中寨和下寨地区。金川县与甘孜州丹巴接壤，是清代乾隆帝用兵之地。不仅古代兵事著名，就是20世纪中叶民主改革，也出现了大小

---

① 丹巴林业用地为4345211亩，占丹巴县国土面积的51.28%。见四川省丹巴县志编纂委员会编《丹巴县志》，民族出版社，1996，第232页。

② 四川省丹巴县志编纂委员会编《丹巴县志》，民族出版社，1996，第249～251页。

③ 四川省丹巴县志编纂委员会编《丹巴县志》，民族出版社，1996，第251页。

不等的武装斗争。考察它的历史社会结构后，就不难发现，这些区域大都从事过一定规模的游牧业，有的是从游牧业转为耕养混合经济的。牧业最重要的生产工具之一就是枪支。起初牧民用以保卫牧场和狩猎，后来在处理草场纠纷和边界冲突以至"打冤家"的过程中，枪支发生巨大作用。一旦桌面谈判失败，就选择枪支解决问题。所以，小的武装冲突和大的战斗在这样的地方上演，也就有了客观的基础条件。当然，民风民俗和具体的主客观因素也有一定的作用，需要具体分析。历史上，金川是藏人聚居之地，迨清乾隆两征金川之后，驻屯清兵留滞和大量民户入屯垦殖，居住地民族结构发生了很大变化。

小金高山河谷气候区主体处于小金县域内，该区位于阿坝州南端，东、北、西北、西南依次与汶川、马尔康、金川、丹巴、宝兴等地接壤，地标 30°35′N～31°43′N，102°01′E～102°59′E。小金藏名赞拉，凶神之意，因境内小金川而得名（小金川因沿河产砂金得名）①。县境属亚热带气候。由于高原地形，气候冬寒夏凉，常年干燥，雨量稀少，气温变化剧烈，四季不甚明显，日差较大，有时达 20℃以上。年蒸发量 1500 毫米，无霜期 220 天，年平均气温 12.2℃。境内文物胜迹众多。很长时期内，小金是一个相对封闭的环境，但同时又是从内地通向丹巴方向的一条便捷要道。地势东北高、西南低。周边为高山大河包围，北有虹桥山高 5200 米，东有四姑娘山高 6250 米，大量高山为 4500 米。河谷地区多在 3000 米以下，一般高差在 1000 米以上。高山峡谷的封闭，严重制约了小金对外拓展，也限制了外界经济文化因素的进入。似乎这点从某种方面为内地或高原民族提供了避难地。田野调查发现不同的聚落或乡村间存在迥异的社会文化景观和习俗。有的村庄大多是一个姓的汉族聚居，有的是嘉戎藏族聚居，也有整村是康巴人聚居的，他们全持康方言，与周围不通。访谈时，可以得到一些信息，他们会模糊地记得祖上大概哪辈进入的情况。根据这些情况，结合一些文献，可以推测这些不同文化背景的人们进入这里的大致情况，或许是因战争，或许是冤家械斗避仇，或许是社会变革避祸等。总之，每个不同的文化背景的家庭或聚落，都不是凭空千里迁徙的。在清朝建立前，确切说是乾隆发起大小金川之役前，这里是藏人的聚居区。迨大小金川

---

① 四川省阿坝藏族羌族自治州编纂《小金县志》，四川辞书出版社，1995。

后，人口结构大变，目前藏族人口约占一半，其余为汉、回、彝等民族。

马尔康高原峡谷气候区以马尔康县域为主，总体处于阿坝藏族自治州中部，东、南、北依次与红原、理县、金川、小金和阿坝交界。地标30°35′N～32°24′N、101°17′E～102°41′E。马尔康，当地语言意为"火苗旺盛的地方"。该区位于四川盆地外沿西北部，青藏高原东部，邛崃山脉北段，属高原峡谷区，地形呈不规则长方形，地势由东北向西南逐渐降低。地质构造复杂，地层多为三叠系砂岩、板岩和变质岩等，属低纬度、高海拔的特殊地理与高山峡谷立体气候，冬干夏湿、雨热同季、日照充足、昼夜温差大。总体看，马尔康历史上是一个游牧活动活跃的区域，由卓克基、松岗、党坝、梭磨四个土司属地组成，土司文化发达。该地古称"冉駹"，"其王侯颇知文书，而法严重"，1935年7月初，毛泽东率红军长征途经这里时，发现了储量可观的藏书屋"蜀锦楼"，里面还有《三国演义》等书籍，也印证了该地"王侯颇知文书"的历史评价。① 鉴于这样的事实，不同政治利益团体之间的斗争，很大程度上就表现为"阶级斗争"了。因为土司统治年代久远，形成了较为牢固的社会和文化根基，在后来的新政权建立过程中，自然遇到了很强的阻碍。马尔康地处阿坝藏区心腹地带，辐射能力强，影响大，以其独特的地理位置成为后来州治所在地的首选。

壤塘草地河谷气候区以壤塘县域为中心，该区位于阿坝州西部，与青海省班玛县和州内金川、马尔康、阿坝以及甘孜州的色达、炉霍、道孚县接壤，地标31°16N～32°41′N、100°31′E～101°29′E。壤塘，藏名意为"财神的坝子"，因壤塘寨寺庙背后有座山像"壤跋拉"菩萨，山前有个坝子，藏语音"塘"，故名。该区位于青藏高原东南边缘，大渡河上游，地形以丘状高原为主，相间河谷平地和高山，县内冬季干燥寒冷且漫长，春秋短促，昼夜温差大，属典型的高原型气候。壤塘与甘孜州色达县相邻，它的很多情况与色达草原有相似之处。历史上，壤塘是一个原始森林覆盖、草原宽广的原生态纯牧区域。20世纪森林被大规模砍伐后，植被和气候都发生了重大变化。与色达相似，这里宗教色彩浓郁，教派纷呈，同时保存着古老的宗教——"觉囊"。按照大渡河上游金川河流域的上下游走

---

① 四川省马尔康县地方志编纂委员会编纂《马尔康县志》，四川人民出版社，1995。

向，当地将壤塘县一带聚居区称为上寨，金川及其以下地区称为中寨和下寨。① 这种按照流域分寨的传统，不仅在大渡河流域存在，在其他地方，如雅砻江流域的新龙也存在。壤塘宗科一带地方部落势力强大，与色达相似，它很长一段时间一直维系着对地方的统治。尽管这些部落统治最终退出了历史舞台，但是部落世代结怨的"打冤家"始终存在。受伤的家庭及其后代时刻记住的东西是复仇，这种记忆需要社会深层次的变革和长时期的磨砺方能消除。

第二节　雅砻江中上游高原河谷和山原聚落区

雅砻江中上游高原河谷和山原聚落区包括道孚山原河谷、炉霍高原河谷、色达高原草地、甘孜山原缓坡、新龙高山山原河谷，以及雅江、九龙、木里高山河谷气候区等十个气候相近或相似地区。面积 105.70 万平方千米，2012 年人口为 55.96 万，193 个乡，13 个镇。地标 27°40′N ~ 34°20′N、90°48′E ~ 102°10′E。在五大区中人口最多、面积最大，2010 年地区生产总值为 27.6485 亿元，居于五大区第三位。雅砻江可谓古老而又年轻的巨大水系，源于青海巴颜喀拉山系尼彦纳克山与冬拉冈岭之间的狭窄地带，干流全长 1571 千米，源头海拔 5400 米，汇入金沙江处海拔 980 米，落差竟达到 4420 米，是世界上落差最大的河流之一。上、中、下游分别以拖尼、理塘河口为节点。上游呈高山及高原景观，河谷多为草原宽谷和少量浅丘峡谷，径流补给以冰雪为主；中游为高原、高山峡谷河流。鲜水河、理塘河和安宁河流域面积都超过 10000 平方千米。"流域内地质构造分属甘孜阿坝褶皱带、雅砻江褶皱带及康滇褶皱带，出露地层自古生界至新生界均有分布，并有火成岩零星分布。干流梯级坝址岩层主要为花岗岩、砂岩、板岩、大理岩、玄武岩等。由于雅砻江河床急剧下切，构造强烈，岩石破碎，地震活动频繁，常产生规模较大的地质灾害。流域内地震基本烈度Ⅶ ~ Ⅷ度。流域内自然资源丰富。域内森林为西南林区的重要组

---

① 四川省阿坝藏族羌族自治州壤塘县地方志编纂委员会主编《壤塘县志》，方志出版社，2013。

成部分，森林面积达 1.93 万平方千米，木材蓄积量 3.1 亿立方米。"① 矿产资源丰富。雅砻江为全国 12 大水电基地之一，雅砻江流域涉及青海、四川、云南三省的 25 个县（市）。受自然地理条件和历史因素制约，流域开发利用程度较低。水资源利用率低，水资源供需矛盾突出。近年来流域内重要的水土涵养带原始森林遭到大面积砍伐，草场植被遭受严重破坏，水土流失加剧，污染逐步恶化。

道孚山原河谷区以道孚县域为主，该区地处青藏高原东南缘鲜水河断裂带，位于甘孜州东部，东、东北、北、西、南、西南分别与康定、丹巴、金川、炉霍、雅江、新龙县毗连，地标为 30°32′N ~ 32°21′N、100°32′E ~ 101°44′E。道孚旧称"道坞"，藏语意为"马驹"，县城地形如马，故名"道孚"。境内地形复杂，峰峦起伏，春夏不分明，冬长夏短，冬寒干燥，夏季炎热，属寒温带大陆性季风气候。全区水域总流量为 41.44 立方米，水能理论储藏量 153.8 万千瓦。动植物种类繁多，有金钱豹、藏羚羊、雪豹等 9 种一级保护珍稀动物，有川贝母、大黄、麝香等名贵药材，是南派藏药发源地之一。道孚至今保留着走婚、抢婚等古老婚姻形式，乡民手工制作的土陶和竹器也是道孚的一大特色。道孚处于康区北路的交通要道，但受加绒文化孕育，兼有康巴风情熏陶，可谓"康加一体，相得益彰"。道孚与炉霍同属鲜水河流域，水土相近，风俗互染。历史上藏传佛教势力逐渐拓展，灵雀寺、惠远寺等寺庙都有一定经济实力。故这里的经济、社会和宗教情况都较为复杂。

炉霍高原河谷区以炉霍县域为主，位于甘孜州东北部，介于 31°00′N ~ 31°51′N、100°10′E ~ 101°13′E，东、西、北、东北，依次与道孚、甘孜、色达、壤塘和金川县毗邻，县治新都镇。炉霍，昔称"霍尔章古"，清光绪二十三年（1897）建制屯时因打箭炉至霍尔为入藏要道，两地名中各取一字命名"炉霍"。炉霍县地处川西高原与山原的接触地带，地势西北高、东南低，山河走向多是西北向东南，牟尼茫起山北部延伸入境，鲜水河由西北向东南穿流全县，川藏 317 线从东南至西北贯通全境，是茶马古道重要中转站和由川进入西藏青海的要道。在国家实施天然保护工程和退耕还林政策后，县政府因此更加注重"山、水、田、林、路"的综合治理，注重旅游

---

① http://baike.baidu.com，2013 年 4 月 22 日。

资源开发与地质矿业勘测工作。该区处于甘孜藏区北路要冲，它是藏传佛教格鲁系影响深远的地区，也是"霍尔十三寺"的核心地带。这里是一个自古以牧业为主，兼有少量种植业的地区。与康巴高原很多地方的牧区一样，它的经济结构是单一的。再上下罗科玛、朱倭、仁达等广大范围，存在着古时遗留下来的部落遗迹——他们以完全传统的游牧形式演绎着祖先的生存生活习俗。只有在鲜水河流域或者更加湿润温暖的地方，我们才能够看到种植的影子。著名的卡沙湖遗址就在这里。这里属于雅砻江水系的达曲河流域，发掘的 275 座石棺，其中有出土文物的 148 座，属于细石器时代的 42 座，青铜器时代 52 座，石器铜器过渡时期 12 座。其风格属于氐羌族文化遗存。根据林耀华的论断和后来的考古判断，这种文化属于游牧民族。[①] 考古推断，炉霍区域游牧文化至少可以追溯到战国以前。两千多年来的游牧文化已经根深蒂固，它对外来文化兼收并蓄，改造吸收，顽强地生存发展。

　　色达高原草地气候区主体在色达县域，地处甘孜州东北部，地标 31°38′N ~ 33°20′N、90°48′E ~ 101°00′E，相毗邻的县域东西南北依次是阿坝州壤塘县，青海省班玛、达日两县，以及甘孜、炉霍两县，县治色柯镇。色达，藏语意为"金马"，因历史上曾在色达境内出土一马形金块得名。色达县城的海拔较高，气候严寒，年平均气温在 0℃以下。达曲、色曲、泥曲、杜曲四条河流由西向东，纵贯全境，支流密如蛛网，水能蕴藏量 63.479 万千瓦，资源极为丰富，但均未能利用。色达民风淳厚，礼俗古朴，许多风俗至今沿袭，人文景观独特。色达靠近青海和阿坝藏区，是一个以传统牧业为主的区域。历史上分布着很多部落，这些部落以血缘的方式维持着有序的关系（即骨系），这种情形在川西北的若尔盖、阿坝等地都是存在过的。由于血亲部落制度在历史上得到了较为充分的发育，成为生产和社会生活的有效组织形式，被一直延续到 20 世纪中叶，直至藏巴民主改革前，还完整地保存着。因袭历史旧制，很多地方后来成立新的行政单位，如基层的乡村组等单元，很多时候就参考了传统习惯。比如行政村的设置基本上是依据原有部落单位来进行设置的。而村级的行政官员，更多地也是由过去部落首领及其后人担任。藏区民主改革后，政府在色达地

---

① 四川省考古文物研究所编《四川考古论文集》，文物出版社，1996，第 113 页。

区进行原始森林开采，大量原木被砍伐后，形成了生态失衡的创面，至今未能愈合。色达的宗教文化色彩十分浓郁，藏传佛教宁玛系占据主流。在距县城东南18公里的地方，有著名的喇荣寺五明佛学院，是藏区最大的棚户寺院。其所在地棚户蜂起，经幡如林，蔚为壮观。这里不仅是藏传佛教的传教地，也是今日旅游目的地。

　　石渠高原草地气候区以石渠县域为主，该区位于甘孜州西北部，东、南、西南、西、北依次是色达、甘孜、德格、玉树、江达、称多、玛多、达日等县，地标为 32°19′N～34°20′N、97°20′E～99°16′E。石渠藏语名"扎溪卡"，是藏语"色须"译音，以建于清乾隆二十五年（1760）的藏传佛教格鲁系寺庙"色须寺"而得名。石渠有着大片的湿地，面积为 3 万多公顷；同时石渠的草地沙化面积也比较严重，目前有"三化"面积已达183 万公顷，占辖区面积的 72.95%，沙尘暴每年呈递增趋势，作为长江、黄河源头生态屏障，前景堪忧。石渠县有独特的石刻文化，有石刻艺术长廊——巴格嘛尼石经墙，墙体内刻有佛像3000 多尊，藏文《甘珠尔》《丹珠尔》各两部等；有石刻艺术宫殿——松格嘛尼石经坛，坛内主要经文有"六字真言"等；还有照阿娜姆石刻等。石渠历史上是典型的游牧区域。这里处于青藏川三省区交界处，牧野广大，雅砻江上游流经处，河床宽广，山原平缓，高山草甸较为典型，正好为传统牧业提供了很好的条件。这里也是一个藏传佛教色彩浓郁的区域，县名也因寺庙而来。由于地处高寒，水系发达，雪灾等自然灾害频发，有"十年九灾"的历史印迹。① 在藏区民主改革前，这里由众多的游牧部落主持着原始的游牧业。后来在部落基础上建立乡村组，发展有计划的畜牧业。但是受传统观念影响，牲畜的出栏率不高，很多地方过牧导致草场退化。

　　甘孜山原缓坡气候区主体在甘孜县域内，位于甘孜州北部，地处川西高原向山原过渡地带，东西南北依次是炉霍、德格、新龙、白玉、石渠、色达等县，地标 31°24′N～32°54′N、99°08′E～100°25′E。甘孜，藏语为"洁白美丽"，据传其名源自清朝康熙元年（1662）修建的甘孜寺。该区地势自西北向东南逐渐倾斜，甲不拉山横贯中部，北部有牟尼茫起山，东部有果拉狼山，南部是沙鲁里山，县城一带属高原河谷气候，寒冷干燥，日

---

① 石渠县志编纂委员会编纂《石渠县志》，四川人民出版社，2000。

照长，辐射强。甘孜金矿资源较为丰富，是甘孜州五大产金县之一，已发现的矿种有 15 种。动植物资源也较丰富，有獐、鹿、黄羊、狐、猴、熊、豹、马、鸡等 20 多种野生动物；野生植物中包括名贵药材冬虫夏草、贝母、大黄、甘松、羌活、雪莲等 170 多种。水利资源丰富，河流总长3131.8 千米，水面面积 36.34 平方千米。另有 41 个高山海子和现代冰川分布县内，面积 6.55 平方千米，平均年径流量为 24 亿立方米，加上三条大河的过境容水量 117.38 亿立方米，共 141.38 亿立方米。全县水能资源蕴藏量为 53.72 万千瓦。[①] 由于地处全州旅游北线腹心地带，甘孜有藏传佛教文化，且多元文化并存。甘孜地势整体不像康区其他地方那样险峻恶劣，雅砻江水系发达，河川密布，地势相对平缓，土壤肥沃，水草丰美，出产丰富。早在战国时代就有先民居住繁衍。1983 年在仁果乡吉里龙地方出土的石棺墓葬表明，隋代这里为白利国，1523 年归附元，隶于朵甘思司都元帅府管辖。1640 年（崇祯十三年），五世达赖和四世班禅请求蒙古和硕特部灭了白利国，固始汗封其王子七人于此，称为"霍尔七部"，其中白利、麻书、孔萨、东科、咱科、朱倭六部在今甘孜县境内。[②] 甘孜在康北的位置特殊性在于，它北控色达石渠，西摄德格白玉，南扼新龙，东屏炉霍。因此近代以降，藏区政教纷争中，甘孜扮演了十分重要的角色。它可以代表康北游牧文化的产生、存在与发展。

新龙高山山原河谷气候区主体在甘孜县境内，处于甘孜州中部，青藏高原东南边缘，川西山地和横断山地接触地带。东南西北依次与炉霍、道孚、雅江、理塘、白玉、甘孜、德格等县相连。地标为 30°23′N～31°32′N、99°37′E～100°54′E。新龙藏语名为"梁茹"，近代名"瞻对"，藏区民主改革时改称县城为"主沙宗"，"沙"意为新，寓为以旧换新，故名新龙。[③]境内群山连绵，沟壑纵横，地貌基本特征为丘状高原、山原、高山峡谷三大类。气候垂直性地带差异明显，含山地温带、山地寒带、高山亚寒带、高山冰冻四种主要气候。雨量少而不均，时有旱涝、冰雹、霜冻、山洪、滑坡、泥石流等自然灾害发生。新龙县盛产贝母、大黄、麝香等多种名贵

---

① 根据县委政府提供数据和《甘孜县志》，四川科学技术出版社，1999。
② 甘孜县志编纂委员会编纂《甘孜县志》，四川科学技术出版社，1999。
③ 四川省甘孜藏族自治州新龙县志编纂委员会编《新龙县志》，四川人民出版社，1992。

药材，动植物种类繁多，森林资源，矿产资源，水能资源丰富。新龙历史上排藏、拒黄，南征北斗，东侵西扰，也反抗朝廷，素有"人强地险"之冠。人强，是指它的原住民剽悍好斗的性格，地险是指四周屏障天险，易守难攻。在达赖势力如日中天的时代，全境竟没有一座格鲁系寺庙。这里传统水草丰美之地有甲拉西沟拉的日马牧场、皮察牧场、友谊牧场、日巴和沙堆牧场等。这些牧场历史上都是各部落放牧之地，外地外族部落不得进入。估计是人民公社化后，这些牧场才得到开放。

理塘高原草地气候区主体在理塘县境内，位于甘孜州西南部，金沙江与雅砻江之间，横断山脉中段，沙鲁里山纵横南北，东、南、西、北依次与雅江、木里、稻城、乡城、巴塘、白玉、新龙等县接壤。地标为 28°57′N ~ 30°43′N、99°19′E ~ 100°56′E。理塘，藏语称"勒通"，全意为平坦如铜镜的草坝，以境内有广袤无垠的草坝得名。理塘气候属高原气候区，基本特征为：气温低、冬季长、日照长、辐射强、风力大、水热同期、蒸发量大、干湿季节分明。理塘整个区域处于康藏高原的顶级平台上，其县城高城镇名副其实就是海拔 4000 米以上的世界高城。这是一个典型的高原牧业区域。理塘人挑战极限，也创造奇迹。能够把家安在含氧量不足北京的60%的地方，而且能够建立一座巨大恢宏的格鲁系寺庙——长青春科尔寺，令人为之倾倒。整个区域就是个巨大牧场，因为地势高峻，一览众山小，四周的兄弟部落一般来不了。这种具有客观挑战性的选择，恰恰铸就了理塘传统畜牧业的蓬勃发展和辉煌业绩。高大壮实的牦牛，产出极具热量和多种维生素的牛奶及酥油，以及高原松茸、冬虫夏草等珍稀物质，不断弥补人们因高寒缺氧给身体带来的损害。理塘县是七世达赖、十世达赖和第七、八、九世帕巴拉呼图克图和十世巴拉·格列朗杰的故乡，也是蒙古国师三世哲布尊丹巴等高僧大师的出生地，宗教影响深远。

雅江高山河谷气候区主体在雅江县域境内，处于甘孜州南部，是四川通往西藏的交通要道和香格里拉旅游大环线的必经之路。地标为 29°03′N ~ 30°30′N、100°19′E ~ 101°26′E，东、南、西、北依次与康定、凉山州木里县、理塘、道孚、新龙等县接壤，县府驻河口镇。雅江，藏语名"亚曲喀"，意为"河口"，因系雅砻江重要渡口之一，清军曾设讯守备，建制县时曾以河口命名，后更名雅江。雅江地处大雪山脉与沙鲁里山脉之间的山原地带，地势北高南低，属青藏高原亚湿润气候区，被称为"茶马古道第一渡"。县内有庆达沟森林公园、祝桑大草原、雅砻江走婚大谷、"郭岗顶遗址"等人文、自然资源，以及锂、锡、金、云母、铅、锌等12种矿产资源。雅江在康巴藏区以其气候的多样和物产的丰富著称。沿雅砻江河谷自北向南，海拔递减，种植业沿江而作，给养着数以万计的雅江儿女。该县西部的红龙草原与理塘草原相连，北部草场与君坝、尤拉西草场相接，草场纠纷，千年未绝。因处于历史著名的川藏大道中间环节，人民见多识广，兼有历来商贩过往，或因故背井离乡，不耐北路高寒和不愿西进藏区深处者，逐年有所沉淀，通婚造屋，奠定基业，繁衍后代者不计其数。故在川藏大道沿线，皆有内地或其他民族居住，不同文化因此交汇融洽。八角楼一带较为典型，该地读书人较多，自誉"人杰地灵"。但因过去一段时间原始森林破坏严重，气候变化异常，山地灾害频发，水土流失严重，对传统农牧业构成了威胁。

九龙高山河谷气候区主体在九龙县域内，位于四川西部，是甘孜州与攀西地区间的重要通道，地标为28°19′N～29°20′N、101°17′E～102°10′E。东南西北依次为石棉、冕宁、木里和康定县，是甘孜州、凉山州与雅安地区三地集藏、汉、彝三个民族聚居区的接合部。因该区所辖三安龙、菩萨龙、麦地龙等九个村寨均含"龙"字，故名"九龙"。境内山峦叠嶂，沟谷纵横，大雪山系呈南北走向，地势北高南低，气候随海拔呈垂直差异，有多种气候带。主要出产虫草、贝母、黄芪、半夏等名贵药材，以及玉米、土豆、小麦、花椒、蚕桑、核桃等作物。九龙较为奇特的现象，就是高山、大河纵横，但人们按照民族习惯基本上垂直分布而居。一般地从传统上，由高到低居住着彝、藏、汉。这种布局似乎与他们的经济活动或者生产活动有着密切联系。汉人在河谷地带从事他们熟悉的种植业和部分养殖业，藏族在较高一点的山原地带从事农牧混合生产，彝族在高山地带基本从事牧业兼少部分种植业。尽管他们已经过着定居或半定居生活，但是那种定居只能满足基本的生存需要，还不能满足发展的需要。

木里高山河谷区主体位于木里藏族自治县境，地处青藏高原和云贵高原连接处，平均海拔2300米，东连冕宁，南接盐源，北与理塘、雅江相邻，东北隔雅砻江与九龙相望；西与云南省宁蒗相连，西南与丽江、中甸接壤。木里县四周有大江大山相阻隔，东西南北分别是雅砻江、贡嘎山、金沙江。沟壑纵横，群山巍峨。太阳山脉、宁朗山脉、贡嘎山脉，以及雅崇江、木里河或称理塘河，水洛河或称冲天河、无量河交错分布。地势由西北向东南倾斜，最高峰为恰朗多吉峰，海拔5958米；最低处为冲天河与金沙江汇流的三江口，海拔1470米。目前，从行政区域上，木里是所有藏区县份最为特殊的一个。它隶属四川省凉山彝族自治州，木里名义上是藏族自治县，其实藏族人口只占30%左右，其余是彝族、汉族和其他各族。但是，这个区域宗教气氛浓郁，大部分人信奉藏传佛教格鲁系，因其宗属，宗教界与西藏关系密切。这种情况使该区位置尤为特殊和重要。它历史上属于盐源行政范围，也就是包括在今凉山州的区域内，但是又深受西藏格鲁系信仰影响。这就使木里事实上成为西藏格鲁系在四川凉山推行的一个点。通过这个点，达到宗教的拓展。不可否认，无论历史上还是现实中，其游牧业受宗教影响很深。

第三节　金沙江中上游高原河谷聚落区

金沙江中上游高原河谷聚落区包括德格、白玉、乡城、稻城、巴塘、得荣等六个相近气候区，面积4.48万平方千米，2012年人口为26.48万，94个乡，6个镇。地标为27°58′N～32°43′N、98°12′E～100°36′E。2010年区域地区生产总值12.87亿元，居于五大区倒数第二位。金沙江发源于青海境内唐古拉山脉的格拉丹冬雪山北麓，是西藏和四川的界河，也是长江上游干流。全程落差3300米，仅次于雅砻江，而水力资源相当丰富，占长江水力资源的40%以上。流域内矿藏富集，但水猛流激，山势险恶，不利航行。金沙江从青海省玉树巴塘河口流向东南，至石鼓，约965千米，落差1720米。"左岸自北而南是高大的雀儿山、沙鲁里山、中甸雪山；右岸对峙着达马拉山、宁静山、芒康山和云岭诸山，河流流向多沿南北向大断裂带或与褶皱走向相一致，被高山夹峙的河谷一般宽100～200米，狭窄处仅50米。右岸宁静山—云岭诸山以西为澜沧江。澜沧江以西越过高耸的他念他翁山—怒山则是河谷险峻的怒江，左岸沙鲁里山以东为金沙江的最大支流雅砻江，这几条大河被高山紧束，大致平行南流，形成谷峰相间如锯齿、江河并肩向南流的独特地理单元——横断山区。本段金沙江山高谷深，峡谷险峻，除在支流河口处因分布着洪积冲积锥，河谷稍宽外，大部分谷坡陡峻，不少河段为悬崖峭壁，邓柯至奔子栏间近600千米深谷河段的岭谷高差可达 1500～2000 米。因两岸分水岭之间范围狭窄，流域平均宽度约 120 千米，邓柯附近最窄，仅 50 千米，白玉县附近最宽，亦不过 150 千米。由于流域宽度不大，支流不甚发育，水网结构大致呈树枝状，局部河段的短小支流垂直注入干流，水网结构呈'非'字形①。四川甘孜州境内可分玉树巴塘河口至地理孔段、地理孔至邓柯段、邓柯至得荣（或云南奔子栏）段。前段总体河道特征多为"V"形峡谷，河谷顺直，河道深切，险滩急流较多。中间段河谷开阔平直，沿河两岸有宽阔低平的堆积阶地，水面最宽可达 300～400 米，河床由砂砾石组成，河漫滩、河岛、岔流发育，是金沙江上段最为特殊的河段，因受大断裂影响，地震和山崩作用强烈，地理孔两岸谷底有大范围的山崩物质，从海拔 4200 米一直散布到江心。下段即邓柯至得荣段河床从海拔 3115 米降至 2010 米，天然落差 1105 米，两岸山地海拔 4500～5000 米，雀儿山主峰高达 6168 米，谷坡陡峻，属极深切割的"V"形高山峡谷，有的地方水面宽仅 80 米。河道内险滩、巨石、暗礁、急流密布，水势险恶。并因水量增大，切割加剧，形成峡谷地貌。该段兴建有俄南、白玉、降曲河口、巴塘、王大龙、日冕等水利枢纽。由于河床陡峻、流水侵蚀力强，加之过去几十年对该流域森林植被的过伐过牧，造成重要的水土涵养层严重破坏，水土流失严重，生态恶化加剧，金沙江成为长江干流泥沙的主要来源。

德格高原河谷气候区主体处德格县域内，位于青藏高原东南缘，甘孜州西北部，地标为 31°24N～32°43′N、98°12′E～99°41′E，东与甘孜县毗邻，南与白玉县相连，西与西藏江达县隔江相望，北与石渠县接壤，县治更庆镇。"德格"原是家族名，地名随家族名而称"德格"县。德格县是北入青海的主要交通枢纽，属藏区最有影响力的县之一，境属青藏高原东南缘，横断山系沙鲁里山脉，北部金沙江峡谷地带，地形复杂，属大陆性季风高原型气候，空气干燥，长冬无夏。德格县在藏区享有"雪山下的文化古城"的称誉，创建于 1729 年的德格印经院，是迄今全国最大的藏文印经院，素有"藏民族文化宝库"之称，为四川省重点文物保护单位。德格还堪称康巴敦煌，是世界最长史诗主人翁格萨尔的故乡，有着历史悠久的茶马古道和宗教名胜。德格在康藏之间，有前沿与纽带的作用。它与金

---

① http://baike.baidu.com/view/24233，2013 年 4 月 22 日。

沙江彼岸的昌都相望，历史上，德格—昌都恍若两个平衡康藏关系的砝码，随着它们的摆动，康藏关系发生着平衡—失衡的变化。但是，两个砝码的操控权是有侧重的。历史表明，德格的操控权侧重于康方，昌都的操控权侧重于藏方。尽管二者从文化上属于康巴文化圈，但是一旦康方强势而取胜，它便将昌都收归己有，作为其抵达西藏的前锋，当然一旦藏方强势而取胜，就发生逆转变化。由于历史和现实原因，德格对于藏区是代表了藏文化三个中心之一——康巴文化中心，因为康文化坚实的后盾在于对内地，在前沿文化舞台上较量的是文化内力，实质上就是后盾。我们应该承认，昌都被纳入康巴文化圈，而不是德格被纳入西藏文化圈，很大程度上印证了这是西藏文化与康巴文化碰撞的结果。

白玉高原河谷气候区主体在白玉县境内，处于甘孜州北部，沙鲁里山北段，金沙江上游东岸。地标为 30°22′N ~ 31°40′N、98°36′E ~ 99°56′E。东邻新龙县，南依巴塘、理塘两县，西隔金沙江与西藏的贡觉、江达两县相望，北接甘孜、德格两县，县治建设镇。白玉——吉祥盛德的地方，因地形似吉祥的图案，盛德的处所而得名。地处青藏高原向云贵高原的过渡地带，属横断山脉北段，金沙江上游东岸，属大陆性高原型季风气候，日照充足，干湿季分明，昼夜温差大，无霜期短。现有彝族、藏族、羌族、苗族、回族、蒙古族、土家族、傈僳族、满族、瑶族、侗族、纳西族、布依族、白族、壮族、傣族等民族分布。萨玛王朝遗址与阿尼巴加宫殿遗址源远流长。白玉地下水资源、矿产资源、旅游资源丰富，境内主要出山青稞、大麦、小麦、土豆等粮食作物和松茸、羊肚菌、猴头菌等经济植物。在我们通常的视野中，白玉似乎不很耀眼，它处于金沙江东岸，它既没有德格那样的文化底蕴，也没有巴塘那样的地理气候优势，但是这里却有着甘孜或许是整个藏区规模最大的寺庙——亚青寺。2010 年它的僧侣已经达到了 7000 人，高峰时达到 2 万人，俨然是个规模不小的大学或者城镇了。而令人震惊的是，它本来起源于一个帐篷寺庙，也就是它诞生于马背牛群。这个寺庙为何能够形成并快速发展起来，令人不得不深思。这要结合白玉的经济自然条件来考察，白玉是一个牧业区，它经济、自然都具有中和性：地理位置居于南北路之间，经济条件居中，东部有觉塔拉神山阻碍新龙西进，北部有切割山原及延绵丘原抵挡甘孜德格南下，西部有金沙江峡谷切断与昌都陆地联系，南部有海拔 5725 米的麻贡嘎山屏障巴塘。这种条件自然对白玉的封闭产生了客观影响。故在白玉内部,部落发育充分,宗教相对自主,成为传统游牧业发展的必然选择之地,也是巨大寺庙发展的理想环境。这也是要结束传统畜牧业必须面对的问题。

乡城高原河谷气候区主体在乡城县境内,位于甘孜州西南部,东西南北依次与稻城、香格里拉县、巴塘县、得荣县、理塘县接壤。地标为 28°34′N ～ 29°39′N、99°22′E ～ 100°04′E。乡城,因地形而得名,是藏语"卡称"的汉语音译,意为手中之佛珠,因县城内河流把坐落在沿河两岸的白色村寨连在一起,犹如串串佛珠,故名乡城。乡城属大陆性季风高原型气候,境内动物种类繁多,其中有国家一、二级保护动物品种54种,经济价值较高的野生药材有黄芪、雪莲、雪山一枝蒿、红景天、冬虫夏草、贝母等。乡城以松茸为代表的野生食用菌产量大、质量好,远销日本等国,乡城有"中国松茸之乡"的美称。在乡城,人们把猫奉为高僧大德的转世化身加以护佑,严禁伤害。乡城地势较之稻城更为低缓,同时较之巴塘纬度更低。乡城国土绝对面积较大,但可用面积有限。整个区域高山耸峙,河流纵横,可耕地和平地甚少。但这种特殊的地貌便于多种生物生存。2005年,考古队在洞松乡卡心坝发掘石棺墓葬21座,出土石箭镞、石针、石珠、石斧、细石器、青铜戈、铜饰等文物140件,鉴定为春秋中期文化遗存。[①] 可见乡城人类活动的历史至少可以追溯到两千多年前。乡城事实上是一个农业县,尽管它的旅游业有一定发展,但受多种因素制约,还没有成为主导县域经济的稳定产业。乡城没有大规模的游牧业,这是长期的自然环境和经济条件决定的。由于长期从事种植业,居民基本上处于一种定居状态,其经济社会形态也属于农耕文化。近年来,乡城水、电、气和交通、通信等基础设施正在建设,现代意义上的集镇正在形成。

稻城高山河谷气候区主体在稻城县境内,位于甘孜州南部,东南西北依次与木里、乡城、香格里拉县和理塘县接壤。地标为 27°58′N ～ 29°30′N、99°58′E ～ 100°36′E。清光绪三十三年(1907),曾在境内试种水稻,故取名稻成,后改为稻城。稻城地处亚热带气候带,受青藏高原复杂地形的影响,呈现出高原型气候和大陆性气候特点,属高原季风气候,一年之中绝

---

① 甘孜州志编纂委员会:《甘孜州志(1991—2005)》,四川出版集团、四川民族出版社,2010,第2000页。

大多数时间天气晴朗，阳光明媚，全年有效光照 1750 小时左右，夏多雨雾，午后多雨。稻城属康巴文化区，县域内教派齐全，寺庙众多，并以噶举系、格鲁系为主体，还有萨迦系和宁玛系等。全县有木本植物千余种，主要为松、柏、杉、栎等。矿产资源有金、钨、钼、铜、水晶、铝、锌、银等，其中耳泽金矿储量为西南地区第一。野生中药材有冬虫夏草、贝母、黄芪、大黄、红景天等。野生食用菌有稻城松茸等 57 种，主要珍稀野生动物有白唇鹿、林麝、小熊猫、猕猴、穿山甲、藏马鸡、贝母鸡等。严格说来，稻城应该属于香格里拉文化圈。大香格里拉究竟有多大？如果从自然地理来看，至少包括了云南北部藏族聚居区、西藏察隅、芒康和甘孜南部乡城、稻城、得荣、巴塘等地。这不仅是从自然地理和气候条件看，而且从旅游圈来说，这个说法似乎也有道理。稻城似乎处于这个圈层的核心地带。历史上，稻城是农牧兼顾的区域。稻城山原起伏，地质条件较为奇特。稻城也有藏传佛教寺院，但是，跟北路不同的是，这里的僧侣基本上是兼职的，一般很少常年住在寺庙里，他们更多的时间在家里从事生产劳动。这似乎是南路各个寺庙的特点。稻城的牧业与农业各占一半，牧区多在高山地区，而在大量的河谷地带，人们种植粮食及经济作物。故游牧对于稻城而言，意义依然重大。

巴塘高原河谷地区主体巴塘县境内，位于四川省西部，青藏高原东南缘。地标为 29°2′N ～ 30°37′N、98°57′E ～ 99°44′E，东、南、西、北依次与理塘、乡城、得荣、贡觉、芒康、德钦、白玉县接壤，县府驻夏邛镇。巴塘，最早见于清《清实录》，是藏语译音，含吉祥之意。巴塘县驻地，原是四山绿野中开的一片草地，牛羊放牧其间，到处一片"咩咩"的叫声，藏语"咩"即为"巴"音，因而以声音定地名，取名"巴塘"。巴塘地处金沙江中游东岸的川、滇、藏三省（区）接合部，这里民族风情浓厚，巴塘弦子驰名中外。巴塘县土地肥沃，巴塘苹果、巴塘核桃、巴塘海椒闻名遐迩，还有丰富的矿产资源、水能资源、中药材资源、林果资源等。巴塘有"康巴江南"之称。地势较为平坦，气候温和。早年那些从欧洲过来传教的信徒们，习惯了温带海洋性气候，到康巴高原自然很难抵挡高寒缺氧的挑战，他们不敢去北路的炉霍、甘孜、德格等地，就将巴塘选为立足之地。可见这个地方的确有宜人之处。

得荣高原河谷气候区主体在得荣县境内，地处四川省西南隅的川滇藏三省区的接合部，横断山脉南麓，是甘孜州南路出川入滇进藏的一条重要通道，是滇藏茶马古道上的一个重要渡口。地标为 28°9′N~29°30′N、99°7′E~99°36′E。得荣在明末清初曾被译作"得隆"，因地处峡谷地带的农区而得名。得荣县地处大香格里拉旅游环线中部，被誉为"最后的一片净土""香格里拉的后花园""中国西部的太阳谷"。定曲、玛依河自县北汇合，称松麦河，后经西南流入金沙江。境内有高山湖泊九个，分布在海拔 4000 米以上的山脊上，有古学乡的次仁错、子庚乡的错拉错等，属青藏高原亚湿润气候区。得荣县是甘孜州边远的一个县，交通较闭塞，市场发育不全，经济发展较滞后。得荣是一个小县。整个县区处于高原平台，宜农宜牧区域不多。由于长期的破坏，天然林和草场资源损毁严重，植被遭受破坏，处于长江上游干流金沙江流域，水土流失严重。由于地理条件特殊且地理位置偏远，交通、通信等基础设施的长期制约，得荣人口增长缓慢，经济社会发展乏力。藏族占总人口的 90% 以上，其他民族较少。历史上游牧没有形成较大规模，基本上成为农业的副业。旅游业兴起后，由于地处大香格里拉旅游环线的中心位置，具有一定的优势条件，但是因基础条件限制和接待能力等因素制约，没有更大的突破。

第四节　长江黄河源头流域高原草地聚落区

长江黄河源头流域高原草地聚落区域包括红原、阿坝、若尔盖三个相近和相似气候区，面积 2.93 万平方公里，2012 年人口 18.77 万，42 个乡，5 个镇。地标为 31°51N~34°19′N、101°18′E~103°39′E。2010 年区域地区生产总值 22.25 亿元，居于五大区第三位。红原、阿坝、若尔盖三县地理位置特殊，兼跨长江、黄河两大水系源头流域。白河、阿木柯河、郎米曲、黑河、麦曲、热曲、格曲、哈曲等发源于三县境内，北向注入黄河；白龙江、求吉河、措玛尔括曲、大小娄拉曲、森多括曲、梭磨河、大热格冲、若不柯、家当沟、达格隆、龙纳、查龙等河流则向南注入长江上游的嘉陵江等支流。长江、黄河两大水系在这里就表现出迥异的风格。黄河水系水流平缓，宣泄不畅、迂回曲折、蛇形发育，呈典型的老年期河流特征，两岸牛轭湖星罗棋布。而长江水系，大多汹涌澎湃，河谷下切严重，呈 V 形。两大水系文明的早期特点可见一斑。更为奇特的是，三县不但兼跨两大水系，而且地处川、甘、青交界地，汉、回、藏、羌等不同民族文化交融荟萃，就是藏区内部，也兼有安多、加绒、后藏、康巴等诸多亚文化特征，这是值得关注的自然人文社会现象。这种自然、文化、社会的多样性，加剧了区域特征的复杂性，这里的社会历史的确较其他地方复杂。

红原高原草地气候区主体在红原县域内，位于阿坝州中部，坐标为 31°51N ~ 33°19′N、101°51′E ~ 103°23′E。中国工农红军万里长征，爬雪山过草地中的草地和茫茫沼泽地即指县境沼泽地，建县时便以红军路过的草地命名。红原地处"世界屋脊"青藏高原东部边缘，地势由东南向西北倾斜，地貌具有由山原向丘状高原过渡的典型特征，属大陆性高原寒温带季风气候，四季难以明显划分，春秋短促，长冬无夏。红原县具有草场资源、牦牛资源、矿产资源、中药材资源、旅游资源等优势资源，是大九寨旅游环线上的一大景区。现在有彝族、藏族、羌族、苗族、回族、蒙古族、土家族、傈僳族、满族、瑶族、侗族、纳西族、布依族、白族、壮族、傣族等民族分布。红原已初步形成县、乡、村三级医疗卫生网络，实现了数字化传输，开通了国内外长途电话和移动电话、移动业务。由于区位优势，红原素有高原"金银滩"之称，是阿坝州唯一的以藏族聚居为主的纯牧业县，推进安曲哈拉玛村现代畜牧业草畜平衡试点项目，建成改良牛集中养殖场、牦牛育肥场和羊育肥场，现代牧业已具雏形。红原县是一个游牧业发达的草原地区。历史上这里大致存在过安曲、壤口、卡尔勾、麦洼、贡唐等部落组织。部落组织内部保存着父系氏族的遗存，以父系血亲和姻亲关系为纽带组合成经济组织。但是这些组织具有生产的脆弱性和社会组织的弱质性。它们一般要依附于土司官寨，方能够顺利地存在下去。红原部落延续了千年，大致在 20 世纪 60 年代才逐步退出历史舞台。但是，部落遗迹依然在牧区得到体现。这些部落，具有不同的文化背景。安曲部落具有较为悠久的历史，保存着当地的习俗和宗教信仰，如苯教。而壤口部落保存着后藏阿里地区的一些文化特征，据说是吐蕃时期后藏发往阿坝一带的戍卒将这些文化特征保留至今。直至 20 世纪中叶，这些部落里还保存有洪波、通波、老民等统治遗迹。传统的游牧文化，在这里得到了一定程度的沉淀。

阿坝高原草地气候区主体在阿坝县域内，位于阿坝州西北部之川、甘、青三省交会处，东邻若尔盖县、红原县，南与马尔康县毗连，北面和西面分别与甘肃省玛曲县、青海省久治县、班玛县和四川省壤塘县为界。地标为 32°18′N ~ 33°37′N、101°18′E ~ 102°35′E。唐贞观年间（627 ~ 649），吐蕃占领松州以西地区后，从吐蕃阿里地区移民于此地，其自称为"阿里娃"，后简称"阿娃"，汉字译为阿坝。全县地貌分为东北丘状高原区、平坦高原区；中西部盆地区、高原山地区；南部高、中山河谷林区三种不同地貌区域，并有由高原山地向高山峡谷过渡的地貌特征。属高原寒温带半湿润季风气候，春秋相连，雨季分明。阿坝县是以藏族为主体民族的多民族聚居区，以藏羌文化为文化主流。诸多古代建筑、宗教典籍、壁画、唐卡、金铜造像等遗留至今。明太祖洪武初年属潘州卫，明成祖永乐年间，上中下阿坝属松潘卫所辖，称为三阿坝。清康熙年间，阿坝亦纳入松潘厅建制。雍正元年（1723）授甲尔多、麦桑、安羌官寨为土千户；麻休、恰窝、阿尔根、学玉贡、浪洛为土百户，受松潘厅漳腊营管辖。民国时属松潘县管辖并形成 11 个大部落、37 个小部落，逐步称为阿坝。阿坝历史上部落众多，零散分布。至 20 世纪 50 年代，大致分为两大系统，其一是甘肃夏河县拉卜楞寺黄正清体系，其二是阿坝土司华尔功成烈体系。两系统既有分歧也有联合。阿坝县历史上就是一个多省区结合部，也是多民族聚集地。历史、社会、宗教等问题较为集中。它有着广大的草场，放牧着数量巨大的牛羊。

若尔盖高原草地气候区主体在若尔盖县域内，位于阿坝州北部，东与九寨沟，东南与松潘接壤，南与红原，西南与阿坝交界，西临黄河为界，与甘肃省的玛曲县隔河相望，西北与绿曲，北与卓尼，东北与迭部县为邻。地标为 32°56′N ~ 34°19′N、102°08′E ~ 103°39′E。若尔盖县名因境内藏族部落称"作革"得名，民国时期音译为"若尔盖"，沿袭至今。若尔盖县位于青藏高原东部边缘地带，气候寒冷，常年无夏，黄河与长江分水岭将其划为东西两部，东部群山连绵，峰峦叠翠，草原广袤无垠，水草丰茂，牛羊成群，素有"川西北高原的绿洲"之称。若尔盖有彝族、藏族、羌族、苗族、回族、蒙古族、土家族、傈僳族、满族、瑶族、侗族、纳西族、布依族、白族、壮族、傣族等民族分布。境内动植物种类繁多，物产丰富，分布有国家湿地保护区、黑颈鹤保护区、梅花鹿保护区。县内天然草地占优势，面积 501333.8 公顷，占牧草地面积的 91.7%，占总土地面积的 48.0%，共分属高寒草甸类、高寒半沼泽类、高寒水沼泽类、山地

（亚高山）草甸类等6类。地处四川、甘肃、青海三省接合部的若尔盖大草原，是中国五大草原之一，面积35600多平方千米，是以牧业为主的藏族聚居地。[①] 若尔盖历史上属于松潘县管辖的一个草原牧区地带，后来根据社会发展调整建县，形成县域经济社会圈。事实上它是一个纯粹的牧业社会，具有典型的草原牧场特征。若尔盖县一、二、三产业的经济结构展示出牧业的主体地位。近年来兴起季节性的旅游业，从一定程度上改变着若尔盖的经济结构，但是没有从根本上扭转以牧业经济为主的格局。历史上有很多游牧部落在这里从事游牧生产，传承游牧文化。长期的游牧使游牧社会得到了充分的发育，出现了草地特有的"散婚"——为了适应草地社会而发生并存在的一种较为松散的婚姻关系。这种"散婚"事实上影响着牧区社会的经济文化和人口发展等问题。

第五节　岷江上游河谷聚落区

岷江上游河谷聚落区域包括九寨沟、松潘、黑水、理县、茂县、汶川等六个相近气候区，面积2.48万平方千米，2012年人口为48.0976万，77个乡，18个镇。地标为30°45′N～33°19′N、102°33′E～104°4′E。2010年区域地区生产总值95.73亿元，居于五大区之首。岷江是古蜀文化的母亲河，孕育了成都平原及四川省半壁河山，在四川经济文化中具有举足轻重的地位。岷江水系是一套庞大而复杂的水系，其跨度大，流域广，地质条件复杂。其重要支流大渡河流域与其他支流存在很大的自然人文经济差别。而就其主干来看，上游与中下游地带存在着很大的不同。岷江是长江上游的一级支流，发源于岷山南麓松潘县郎架岭，由西北向东南流经四川盆地西部，于宜宾市合江门汇入长江，干流全长1279千米。流域面积13.54万平方千米，天然落差约3650米，是长江流域水量最大的支流之一。[②] 岷江干流被都江堰鱼嘴分水堤和乐山大佛分为上、中、下游。其主要支流有黑水河、杂谷脑河、大渡河、马边河，其中大渡河是岷江最大的支流。岷江流域位于四川省盆地西南边缘地带，地势由西部高原逐级降低

---

① 以上相关数据来自《若尔盖县2011年国民经济和社会发展统计公报》。

② http://news.sina.com.cn/c/2013-12-28/114729106032.shtml。

向东部丘陵、平原过渡。流域上游属高原气候区，海拔超过4000米，年平均气温在12℃以下。其上游河谷地带主要包括九寨沟、松潘、黑水、理县、茂县、汶川等地。其总体特征是构造断裂发育，地震活动频繁。流域内自然资源丰富，流域内分布有世界自然、文化遗产，有多种国家一级、二级和四川省重点保护的珍稀鱼类。矿产资源富集。水能资源十分丰富，水能理论蕴藏量占长江流域的19.6%。

九寨沟高原河谷气候区主体在九寨沟县域内，位于阿坝州境北部之川甘两省交界处，旧称南坪。东北与甘肃省文县、舟曲、迭部相连，西南与平武、松潘、若尔盖接壤。地标为32°53′N～33°32′N、103°27′E～104°26′E。境内地质地貌复杂，处于岷山山脉北段，腹背斜上，西、北、南三面均有明显的断裂带，西北部及高山冷而湿润，东南部河谷暖而干燥。清雍正七年（1729）于盖州城之南，古扶州之九寨沟坝筑城置九寨沟营，1953年建县时沿用为县名。九寨沟历史悠久，距今已有3500多年建制。九寨沟有丰富的森林资源、生物资源、水能资源、旅游资源，有箭竹、冰川茶藨子等古生植物，被誉为高原明珠。有彝族、藏族、羌族、苗族、回族、蒙古族、土家族、傈僳族、满族、瑶族、侗族、纳西族、布依族、白族、壮族、傣族等民族分布。在近代史上，或者更加近的改革开放前一段时间，在旅游产业发展前，九寨沟并不出名。汉人居多，其余各少数民族不到1/3。在20世纪上半叶，这里基本上还是草木茂盛的原生态区域。大约从20世纪60年代开始的森林砍伐，持续了十余年，使九寨沟风景遭受极大破坏。因为九寨沟在以前处于封闭环境，破坏前的资料稀缺，很难还原以前的情形。截至目前，没有大规模的游牧业。故九寨的牧民定居，更多地与旅游业相接近，兼有开发旅游的意义。

松潘高原河谷气候区主体在松潘县境内，位于阿坝藏族羌族自治州东北部，处岷山山脉中段，属青藏高原东缘，东与平武县、北川县接壤，东北与南坪县相连，南依茂县，西南紧靠红原县、黑水县，西北毗邻若尔盖县。地标为32°45′N～33°09′N、102°38′E～104°15′E。唐武德元年（618）置松州，因城周围多松树，树高林密而得名。由于地形复杂，海拔相差大，松潘的气候具有按流域呈明显变化的特点，小气候多样且灾害性天气活动频繁。该县是我国古代边陲的军事重镇，是内地与西羌吐蕃茶马互市的集散地，有"高原古城"之称。松潘其实是一个多民族聚居的区域，以汉、藏、羌、回民族为主，经过长期的交流融入，民族间的界限已经不是很分明，尽管各自保持着自己的习俗，但是他们依然互相理解、包容和尊重。这个大约唐代后逐步形成的边陲重镇，总体上依然是内地文化占主导地位。在古代，这里是中原王朝防止外敌入侵的重要关隘。唐代前期，它经历了吐蕃骚扰，作为国防关隘的地位更加重要。因为这个缘故，这里既是汉区与藏区物质交换的市场，也是大批进藏物质的集散地。故，很长一段时期，松潘的商贸业是很发达的。发达的商贸给地方经济带来了很多增长点，客观带动了松潘一带经济社会的发展。很长一段时间，松潘经济在周围区域中一直处于较为领先的地位。它的种植、养殖业都得到了很大的发展。历史上，其畜牧业主要集中在热务沟、毛尔盖等区域。从事游牧的群体，大都是当地藏族。

黑水高原河谷气候区主体在黑水县域内，位于阿坝州中部，东南连接茂县，西南毗邻理县，西接红原县，东北与松潘接壤。地标为 31°35′N ~ 32°38′N、102°35′E ~ 103°30′E。黑水河贯穿全境，河水为黑色，该县因此得名。黑水县地势由西北向东南倾斜，平均海拔 3544 米，境内群山屹立，山峦起伏，雪峰对峙，河谷深切，属季风高原型气候，旱、雨季分明，日照充足，气温年差较小，日差较大，并随海拔高度不同差别较大。黑水县境内有卡龙沟风景区、达古冰川、三奥雪山等旅游景点。历史上，黑水是一个藏族聚居区，当地藏人遗存古冉駹国的文化。因黑水靠近成都平原，是从成都平原通向川西北草原地带的过渡带，地区文化兼备内地和草地的特色，也兼备藏、汉因素，具有一定的包容性和代表性。历史上黑水相对封闭，形成了地方土司文化和官寨文化，并深刻影响着该地民族社会的发展。

理县高原河谷气候区主体在理县境内，位于阿坝州境东南部，东邻汶川，西南连小金，西接马尔康，北倚茂县、黑水，西北靠红原。地标为 30°54′N ~ 31°12′N、102°33′E ~ 103°30′E。清乾隆十七年（1752），剿灭杂谷脑土司苍旺，改土归流置理番直隶厅，取治理番民之意，民国初期改厅州为县，1946 年去"番"得名。境内气候受西伯利亚西风气流、印度洋暖流和太平洋东南季风影响，因海拔高差悬殊，地形复杂，气候差异显著，具有山地立体型气候特征。理县有省级风景名胜区——米亚罗红叶风景区、省级名泉——古尔沟"神峰温泉"、东方古堡——桃坪羌寨、毕棚沟自然风光等，国道 317 线沿杂谷脑河贯穿全境。理县土壤、气候、植被乃至农牧业生产都具有明显的山地区域垂直分布差异，呈高山主体的多层次分布结构特点，有着丰富的矿产资源和水力资源。理县处于阿坝羌藏聚居区东部，高山河流纵横，地理地貌十分崎岖陡峭。高山峡谷深度切割，气候立体分布特征非常明显。但是理县处于承接汶川口隘，西通马尔康、红原草原的过渡带。藏羌汉回多民族混居，多文化习俗交汇。这样的地理位置、气候特征和社会特征，决定了其经济特征的多样性。在靠近红原、马尔康地带，以及高山高原地带，牧场广大，水草丰美。而靠近汶川、茂县一带则种植业较为发达。

茂县高原河谷区主体在茂县羌族自治县域，处于阿坝州东南部，四周与北川、安县、绵竹、什邡、彭县、汶川、理县、松潘8县相邻，地处由青藏高原向川西平原过渡地带，高山耸立，河谷深邃，北有岷山，南有龙门山，西有邛崃山诸山脉，有"峭峰插汉多阴谷"之称。地标为31°24′N～32°17′N、102°56′E～104°10′E。茂县气候受西风环境和印度洋西南季风影响，属高原性季风气候，因海拔高低悬殊大，垂直气候和地区气候明显，局部气候复杂，日照充足，降水少，气候干燥，多风，四季明显，干湿季分明，冬季寒冷，夏季凉爽，昼夜温差和地区温差大。茂县处于内地汉区向藏区的过渡带上，地理位置决定了其独特和重要。这里与内地接壤，受到内地经济文化影响很大。该区主要是羌族的聚居区，羌族在历史上对汉文化和其他民族文化兼收并蓄，形成独具特色的羌文化。

汶川高原河谷气候区主体在汶川县域内，位于州东南部的岷江两岸，处于四川盆地西北部边缘，东邻彭县、都江堰市，南接崇州、大邑县，西界宝兴县与小金县，西北至东北分别与理县、茂县相连，县城威州镇位于县北部杂谷脑河与岷江交汇地。地标为30°45′N～31°43′N、102°51′E～103°44′E。据《元和郡县志》载，汶川县"因县西汶水为名"。境内东南向西北地势上升，可分为八个不同的自然气候区。汶川大地震是中华人民共和国成立以来破坏性最大的地震，也是唐山大地震后伤亡最惨重的一次。汶川是成都经济圈通向阿坝羌藏聚居区的咽喉要冲，也是成都平原向龙门山断裂带过渡的第一个关隘，更是岷江通向成都平原的锁钥。东北部有龙门山与成都平原相隔，西南部为邛崃山脉所阻。尽管东部有繁华的成都经济圈接壤，但是特殊的地理条件决定了这里的封闭性和独特性。这里聚居着汉羌藏回等多个民族。事实上它是一个汉区与阿坝羌藏聚居区的商贸交接地带。这里没有显著的地方文化特征，总体上各民族呈现出小聚居、大融合的格局。历史上基本上是种植业、商贸业活跃的区域。农区与牧区的交换经常在这里进行，不同的文化也在这里交融。该区牧民主要是藏族，他们聚居在岷江以西的高山地带，但是他们的人口不到全县人口的15%（2008年）。一个必须面对的事实是，因为地处龙门山断裂带上，又是两大板块的交接地带，这里地震及其次生地质灾害极其严重，成为影响人居和社会安定进步的重大隐患。

综上，川西北具有天然绿色、地广人稀、地质条件脆弱、气候恶劣、海拔较高、地形地貌复杂、无霜期长、文化教育卫生等基础设施落后等特点，特别是交通不便，县城与成都的平均距离为530千米，最远的石渠县城距州府所在地达700千米以上，平均每县面积7800平方千米，每乡（镇）面积485平方千米，最大乡的面积有3000多平方千米，藏区工作空间半径大、气候恶劣、路途险峻，社会管理运行成本极高。同时，四川省藏区藏传佛教五大体系并存，是第七世、九世、十世、十一世达赖喇嘛的出生地，共有寺庙785座、僧尼6万余人，其中甘孜州有寺庙515座、僧尼5万余人，比西藏僧尼总和还多。历史上，川藏线一直是西藏的"生命线"，青藏铁路通车后进藏的大部分物流、人流等随之转移，川西北面临边缘化的可能。

以上区域大致可以分为四大类型。第一类是康巴纯牧业区，如石渠、色达、理塘、白玉大部分、德格大部分、甘孜局部、新龙局部、炉霍局部和道孚局部等地，这里的游牧业经过藏传佛教浸润作用，在不杀生的教条下，牲畜已经成为一种财产的象征，大部分人不愿意出售和屠宰。这就是一般所说的养殖"长寿畜"现象。第二类是阿坝地区的红原、若尔盖、壤塘、阿坝县以及马尔康局部、黑水局部、九寨沟局部等地，也存在游牧业，他们把牲畜有目的地进行出售，换得现金后再次投入以备扩大再生产之需。第三类是农牧交错区，如康巴的康定、丹巴、雅江、乡城、稻城、巴塘、九龙等地，阿坝的马尔康、九寨沟、松潘、理县、茂县等地，以及凉山的木里，存在着农业与牧业的交错地带。尽管从局部看，农牧区有一定界限，但就整体看，还是处于种植业与养殖业交错分布的情况。并且一些地方还存在传统游牧业残余，这样传统游牧业还处于一种相当粗放的状态。第四类是农业和第三产业发展较为充分的地区，但是这里曾经也是游

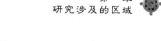

牧业或者有计划的养殖业盛行的地方，如阿坝地区的汶川、茂县、理县局部，甘孜的康定、泸定、丹巴大部分或局部。这些地方曾经宜农宜牧，地处交通线上或者与内地农耕区域相接近，受其影响较大，往往是多民族杂居，多文化交融，在文化社会观念和经济发展导向的作用下，传统产业转型很快。这些地方很多实现了混合经济的发展模式，即种植业、养殖业、林下产业、商贸业和服务业等并行发展，游牧经济因其漫长的周期和低下的效益，逐步转向了节制性养殖、效益型养殖和市场导向养殖。

第二章 川西北游牧的产生与进程

考古表明，游牧的前身是种植业和农牧混合业。[①] 游牧并不是早于农耕，而是晚于农耕或与农耕并行。[②] 这说明，游牧民和游牧文化同农耕民和农耕文化不能以先进和落后来划分。更多地要看人们对土地资源和相关社会资源的综合利用程度和利用习惯。蒋百里认为"世界民族的兴衰……一条根本的原则就是生活条件与战斗条件一致者强，相离者弱，相反者亡"[③]。有人认为"英文的 Pastral Nomads 是指带着牲口放牧移动的群众"[④]。"游牧生活相当有系统，在迁徙和扎营间重复，以规律的原则管理家畜。"[⑤] 值得注意的是"家畜"这个概念。我们知道家畜是在人们从事耕作、采摘和捕捉业的进程中，生活资料有了一定的富裕才逐步出现的。这种生活资料与人类文明共同进步，并不断扩大。当人们对于生活资料的需求达到一定的程度，对土地资源的认识和利用达到一定程度的时候，才开始将家畜大规模地放牧到广大的牧野中。游牧业由此产生。从这个意义看，游牧应该是人对自然资源占有方式的深化，同时也在占有中不断深化对客观世界的认识。

在这个意义上，游牧文明具有这样几种功能：经济层面的有机协作生产功能，文化层面的快速扩散与传播功能，社会层面的内部凝聚功能，军事层面的有效组织和攻击功能，政治层面的对立挑战功能。由于其机制内生的特殊性，其功能间转换便捷而迅速，其根源在于这几大功能互衍互

---

① 曹永年等：《内蒙古通史》，内蒙古大学出版社，2009，第 57~62 页。

② 先巴：《青海藏族简史》，青海人民出版社，2014，第 36~37 页。

③ 蒋百里：《国防论》，上海世纪出版集团，2011，第 2、33 页。

④ 〔日〕杉山正明：《游牧民的世界史》，中华工商联合出版社，2014，第 15 页。

⑤ 同上。

生、密切结合且相互促进，也就是它们之间的多种功能是良性共生和有机互动的。有意思的是，这些功能恰恰是农耕文明缺少的。

第一节　游牧产生的一般历史条件

游牧作为人类一种特有的生产生活方式，伴随着人类文明走过了相当长的历史。这个进程中，游牧推动人类社会发生了深刻变化，游牧自身也发生着深刻变化。尽管游牧总体特征没有太大变化，都是逐水草而居，都是通过驱使牲畜获得水草中的有用物，再从中提取人类生存发展的有用物，但考证游牧的缘起，不同的地区、不同的族群有着不同的情形。因此，游牧是怎样产生的问题首先就提了出来。游牧的发生，至少需要如下要素：最基本的客观条件是，一定的人群及与其相适应的气候条件、一定范围的活动空间、一定数量的水草和与之相适应的牲畜种类及一定数量的牲畜；此外还应具备相应的主观条件，及对游牧产业的选择以及一定的经营技术和经验，一定的自我保护能力；等等。也可以把这些条件细化，使之更加具体。但总体上看，这些客观条件和主观条件，都是必要的。由于在人类文明漫长的进程中，在全球范围内，这样的条件并不稀缺，所以凡是有人类居住过的地方，历史上都曾经尝试过游牧活动。这点无论在当前考古成果中还是现实社会中，都得到了很好的印证。在现在看似萧条的荒原地带，如蒙古高原，曾经发生过堪称世界级规模的游牧活动，在非洲、拉丁美洲等地同样有大量的游牧文化遗存，在欧亚大陆之间存在过跨洲际的游牧活动，这些活动传播了族际文化和区域文化，客观上为今天的一体化奠定了基础。但是，这些活动在历史上并不是整齐划一的，而是不以人的意志为转移地按照各自内在的规律性发生发展和终结。由于历史上的游牧基本上属于传统游牧或原始游牧，其生产生活基本上处于靠天放牧和靠天生存的状态，故游牧不得不随着"天"这个条件的变化而变化。气候、自然灾害、瘟疫等是导致其变化的根本因素，而战争、内乱和社会、地缘政治变迁等因素也是决定游牧存在与发展的重要条件。如大西伯利亚寒潮长期侵袭下，蒙古高原的游牧活动只能南下，对中原农耕文明提出挑战；而清政权入主中原后，原有的所谓女真游牧活动就自动终结，此即印证。

历史上游牧活动之所以大规模存在并发展，是因为这种活动具有极低的成本；而历史上游牧活动之所以走向终结，是因为在极低的成本中蕴含着极大的风险。很多游牧活动结束后，其文化没有得到传承，而是消失在茫茫草原。游牧活动存在最大的弊端，那就是游牧活动与文化传承存在内生的抵消性：游牧追求生存与发展，但文化需要稳定和积淀。不断移动变更和迁徙，使文化积淀的物质平台和积淀机制难以确立和发展。游牧打破了稳定基础，而游牧本身的变化和风险的不可测性，随时威胁着文化积淀的存在和发展。游牧创造了文化，但又毁灭着文化，这种内生的矛盾恐是我们至今没有发现草地草原（而不是城镇）在文化成果或文化遗存上超过农耕区的重要原因。至少我们还没有看到一部诞生于草原或草地的如同《史记》那样完整的游牧历史的文字著作。

第二节　川西北游牧活动的产生

大约 5 万年前，"甘孜一带就有古人类活动。在公元前 16 世纪之前200 年，即中原商王朝至秦汉时期，康巴先人们在康巴高原上建立有很多各自为政、互不相属的部落国家，这些部落国家大都与中原王朝有联系。汉武帝建元六年（前 135），'开西南夷'。元鼎六年（前 111），灭笮国，以笮都为沈黎郡，后废郡改县，其牦牛县在泸定以北地区称牦牛徼外。"[1]这个"牦牛县"和"牦牛徼外"无疑是牧业地区。尽管没有文字记载游牧的具体细节，但是那个时代更没有进入农耕时代的条件。从这里看，至少川西北的游牧活动在很早的时候就已经起源。同样，在岷江中上游多民族杂居的流域，"自笮以东北，君长以什数，冉駹最大，其俗或土著或迁徙，在蜀之西"[2]。

正如前面所论及的，游牧产生必须具备几个条件，如果满足了这些基本条件，游牧发生的概率就很高。比如康北，从卡沙湖石棺群发掘研究成果来看，就很好地印证了这一点。"从墓群的 275 座墓的情况来看，出随葬品的墓有 148 座占总数 54%，说明当时贫富悬殊、等级差别较大……这

---

① 甘孜州志编纂委员会：《甘孜州志》，四川人民出版社，1997，第 151 页。

② 同上。

批墓葬的社会性质已经属于奴隶社会的游牧公社，而不可能处于原始社会末期。"① 根据林耀华 "农村公社是历史上以农业为主进入阶级社会的民族都存在过的社会结构。少数民族则相应地存在过游牧公社"② 的推断，卡沙湖石棺文化属于康北游牧文化遗存。不仅如此，与之相毗邻的甘孜县仁果乡吉里龙村通过对 8 座墓葬的发掘，同样发现了 "一批有价值的材料"③，根据这些材料发现 "卡沙湖墓地的球形腹双耳罐的形态介于吉里龙墓地同类器的Ⅰ、Ⅱ式之间" 的相关性。也就是至少在春秋战国时期，康北已经出现了大规模的游牧活动。根据活动应早于遗存的事实，康北地区的游牧发轫还要从更早的历史长河中进行追溯。与康北游牧相并行的，还有其他文化，如康南的巴塘一带的扎金顶文化遗存。考古学者结合自然气候条件，通过文物分析发现 "这里平均海拔约在 4000 米左右，南北向的高山峡谷与河流相间，气候与植被呈垂直分布，动植物资源和水力矿产资源十分丰富，自古以来就有人类在这片高寒之地生息、繁衍"。④ 大约 13 世纪，在蒙古军队进入西藏的时候，那里作为藏区的经济社会活跃区域尚且是游牧为主体的社会，周边其他不太活跃地方的情况可想而知。而距成都平原较近的岷江流域，情况则不一样，《后汉书·南蛮西南夷列传》记载："冉駹夷者，武帝所开，元鼎六年以为汶山郡。至地节三年，夷人以立郡赋重，宣帝乃省并蜀郡为北部都尉。其山有六夷七羌九氐，各有部落，其王侯颇知文书，而法严重。贵妇人，党母族。死则烧其尸。土气多寒，在盛夏冰犹不释，故夷人冬则避寒，入蜀为佣，夏则违暑，反其聚邑。皆依山居止，累石为室，高者至十余丈，为邛笼。" 可见，至少在汉代岷江流域的原住民已经实现定居。而在红原一带的广袤草地，早在四五千年前已经有人的生产生活活动，这种活动与岷江流域不同的是，尚未发现与岷江文化流域同期定居的证据。

上述研究表明，在川西北广大区域，存在草地、河谷等不同自然地理之间的显著差别。在康北、康南等高海拔地带，以及阿坝地区的草地腹

---

① 四川省文物考古研究所编《四川考古论文集》，1996，第 113 页。

② 林耀华：《原始社会史》，中华书局，1984。转引自四川省文物考古研究所编《四川考古论文集》，1996，第 113 页。

③ 四川省文物考古研究所编《四川考古论文集》，1996，第 187 页。

④ 同上书，第 193 页。

地，历史上产生并长期存在着游牧活动，而在康南河谷地带、岷江中上游，以及其他河谷宜农耕地带，存在农耕聚落，这些聚落随着人口的增多而逐步发展成邑镇，与游牧活动发生着必然的联系。

第三节　川西北传统游牧的发展与式微

大约与中原文明的春秋战国同时，川西北地区出现了一定规模的游牧活动和相应的游牧文明。由于受到高山大河等自然条件限制，这些活动及其文明大都被分割为许多零散的条块，而并未有过像蒙古草原那样大规模的游牧。正是这种特殊性，导致了川西北游牧活动单个存在又共同发展的历史现象。这种区域上的分割使"老死不相往来"和游牧活动上的同进，一直延续了很长时间，直到 17 世纪后，随着藏传佛教格鲁系在该区的不断拓展，才逐步有了形式上的"总领"，但绝不是统一。藏传佛教的东传，是一个漫长的进程，据说始于 11 世纪，至今已有八九百年的传播历史。[①]大约 15 世纪上叶（或说 1417 年或 1437 年），康区西部昌都寺由噶举系改宗格鲁系，算是康区第一座格鲁寺庙。大约 16 世纪，三世达赖在康南理塘拓展了长青春科尔寺，后来成为康南最大格鲁寺庙。大约 17 世纪在蒙古固始汗和硕特部极力推动下，在康北建立了第一座格鲁寺庙——甘孜寺，后陆续建立了更多寺庙，最为核心有十三座，俗称"霍尔十三寺"。[②]以这些寺庙为中心或骨干，格鲁系在川西北藏区不断发展壮大，迨清中后期，其势力在川西北藏区得到确立和巩固，形成了政教结合的地方统治体制。这种体制一直延续到 20 世纪中期。

如果仅仅从上述历史文化中寻求解释，似乎不足以说明游牧活动及其文明发展延续的内在动力。这里需要结合城市或城镇文化发展，进一步考察游牧活动及其文明的内生性，方可做出更为合理的解释。前述研究表明，游牧活动不是先于农耕或种植业存在，也不能脱离农耕及其产生的城镇作用而单独存在，不能脱离这些给游牧者提供游牧活动必要的农业产品

---

① 王尧：《藏传佛教的东传与藏汉文化交流》，载季羡林、汤一介主编《中华佛教史　西藏佛教史卷》，山西出版传媒集团、山西教育出版社，2013，第 289 页。

② 分别参见四川省理塘县志编纂委员会编纂《理塘县志》，四川人民出版社，1996，第 515 页；四川省德格县志编纂委员会编纂《德格县志》，四川人民出版社，1995，第 479 页。

和手工产品的"大后方"。考察历史发现这样的现象，似乎成为一个规律性的东西，那就是无论区域性的游牧活动还是更大规模的游牧活动，它们自觉或不自觉地依托着经济相对发达的农耕区及其城镇，并不断进行着交流交往活动。这种活动的方式可以是商品交换，也可以是掠夺式的战争或局部冲突。这些活动的规模大小与游牧活动规模的大小相一致。具有世界级规模的蒙古游牧活动，就以世界（至少是亚欧大陆）为其活动范围展开贸易或战争；规模稍小的女真部，以中原王朝为主要范围进行相应的贸易和战争；而川西北零碎的游牧活动只能通过与周边局部地区的交往而满足其游牧的需求了。为了贸易，茶马古道由此产生。仅仅考察茶马互易，就可以看出这种活动对城镇产品及其文化的需求的迫切与巨大。如果有人认为茶马贸易仅仅是两种产品的交换而产生的历史现象，那就太单纯了。事实上在没有茶叶传入牧区前，游牧已经存在，茶叶也并非高原游牧的特需品，那为什么产生了兴旺的茶马活动呢？那就是两种生产方式在经济和社会性上的互补作用，只有通过这样的互补，人类文明的完整性才能延续至今。这种规律是人为因素不可抗拒的。随着游牧活动的扩大和游牧文化的发展，游牧经济必然随之勃发，由内向内需而走向开放拓展。如果经济的方式解决不了这个问题，就诉诸最高形式——战争。有人将这种经济活动赋予民族性，称游牧群体为"游牧民族"，其实是不恰当的。游牧作为一种经济活动方式，当然也是社会行为方式，它与民族性没有必然内在联系，而是与区域经济发展和区域社会发展密切联系在一起的。而区域经济发展与区域社会发展又是依据区域自然和人文条件而进行的。人类的历史告诉我们，农耕文明不是一个封闭的系统，一个区域的农耕达到一定成熟阶段，必然产生与之相应的互动经济作为补充或替身，这也是农耕的内在矛盾决定的。这种内在矛盾就是人类通过植物来获取土地和阳光提供的养分和能量以获得生存发展，而自然规律的无限性相对于人类的认识和能力的有限性决定了他们不可能以这种方式达到最大需求，因而传统种植业与原始采摘业一样，并不是人类存在发展的唯一活动方式。在农耕的基础上产生多个层次产业，在农村的范围内产生众多的星罗棋布的集镇和城市，并以这些集镇和城市为基础发展更多的产业就成为必然。同样，在游牧活动及其文明中，也存在这样的情况。考察游牧的缘起及其发展历程，我们似乎看到这样一个现象，那就是游牧作为城镇文明和农耕文明的外圈层，始终如同卫星绕着地球运行一样，周而复始，循环不绝。游牧文明似乎有血脉的脐带连着城市文明与农耕文明，它们一起搏动，无论潮涨潮落、沧海桑田，它们忽而共衰共荣、同悲同喜，忽而彼伏此起、轮回替代，将人类文明薪火相传。

一场浩大的社会生产活动从产生到终止，需要经过一个极其漫长的过程，这个过程包括孕育、发展、成熟与衰竭等各个阶段。游牧活动也是如此。如果说蒙古高原等地大规模的游牧活动是经过了漫长的发展在自然、社会等因素多重作用下寿终正寝的话，那么川西北的游牧活动似乎又可以用"先天不足"与"垂而不死"来概括。因为川西北历史上没有形成规模化的游牧经济和游牧政权，更多是在自给自足、自生自灭状态下不断受到外力作用中进行的，具有典型的弱质性和松散性特征。比如在格鲁系确立教权不过两三百年的时间里，竟然使这种生产活动演变成了一种宗教生产活动和社会活动，其生产性和经济性受到削弱。而作为一种完全不同的制度即社会主义制度进入后，其基础条件必然不能"承受新制度之重"。

第三章　A乡、H乡调查

　　川西北藏区牧民定居工程源自四川地方政府从2009年制订并实施的"牧民定居和帐篷新生活行动计划"。这个工程包含两个部分，即"定居"和"帐篷新生活"。前一个的重点是定居点建设，后一个的重点在于提高游牧生产生活质量。地方政府考虑到定居工程的渐进性和长期性，故在实施定居工程的同时，也考虑到了游牧可能在相当长时期内存在等现实问题。两个方面一并推进，试图解决定居中的游牧和游牧中的定居问题，"用提高游牧质量来引导定居工程，以定居工程的推进来实现产业升级换代和社会转型"①。根据官方公布的数据"截至2012年底，阿坝藏区共完成11个县533个村、614个定居点、42146户214414人的定居任务"②。调查选择该区若尔盖县的A乡的T定居点与H乡的D定居点。之所以选择这个区域，一是因为这两个点处于川西北藏区的牧区纵深地带，与阿坝县、红原县、九寨沟县相连，具有代表性；二是这里的定居工程开始较早，规模较大，基础较好，相关资料较为丰富；三是这里是当年红军长征经过并召开著名的若尔盖会议（巴西会议）的地方，当地传统与近现代重大历史事件多次交锋交融后有所沉淀，更能动态反映社会变迁。调查采取走访和问卷相结合、一般调查与个案相结合的方式进行。

第一节　基本情况

　　定居点H乡现有居民113户2000余人，是一个纯牧业村。2009年开

---

① 苏晓东：《在牧民定居调查会议上的发言》，2013年11月5日，阿坝牧民定居调查会会议记录。

② 《千年梦想——阿坝州牧民定居行动计划掠影》，四川美术出版社，2012，第2页。

始纳入定居工程，2011 年底基本完成定居计划。这次以户为单位的调查摸清了家庭人口构成和劳动力状况。与以往调查不同的是，这次调查注意了这些家庭成员之间的关系，以及各个成员在家庭经济和社会活动中扮演的角色。一般而言，牧户是客观存在家长制的，对内而言是家长，对外而言就是户主。户主一般由中壮年男人充当，这与其在生产和经济活动中的劳动能力、生产能力以及相应的社会活动能力有密切关系。即便曾经是家长，而因为年老体弱，家庭的主导权自然过渡到下一辈青壮年成员手中，这似乎符合自然法则。可见，这里一般不是以性别来确定家庭和社会地位。由于草原游牧生产生活的惯性作用，家庭中的女性和老幼成员往往在以家庭为单位的生产社会活动中居于从属和次要地位。这种"一元化"或"核心式"的家庭结构在定居进程中依然没有发生根本变化。故定居问题要落实到户头和人头上，须重视家庭户主的作用。而事实上，我们看到一些牧民拥有"游牧"和"定居"的双重身份，并且以双重身份从事游牧和定居两种不同的经济社会活动，在社会经济活动中扮演了复合式的角色。这种"双核"式的"两栖"家庭，其经济模式还是有侧重的，那就是以户主是长期从事游牧还是定居生产活动来判定其属于"游牧"还是"定居"型家庭。

调查显示，该区牧民家庭结构具有层次性、稳定性和复合性特征。

访谈材料 1①：

（采访对象：T 定居点户主阿热，藏族，男，42 岁，定居牧民）

问：你家有几口人？有哪些人？谁当家？

答：8 口人。有阿爸、阿妈、妻子、弟弟、弟媳、儿子、女儿。我是当家的。

问：都定居了吗？现在全家都住一起吗？

答：没有全定居。阿爸、弟弟、弟媳和儿子在牧场（放牧），我们在这里住。

问：定居后你们参加放牧吗？

---

① 中国社会科学基金重大特别委托项目——西藏项目（XZ2012004）调查问卷 20131107002 号。

答：要。弟弟他们放一段时间，回来跟阿妈住，我和爱人又去。一般是春夏我去牧场，秋冬他们去牧场。

问：你在这里为他们做些什么吗？

答：我主要是把奶子和牛羊毛拿去卖了换成米面，我爱人负责做家务和照顾阿妈和娃娃。

问：弟弟跟你不分家吗？

答：我们不愿意（分家）。

问：你们谁管钱？怎么分配这些钱？

答：以前是阿爸，阿爸有病（类风湿），现在是我。一般就是把家庭畜产品的收入拿来买衣食生活用品。因为家庭离牧场远，去年买了摩托车。

问：买东西大家商量吗？

答：要商量。我有时去牧场收酥油和牛羊毛跟他们商量，他们缺什么也要跟我说。缺的就买，不缺的就不买。阿爸阿妈很节俭，他们不愿意添置新东西，我们买了他们也接受。

可见，这个家庭的层次性是很明显的。阿热居于核心地位，他父亲由以前的家长退居下来，安度晚年。他的弟弟在大家庭中处于配合地位，但是在牧场上的时候，发挥放牧的主导作用。牧业生产的管理和牧区生活的安排，则由弟弟主持。也就是在"一元"之下，"双核"互动。妇女做家务和照顾老人、孩子，老人和孩子们除了享受照顾外，也适当做一些辅助性的事务。这样的家庭体现出来的稳定性除了亲缘感情外，还基于生产生活的需要。访谈显示，他们不分家的原因是劳动力不够，尤其是定居工程实施后，需要在定居点和牧场之间开展生产生活活动，战线拉长，家庭成员的分工协作更加重要，这是他们"不愿分开"的重要原因。这样的家庭具有经济上和社会上的复合性，也就是将城乡经济和文化结合起来，将游牧和定居结合起来，形成在空间上跨度较大、在经济上更加多样、运行更为复杂的新的社会细胞。家庭成员间靠密切的协作来维持高成本的生产生活。

但是，复合型的家庭还是有所侧重的。调查显示，不同的家庭具有不同的经济类型的侧重。确定侧重于定居还是侧重于游牧的家庭类型，以及这种家庭在经济社会格局中的大致比重及其产出效应之后，才便于进一步考察游牧经济和定居经济成分在经济增长中所占的比重。

不可否认，游牧和混杂的家庭中存在家庭成员的分工与合作，正是这种分工合作的交织进行，才演化了藏区复合式的经济社会形态，也使得以家庭为单位的经济社会单元得到代际延续。一般的，在一个演化后的牧民家庭中，有祖孙三代 5 ~ 7 人居多。这些成员包括户主的父母、配偶和子女。这些户主大多数在 35 ~ 55 岁之间，也就是 20 世纪 50 ~ 70 年代出生的人。这个群体大致分为两个部分：一个是 50 ~ 60 年代中期出生的群体；一个是 70 年代出生的群体。这两个群体之间有一定的差异性，那就是年长一点的群体文化程度相对较低，往往更加怀念游牧生产生活；而年轻一点的群体文化程度较高，对现实社会了解更多一些。加之其他相关原因，年长的群体更加侧重于使用当地语言交流，而年轻的群体多少会一些汉语。这种差异，决定了他们在获取外界信息量方面的不同。不可否认，在当前的游牧活动中，"60 后"已经是中坚力量，他们主导着传统游牧经济的发展模式。

由于定居点的修建并没有跨越城乡界限，也就是绝大多数定居点依然在农牧区相对孤立地存在着，"靠近县城、靠近乡镇、靠近公路"的布局与牧区传统经济区划格局相背离，定居点建设并不能解决游牧经济的软着陆，所以一边是高额的定居点建设投入，一边是传统游牧经济的持续进行。

第二节　定居的比较效益与基本社会形态

定居作为客观存在，不但以经济活动在空间上的改变呈现出来，同时也以社会变迁的方式建构成为一种新的社会形态。这种社会形态的经济基础是逐步市场化的游牧经济而非定居经济，其上层建筑是游牧的定居化管理与服务以及由此产生的系列政策措施和文化体系。其基本形态包括了牧业经济的空间拓展和市场延伸，畜牧文化与生态文化的衍渗共进，牧区社会管理与服务系统化和现代化转变，等等。这些特征显示出定居作为一种社会形态的动态性、改革性和拓展性。把握这样的特征，就为认识和研究定居问题提供了指针。

调查显示，大多数人认为定居后生活比以前好些，也有一少部分人认为定居后与以前差不多，除了生产生活的习惯原因外，收支相比出现了经济拮据现象。D 定居点在定居前人均年纯收入大约 3000 元，定居后达到了5000 元，而定居前人均年支出为 2350 元，定居后人均年支出达到了 8800元。① 也就是定居前尚有盈余，定居后却出现了较大亏空。这个亏空主要来自定居房屋投入和维护、新家设施产生的能源消耗和其他损耗，以及生活资料多样化后的生活成本。比如食物结构中，以前是以糌粑为主，这是一种方便即食食物，节能、环保、营养、方便，随时可以食用，所用餐具也极为简单，一只小碗即可。但是定居后要吃大米饭，就必须大锅烧水煮饭，而且还要做菜。这就平添很多工序，花费很多燃料和劳动。以前一顿饭几分钟就解决，定居后要花几个小时。那么生活质量是否因为这一亏空而下降呢？从总体上看，生活质量并没有下降，而是有所提高。从定居前后家庭生产生活设施变化来看，主要的生活设施，床、电视机、洗衣机、摩托车、自行车、手机、帐篷、太阳能用具、燃气灶、节能灯、现代厨具和餐具等都有显著增加。这些东西的添置和使用提高了生活成本，同时也提高了生活质量。由于大多数设施具有较高耐耗性，故在今后一个相当长时间内将持续释放生活能效。不可否认，由于长期的单一生活方式，牧民在向现代生活的转型中，不得不投入大量的生活学习成本，这种在其他人看来是顺理成章的事情，他们往往要经过反复的长时间的学习训练才能适应。烧焦了饭和烧坏了锅的损失及烦恼不时困扰他们。生产设施也是这样。不仅如此，维持家庭社会关系的成本依然在提高。这里的原住民一向是以家庭为单位生存发展的，不同于内地其他居民的是，他们一般不会分家。他们的家里供奉着神龛和活佛信物，早晚祈祷念佛。家庭发挥了生产单元、生活据点、社会细胞、亲情中心、信仰平台等作用。全家在一起的时候，所有的生产生活设施都可以共用一套，老者可以对后辈进行经验教育，壮年人可以随时照料老弱病残。长期以来，他们按照家庭分工，壮年从事放牧狩猎，妇女料理家务，共同照顾老弱。但事实上定居后（严格意义上是半定居），这种状况被打破了。比如以前老人或小孩身体有一点不

---

① 中国社会科学基金重大特别委托项目——西藏项目（XZ 2012004）调查问卷 20131107004号。

适，他们可以得到其他家庭成员的及时关照，但是现在分开之后，他们就得独自忍受生理和心理的不适。特别是，以前有些生老病死的事情，都靠寺庙来解决，现在都变得不方便了。这种生理上和情感上的反应，对牧民的生活质量的负面影响是隐性的，也是影响他们对定居生活信心的直接动因。

调查表明，定居的现代模式与游牧的传统模式之间，确乎存在一种打磨必要："帐篷新生活"是一种现代旅游文化生活的设计，而传统游牧生活是一种实际需要的积淀。两种模式之间的差异在于现代与传统之争。定居也是这样。现代与传统之间，有知识和技能作为纽带和桥梁相连接，从"不会"跨越到"会"。一旦跨越成功，定居就容易实现了。由此看来，牧民目前出现的亏损，应该是一种阶段性的亏损，或许可以看作"假亏"。一旦他们掌握了一定生产生活技能，并养成一种生产生活习惯后，这种投入的收益就开始逐步显现出来。

我们知道，社会形态具有一定的稳定性。恩格斯认为"一定历史时代和一定地区内的人们生活于其下的社会制度，受着两种生产的制约：一方面受劳动的发展阶段的制约，另一方面受家庭的发展阶段的制约。劳动愈不发展，劳动产品的数量，从而社会的财富越受限制，社会制度就越在较大程度上受血族关系的支配"。但是，这种支配不是绝对的，它是随着时间和环境变化而变化的。"在以血族关系为基础的这种社会结构中，劳动生产率日益发展起来；与此同时，私有制和交换、财产差别、使用他人劳动力的可能性，从而阶级对立的基础等等新的社会成分，也日益发展起来。"[1]

藏族社会形态是分层的。一般而言，历史上分为地方政权首领、部落联盟首领、部落首领、族长和一般农牧民等几个阶层。阿坝草原大多数地区在历史上是以骨系的社会形态存在并延续的。这种骨系的存在，很大程度上左右着社会发展。这在20世纪五六十年代依然完好保存着。目前，虽历经了改革开放，但是并没有从根本上淡化骨系观念。骨系的存在是构成游牧社会形态产生并延续的基本社会网络。牧民在不同的骨系里，按照内

---

① 恩格斯：《家庭、私有制和国家的起源》第一版序言，《马克思恩格斯选集》（4），人民出版社，2012，第13页。

定统一的游牧规矩，选择空间和游牧方式。在过去的漫长岁月中，洪波、通波掌握着这些骨系最基本的统治权。这些类似族长的基层统治者，在很多时候充当了牧区基层单位的负责人。即使是藏区民主改革后，公社制度的建立和改革开放后联产承包责任制的落实，都没有能够绕开这个基础。确切地说，骨系头领是草原牧区最基层的网络，任何统治都必须尊重这个事实。故从中产生的基层干部乃至县级、州级干部也不在少数。这些干部一方面执行政府的政策；另一方面维护着历史的惯例，他们善于把现行的政策与草原的惯例相变通，使基层社会能够基本符合现行定制。但是，当现行定制与基层社会习惯和生产生活实际相去甚远的时候，他们也就失去了变通的能力。这样就一方面表现为基层政权约束力失效后基层治理形成真空状态；另一方面表现为牧区社会短暂的失序。失序后的牧区社会表现为游牧的盲目性和生产的不可控性。这种行为是牲畜数量的盲目增加和草场纠纷的迭起。据不完全统计，川西北草原在 1980 年至 2012 年底的 32 年中，共发生大小草场纠纷 500 余起，造成伤亡 300 余人。

那么，是不是说以骨系为代表的传统社会组织在当前仍能够服务于社会管理和社会生活，甚至左右社会呢？事实上没有达到这个程度，至少从社会管理和社会生活的一般现象考察，不是这样的。这里的基层组织基本上是乡村两级，乡的政权机构是乡党委和乡政府，村的组织机构是村党支部和村委会。但是这里的政权机构对于基层社会的作用形式有别于内地或其他地方，不是直接而是间接发生作用的。乡镇和村委向基层社会发号施令和推行政策，往往需要通过有家族代表、宗教人士等传统势力参加的"民主协商"程序，由他们将现行政策法规进行通俗解释并带头示范，方能演化为民众性的社会行动，进而使政令生效。而我们知道，其他地方比如阿坝茂县或汶川的藏族聚居区，只需上级派去或就地任命的行政官员召集民众会议或工作会议，就可以推行政令。这种不同的原因，并非仅仅在于传统势力的习惯作用，还有民众对于政策理解的路径依赖。他们习惯于地方传统势力的宣传和示范，尽管这种宣传和示范并不见得就比政府直接行为高明或有利于他们，但是他们依然习惯这种方式。此外，民众对于政府现代化程度较高的政策语言（话语）的理解力远远低于我们的预料。诸如"时事政治"这类概念在他们来看是不存在的。地方政府免费在内地专门培训了三年的所谓"9+3 学员"，在宣传中为村民翻译"中国梦"的时候，藏语的意思竟然是"全中国人在做梦"，进而引发村民质询"做的什么梦""梦见了什么"这样的问题。翻译者自然不能回答这样的问题，宣传也就失去了意义。这些因素可能是政令传达和落实成本较高的原因。在过去，确切地说是民主改革后至改革开放前，传达的成本较低，是因为原住民习惯于"一个活佛"式的宣传，"文革"中的个人崇拜正好适应了这种习惯，"语录"与经书的地位大体相当，理解就较为容易了。

可见，很多地方，不是传统势力的过于强大以至于阻挡现代化的东西不能进入，而是民众对于现代的东西没有接受的基础条件，不得不借助于或依赖于传统作为融入现代社会的补充手段。但是这种依赖并不是政府和民众价值取向的最大公约数，问题就得以不断地产生和繁衍。

第三节　定居与生态

生态问题关涉自然生态、社会生态、文化生态等多方面，这在定居问题中都包括了。自然生态问题，也是影响定居的一个重要方面，为此需要加以阐述。

问卷 A

您认为草场生态变坏的原因是：牲畜太多（过牧），气候自然变化，网围栏使牧场固定变小。

大多数人认为是气候自然变化，有一小部分人认为是人为因素。可见牧民心目中的自然变化观还是比较强的。牧民是信仰佛教的，他们讲求因果报应。气候和环境的变化或变坏，并没有使他们将其归咎于人，而是相信天意，"佛"的意志。"善恶有报"，他们甘愿忍受环境变化带来的苦难，雪灾、洪灾、瘟疫等，都是暂时的、阶段性的，忍受了苦难就会到达幸福的彼岸。这样的信仰下，他们不愿意人为地回避或改变恶劣的环境。他们总是容忍和消极对待苦难，除非暴力威胁到了他们的信仰和生命而不得已做出反抗。

问卷 B

定居前你家有草场_____亩，现在有草场_____亩，现在能满足放牧需要吗？如果不能满足，是（1）面积少（2）草产量少（3）其他原因。

调查表明，定居前后变化不大，并且反映草场不能满足其需要。这种不能满足并不是绝对的。一年到头，如果大量的牲畜繁衍，看到饿得精瘦的成畜和嗷嗷待哺的幼畜，可能他们会感到草场不够的压力。但是一场大灾之后牛羊成群死亡，草场一片寂静时，他们想到的不是草场得到休整，而是渴望牛羊的快速繁衍。这也是他们惜售惜杀牲畜，把牲畜像货币一样储存起来的内在动因。

社会生态包罗甚广。生产生活、宗教文化组成了一定区域的社会生态系统。该区的社会生态具有传统性、保守性，这体现在生产生活等各种社会活动模式中。生产活动与生活活动、社会活动、宗教活动的一体化模式，是该区牧民的基本存在方式。也就是说，一个牧民从生下来开始，一直到他离开这个世界，其一切物资需求和精神需求都在这个系统中完成。生在牛场里，长在牛群中，精神需求通过寺庙（有的是帐篷寺庙）得到满足，寺庙的文化产品和活佛的有神论精神灌输都使他们善良的心灵得到满足。

他们的生产生活不是混乱的，而是有条不紊并遵守一定秩序的，这在社会生态的角度看，是符合逻辑的。在广阔苍茫的草原中，每户人家每一群牲口都有自己的范围和特定生产生活通道，如航空路线一样井井有条。甲家的放牧路线是 A—C—E—H，乙家的放牧路线就是 B—D—F—G，两条线路可以有短小的交叉，但绝不可以有稍大的重合，否则就会发生纠纷，游牧就不能顺利进行下去。某家庭或许有时候有过"顺手牵羊"的牧线（牧道）重合，那是没有被对方发现或者还没有使对方意识到由此给自己生产生活带来的侵害。当然有时是经过协商的友好重合，但这是有一定条件的。当双方的牧线发生弯曲正好给对方带来不便时，部分的交换草场不失为一个牧业择优选择。这就是我们有时候会看到几个家庭或部落在草原上联欢娱乐或友好举行一些活动的原因之一。我们曾经考察康北一个牧区拉日马，发现这个半封闭式的丰美草场山峦起伏，河流纵横，然而，在1000 多平方千米（1692.63）、64.43 万亩的草场范围内，700 余户牧民（4000 余人，从事牧业生产的不到 2000 人）赶着 80000 余头牲畜（2012年）按照水草分布确定他们的夏季和冬季放牧路线。这种路线多是水平运动与垂直运动相结合。把这些路线绘制成三维图，可以看到他们如同训练有素的部队那样，几乎是不约而同地、中规中矩地在各自特定的区域内有序运动。他们率领牲畜走过的地方，像割草机碾过一样几乎寸草不留。工卡拉山脉海拔 4000 米以上的地方动物罕见，每当河谷和山原牧草吃光的时候，这里就成了牧民们争夺的区域。这里年均气温不到 4℃虽然减少了瘟疫病害的扩散机会，但寒冷而漫长的冬季使他们要在冬季牧场待上比夏季牧场更长的时间。冬季牧场处于枯草季节时，为让牛羊顺利度过严冬，除了依靠天然的林地和温暖的河谷外，还有政府建立的暖棚。冬季牧场对于牧民们而言，不外是牲畜的保育基地。不论是人类发展本能的选择还是祖先经验积累的结果，也不论是"造物主"刻意的安排还是客观规律的牵引使然，牧民们选择的放牧区域格局总是如同汉字毛笔书法那样，重起顿收，中间无丝毫不爽，纵然有些飞白，也墨意甚浓。在两大牧场中间的过渡带，没有那么多草场资源，故也不会停留太久。情况与过去不同的是，现在的草种退化，草的单位面积产量不如以前，而在现代畜牧防疫保护下的牛羊数量却不断增加，每家每户竞相攀比数量，使牛羊数量持续居高不下。这样如同篦子篦过的草原，在牛羊走过后很长时间形成裸露于风雨中的沙土，为风沙、泥石流、滑坡、塌方、湿地干涸等的发生留下了隐患。若尔盖草原的湿地退化就十分典型。另外，牛羊因畜量猛增而吃不饱肚子的时候越来越多，长期挨饿的牛羊变得越来越矮小（当然还有畜种退化原因），越来越弱不禁风。这些情况，牧民们不是视而不见，他们很清楚气候变化和生态恶化与他们自己所作所为的联系，但是，他们陷入一种个人行为与自然规律的负和博弈而不自觉或不能自拔中。更何况，与宗教活动紧密结合的游牧文化，不能从约定俗成的生产生活活动中解释"天人关系"，仅仅从因果轮回和彼岸追求中需求解脱，这就是定而不居、牧而不止的一个重要原因。看似复杂的问题，其实就是启蒙教育和传统影响作用下的生产、生活习惯使然。在这种教育和影响下已经经历了千年以上的历程的"牧人生态文化圈"，有其自己的破解之道，那就是牧业发展到突破生态和社会承载的边际，加之其他内外因素作用，最后走向终止。

有人认为游牧业的存在必须有一些基本的条件：一是可供游牧的广阔牧场，有着丰富的天然饲草料用作家畜饲料；二是有着适宜于游牧的家畜品种；三是人口稀少，交通不便，科技文化落后，与外界缺少沟通；四是生产目的以自食为主，商品生产不发达。这些基本特征若发生根本性变

化，就必然导致传统游牧业的终结。① 也有人认为在游牧中，有三个因素
是稳定不变的：特定单一的生产资料（牲畜、草场、水源），特定的生产
组织形式（以家庭与数户家庭相结合组成的社会生产结构），与外界相联
系的简单交换形式。这三个因素是保证游牧得以存在的基本条件。② 传统
游牧的关键问题在于将人动物化，人必须跟随牲畜逐水草而居，依赖自
然、依赖牲畜，而不能发挥人的主观能动性。这与农耕文化靠种植和饲养
"为我所用"的情形完全不同。这也是传统游牧的脆弱性、落后性所在。
川西北游牧业之所以能够保存至今，上述三大基本条件不但存在，而且还
深深植根于宗教文化之中。这种局面从生态角度讲，正在打破，而完全瓦
解还要更多的时间。

第四节　定居与生活

为了搞清定居相关经济活动细节，我们将定居前后收入变化分为卖牲
畜、卖牛奶酥油、卖牛羊肉、卖牛羊毛、采集山货、外出打工、政府补贴
和其他全家年收入等八个项目进行考察。所列八个项目，基本涵盖了牧民
经济活动的各个方面。对这些项目数据进行纵向对比，可以反映出牧民经
济活动的变化。关于卖牲畜，在阿坝的畜牧经济活动中，还是以市场价值
导向为主的。但是在康巴藏区的甘孜州纵深牧区，这却不是普遍现象。养
长寿畜的情况还是普遍存在的。关于卖牛羊副产品，在藏区是普遍存在
的。这既不涉及杀生，也不涉及牛羊数量增减。

普遍看来，以前收入来源比较少，而且单一。主要靠畜牧产品和放牧
中顺带的山货采集。但是定居后，劳动力分散而使劳动力短缺起来。这里
与定居工程一并实施的还有免费职业教育计划，大多数农牧民子女被送到
内地的职业学校就读，生产生活的重担全部压在了壮年人身上。尽管职业
技术教育是免费的，但是孩子在新环境的适应成本和职业教育附带产生的
个人开支（有的是不可预见的），还得由家庭承担。我们调查到实施这些

① 张伦编《畜牧篇什》，新疆人民出版社，1995，第 132 页。
② 肖方：《中国游牧民族的社会经济文化变迁——从游牧到定居》，《民族团结》1999 年第 6
期。

职业教育的学校的确存在因拮据而发生的学生间、师生间借贷的现象。这正好印证了这种负担的存在。定居后政府补贴和个人贸易的开展，从账面上使家庭收入得到增加，但是房屋修建和家具等增加的成本以及损耗维护成本与有效使用价值相比较，投入产出比则低于以前。那么牧民的收入实质上是下降了。

从定居前后支出变化的几个重要指标考察。这些指标包括买牲畜、买饲料、买生产工具、租草地、房屋修缮、食物购买、衣物购买、药品购买或就医等项目。从八个项目的问卷结果看，定居后的支出是大大增加了。这种生产生活的成本增幅主要是在由游牧转向定居，由牧区转向城镇的过程中产生的。目前定居模式几乎是按照现代城镇化标准来设计的，没有更多地考虑牧民生活习惯和后期经济承受力，更没有将生活和生产培训成本计入定居工程中。所以，牧民在定居的过程中有"高高举起慢慢放下"的现象也就不足为奇了。饮食结构变化无疑是影响到定居质量的一个重要指标。根据如下指标测定，考察移民定居前后生活变化。

问卷 C

定居前后食物结构变化（从多到少排列）（1）面食，（2）牛奶酥油，（3）牛羊肉，（4）猪肉，（5）大米，（6）蔬菜，（7）水果，（8）烟酒，（9）其他杂食。

定居前食物结构与定居后有个明显变化，那就是增加了部分米面和其他杂食。我们了解到，传统上牧民饮食是较为单一的。每天基本上是糌粑、大茶（马茶）和牛羊肉奶。但是定居后，农区的蔬菜、水果，以及城镇的大米、烟酒等也进入他们的饮食中。这种食物上的变化，不仅是营养结构变化，而且关涉饮食文化的变化。

问卷 D

请您列出定居前后家庭设施数量变化：床、时下厨具和餐具、桌椅、洗衣机、固定电话、手机、帐篷、太阳能用具、节能灶、音响设施、卫浴设施、饮水机、电视机、牛奶分离器。

床、桌椅和时下餐具：86%的定居牧户比以前有所增加和提高。床和桌椅作为家庭生活的重要设施，能够反映被调查者的生活样态和生活质量。该区牧民传统上一般没有"床"和桌椅的概念。依火而寝、席地而坐是基本生活习惯。而定居后，男女老幼各安其寝，床就显得重要起来。油盐柴米、一日三餐，桌椅和餐具也就派上用场。这些生活必需器具的使用，使他们看到电视里的画面并不陌生，他们增强了模仿意识和融入意识，一种阻断传统、开启现代生活的行动不自觉地渗透到牧民家庭，引发人居行为的根本性变革。

交通工具：51%的定居牧民有了交通工具，最简单的是自行车，个别有买汽车的，多数是摩托车。因为对于运输量不大、运距长的牧民而言，摩托车是经济适用的交通工具。究竟有多少人使用自行车、多少人使用汽车或摩托车，这个细化的问题在这里不是根本性的。因为交通工具的档次和种类，要根据使用者的偏好和需要以及经济承受力来取舍。不同的购买者有不同的具体情结，细化的问题的丰富性不能为本题提供更多研究价值。但牧民逐年增多的交通工具需求却能反映出他们经济生活和社会活动的变化趋势，至少他们有外向拓展和交流沟通的需要，同时也有时间、速度和效率的启蒙。

家用电器和通信工具：从抽查的 67 户样本看，88%的牧民有了现代家用电器。各个物品对牧民的意义和社会功能不一样。电视机这种东西在内地普及基本上是 30 年前的事情，现在已经成为一种家庭基本设施，但进入牧民家庭确实是一个新鲜事物。以前他们更多是从简易收音机的无线电波里收听一些外界信息，这些信息也包括了境外的消极信息。电视机进入家庭，他们听和看的需求同时得到满足，"闭路信息""闭"掉的更多是消极的东西，看到的是市场化迅速发展的场景。他们很多时候是举家围坐电视机旁，喝茶打发时间，接近于城里人的业余生活。这个变化对于牧民的影响是非同小可的。如果说饮食起居变化为他们提供了向城镇化现代化转变的物质基础的话，那么电视机带来的文化产品却为精神生活提供了食粮，即便是短期间脱离了宗教依赖，也不至于空虚到无聊"寻事"的地步。何况很多牧民已经有了移动电话。他们知道这个通信工具的用处。国产的数字手机因为低廉的价格、超长的待机时间、简便的操作而受到青睐。牧场上的亲属可以通过配发的充电电池和太阳能电源满足手机的充电需要，使牧民的沟通方便起来，牧区与定居点的距离也似乎不再遥远。牧场的需要可以随时告知定居点，定居点的摩托车可以及时"快递"这些需求。高原的空气和环境总体是较为纯净的，缺氧和高寒减少了人们活动的频率。一般而言，藏袍是不用洗的，羊皮或牛羊绒更不能水洗。所以他们终年衣着和容颜如同中世纪的油画那样恒定而坦然。当然，根据目前加大深度调查显示，关于这个问题有不同反馈，可能增大样本范围后，情况会有些变化。

新型的节能用具：太阳能用具、节能灶等在中国不是大路货，一是中国还没有成熟的太阳能家用器具技术，二是中国地理太复杂，人口集中的地方不一定太阳能充足而稳定，太阳能充足而稳定的地方不一定人口集中，这是太阳能产品不能成规模研发并走向家庭的基本国情。但是，定居工程设计者从实际需求和实验室技术突破的层面加入了这个物品。调查发现太阳能设施经常坏了没有人来维修和更换，只能放弃使用。而实惠的东西依然是柴火和牛粪燃料，熟悉、方便又温馨。在没有暖气和空调的定居房，燃起炉火就是点燃了生存生活的希望。"节能"的概念依旧很遥远。

念经设施——更高层次的需求：在这个全民信教的地区，几乎家家都有经堂，经堂里摆设了神龛，神龛上高高供奉着各种神像。这些神像有藏传佛教的活佛，该区主要是藏传佛教格鲁系，所以供奉宗喀巴、达赖、班禅和当地重要活佛的较多。这种精神活动与农区的居民几乎一样。但是，宗教活动作为一种生活习惯或者精神需求一般在中老年习惯者中间进行，年轻人和儿童少年也有模仿的，但他们更多愿意簇拥在电视机旁。

关于其他生活要素：烟酒和其他奢侈品在定居点中不是很普及。调查中没有看到一个主动抽烟的牧民，但是会接受给予的烟卷。与其说他们清心寡欲，倒不如说是经济条件和消费习惯使然。他们知道这种奢侈品对经济支出的透支性，所以在消费上显得较为谨慎。几乎所有的牧民在购物和消费时，绝不会如同内地一些吸烟成瘾的居民那样毫无顾忌地选择香烟。但是他们对酒的态度似乎不一样。我们走过的地方并非家家有烟，而几乎是家家有酒。有的是自制青稞酒，更多是散装的廉价的"苞谷酒"，5～7元钱一斤，这通常是一个成年牧民一天的酒量。但是他们并不是天天都喝这样的量。有时多点，有时少点，忙的时候也有顾不上喝酒的。摄入一定的酒可以使他们感到温暖和放松，酒似乎是生活中优良的调味剂。

关于时间分配的考察。我们将牧民每天的时间安排分为生活和精神需求两个层次。两个层次中，除去睡眠，其他生活活动占了大部分时间（除睡眠外的70%～80%），而精神层面的活动时间，主要集中在念经上。学习和社会交往基本上中断或根本没有。而这个时间分配中，不同年龄有很大的不同。分为老年组（60 岁及以上）、壮年组（31 岁至 59 岁）、年轻组（18 岁至 30 岁）、少年组（17 岁及以下）四个组考察。

老年组

单位：小时

饮食	睡眠	工作（家务）	交友	购物	通信	念经	学习
3～4	7～10	4～6	0.5	0.1	0.1	2～4	0.1

壮年组

单位：小时

饮食	睡眠	工作（生产）	交友	购物	通信	念经	学习
3～4	7～9	4～6	1	0.5	0.1	1～3	0.5

年轻组

单位：小时

饮食	睡眠	工作（生产）	交友	购物	通信	念经	学习
3～4	7～8	3～5	2	1	0.5	1～2	1

少年组

单位：小时

饮食	睡眠	工作（协助成人）	交友	购物	通信	念经	学习
3～4	8～9	4～6	2～3	1	1	0.5～1	2

从上面看出，不同年龄阶段的群体，活动时间分配是不同的。老年人除去睡眠时间，主要把时间用在家务和念经上；青壮年除了睡眠，主要把时间用在生产上；而少年主要是交往和学习。

空间活动解析。空间的定位要以床为中心，因为人与床相处的时间远比其他器物多而集中，它占据了人一生大致 1/3 的时间。我们认为，人生自床亡于床，人生的整个过程也没有离开过床。以床为中心，每个人的活动空间有着显著的差异。作为定居后的家庭，老幼的活动范围一般不会超过床或他们的卧室，至多也就是住宅内部而已，偶尔有外出的时候，但是离开时间不会太长。除了他们的年龄、体质外，还受他们生活特殊性以及对外界的认知和习惯等因素的影响。而青少年的活动半径就基本成人化了。他们不仅能够随时把活动范围突破到户外，而且能部分或全部地跟随和协助中壮年从事远距离游牧，甚至充满危险和不断挑战的狩猎活动。而中壮年的活动就不是以床为中心了，他们多以生产活动为中心，持械漂移在牧场、旷野中，或放牧，或狩猎，或采摘（冬虫夏草、松茸等），一种"天当房地当床"的感觉。由于受启蒙和早期教育影响，这些游牧于原野的群体多数不会使用现代电器或电子产品。如果要使他们学会使用这些东西，必须经过一个相当艰难的训练过程。

第五节　定居与经济转型

定居作为一种客观实在，既是一种社会现象，也是一种社会行动。作为社会现象的定居，侧重于定居的社会动因和指向；作为社会行动的定居，侧重于社会效能和影响，但不能将现象与行动截然分开，很多时候它们是交替影响和互有穿插的。故综合地、动态地、全面地考察定居显得尤为重要。而指向则由几个层面构成，即政府指向、牧民指向、社会指向。应当清楚的是，它们不是朝着一个方向，而是多维度的。这些不同的指向在定居中，最后整合成一个总的指向，就是定居发展的趋势和轨迹。

从定居的政府导向和经济一体化趋势看，从传统畜牧业转向现代农牧结合、产供销配套的发展方向似乎是经济转型的必由之路，但这个转型必须具备两个基本条件：一是全民信教区居民的志愿，二是定居经济的形成和稳定发展对传统游牧经济显示出巨大的比较效益。带着这个问题，我们做如下考察。

关于定居的动因，从政府方面看，是国家和区域发展的既定方针的具体实施；既然是既定的发展方针，就得按照具体的路径推进。从牧民方面看，是个体经济或集体经济发展到一定时期的转折；但是他们不能把握这个转折，而是依靠外力的作用。大多数人认为定居是出于自愿，也有一部分人认为是政府安排。从社会层面看，定居在经济上的转型代价超出了预计边界，这个代价是政府、牧民、社会共同承担的；在文化上产生的巨大冲击使宗教社会应接不暇。不论是出于对自身传统保护的本能还是因价值观分歧产生的对立，都使定居问题处于多边和多变的焦点上。

问卷 E

您家中有存款吗？如有，打算（1）购买牲畜扩建圈棚扩大生产，（2）买交通工具，（3）子女上学，（4）婚嫁，（5）捐赠，（6）其他（请从多到少顺序排列）。

在 67 份问卷中，34 份顺序为（1）（2）（5）（4）（3）（6），26 份为（1）（5）（4）（3）（2）（6），7 份为（1）（5）（4）（2）（3）（6）。这三组排列具有不同的意义，绝大部分人意识到扩大当前的生产是最重要的，而子女上学基本上被大多数牧民忽略。说明他们没有意识到扩大生产与知识和智力投入的关系。有相当一部分人把捐赠看作仅次于扩大生产的项目，这说明了彼岸世界的出世价值观在全民信教区的地位依然牢不可破。这种价值观可能会对经济转型造成负面影响。经济转型不仅意味着产业升级，而且意味着知识结构的改变和传统生产知识的升级。但是，藏传佛教的教义不具备支撑这种转变的功能。体现在传统畜牧向现代畜牧转变的重大问题上，那就是牲畜究竟是一种商品还是一种生命的存在方式的纠葛。如果这个问题不解决或解决不好，至少在很长的时间内，传统畜牧的转型是缺少生产动力支撑的。

为了说明这个问题，有必要考察一个成功的转型案例。T 定居点是一个多民族杂居的山原聚落，有居民 34 户 133 人，地处若尔盖草原的纵深河谷地带。这里曾经是古代盐茶道。很多内地商贩途经这里，带来了内地商品，带来了内地文化，也有一部分人与当地居民通婚而定居下来。历史上他们放牧为生，兼做采摘。定居工程实施后，经济开始转型。这里盛产大黄，也出产冬虫夏草、蘑菇等。由于没有价值观上的影响，他们将牛羊卖掉，承包山地种植大黄。他们成立协会，在村头办起加工厂，每年可生产干大黄 80 余吨，每吨可卖 1.8 万元，除去成本每年可获利 50 余万元，人均 3000～4000 元。加上其他副业，每户年收入在 1.5 万～3 万元，在当地也算小康水平。

而在 D 定居点，81 户 403 人，因为没有脱离传统牧业，在定居点和牧场之间，牧民两者兼顾，大约从事游牧业和定居后从事其他产业或无业的人各占一半，并没有找到切实的产业发展方向，更舍不得卖掉牛羊进入全面定居，生产生活成本较之以前大大增加，定居和游牧相互牵制，反而成为拖累的因素。这样的困境如果得不到尽快解决，牧民必然会在两难中做出更大牺牲，最后导致他们抛弃定居而回到传统牧业。

第六节　定居与文化

广大的藏区，是一个长期封闭的全民信教区。其区域文化无疑被打上藏文化深刻烙印。而在民主改革后，尤其是十一届三中全会后，这种长期封闭的文化生态被打破，区域文化逐步呈开放式发展。A乡属于民族走廊，以藏族为主，藏汉蒙等民族杂居。藏传佛教的苯波、萨迦、格鲁三大教系并存。苯波系有象藏寺，萨迦系有后尼巴寺，格鲁系有卓藏寺和尼益寺。这四个寺院，统辖了至少全乡的6个行政村。这里是人们文化信仰活动的中心。当然，也有学校4所，教师总数24人，卫生院1所，卫生技术人员5人。与寺庙相比，这个文化力量是微不足道的。单就卓藏寺而言，有僧人75名，其中活佛3人、堪布8人，其占地15公顷多，建筑面积10.33万平方米。[①] 其余三座寺庙的经济实力皆不弱于乡内任何一所学校和医院。在这个不到3000人的乡里，我们可以看到究竟是什么力量在主导文化发展。庞大的寺庙能够存在并发展，它的依靠力量不是政府而是乡间百姓。千百年来百姓将大量的资财和劳动力无保留地奉献给了寺庙，代代如此，生生不息，是寺庙得以不断壮大的根本依靠。而社会基础设施是政府的转移支付，财力有限，一旦进入这一地区，就被蚕食鲸吞，最终化为寺庙的经济来源。这就是造成文化力量悬殊的根本原因。文化力量的悬殊，并不会以显著的方式表现于社会矛盾各个方面，而表现于人们对于价值观的选择上，以及在这种价值观作用下所做出的种种取舍。每年有很多的宗教节日，人们自觉自愿地放下手中的活，去寺庙接受活佛的各种法事安排，摸顶、讲经、晒佛、超度……通过这种方式，寻求最大的心理慰藉和社会平衡。藏区社会是一个寺庙与社会的双元结构，彼此依存，相互牵引又相互促进。寺庙在哪里，人们就跟到哪里，因为那里有神灵护佑；同样，人们在哪

---

① 若尔盖县地方志编纂委员会编《若尔盖县志（1989—2005）》，九州出版社，2011，第628页。

里，寺庙也就跟到哪里，那是它存在的基础和依托。藏区民主改革后，社会主义文化的进入，从某种程度上削减了这种历史惯性，但是事实上宗教力量依然在起着核心的文化导向作用。牧民定居房的修建中，人们经常求神问卦，在民间大家依然心照不宣地按照约定俗成的规矩在办。定居后，人们的房间里、堂屋内、经堂上依然供奉着各路菩萨和大活佛的像。这样，从社会宏观的文化氛围到家庭文化元素的结构，都出现了多种文化交汇但是又不融合的奇观。电视里宣传的社会主义文化与经堂上供奉的宗教文化交相辉映，同时还有商业文化、学校文化、汉区文化的交汇碰撞，使定居呈现出一种复合文化的发展态势。

第四章 定居的内核问题之一
——草地家庭

关于家庭的分类主要从家庭经济结构、人员文化素质及人员构成、人员之间的关系、人员的社会关系及社会地位、外来户或原住民等来考察。下面是邛西镇热多村的分类调查。

阿洛夫妇育有一个儿子阿花，娶了本村姑娘阿玛，育有 2 子 2 女，其中长女是先天性脑瘫，现年已经 18 岁，一直卧床不起，24 小时需要人照顾。阿洛年轻主持牧场的时候，是阿花夫妇为主照顾其长女。后来因为阿洛夫妇已经年近古稀，不能深入牧区，便退下来在定居点照顾病人。尽管他们辛辛苦苦地保持有 150 头牛的家产，但是脑瘫病人的常年治疗花费，使他们心力交瘁。脑瘫病人只知道吃喝拉撒睡，需要强有力的护理，以前是年轻的阿花夫妇照顾，但是现在全部落到了阿洛一个人肩上，因为阿花夫妇另外三个孩子除了两个在上学外，还有一个 6 岁的小女孩需要看护，大量的家务和生产事务需要老伴照顾和料理。尽管这也是一个大家庭，但是这个家庭的基础是相当脆弱的。他们成天祈祷的是家庭平安人畜两旺。一旦家庭成员中再有不测，这个家就要垮掉。这些年来，为了给脑瘫孩子治病，花光了积蓄，去过青海甘肃和成都的医院，"检查费用高昂，又不能报销，走一转就要花掉三万多，每年家庭收入也差不多就这点钱"。为了更好地照顾好病中孙女，阿洛为她自制了坐便器。脑瘫病人长期不活动，积食或便秘的时候经常有，他就打破藏族传统习俗，主动使用开塞露。他们每天的生活很简单，早上就是清茶就着糌粑。为了节省，自己买了青稞，去较远的水磨房加工，那里有个叫阿萨的人，有时帮助他。老人全素食，不知道因为看到瘫痪病人便秘的难受产生的同感还是家庭经济所迫而致。为了给年龄小的孙子补充必要的蛋白质和脂肪，他们会自己省下而专门给孙子们吃肉。长期在草原劳作，风餐露宿，老人身体很不好，患上了大骨节病、类风湿、胸膜炎和严重的胃肠消化道疾病，但是他很少因为这些去破费。只是2013年他实在扛不住了，倒下了，才让儿子把他送进了州府所在地的医院住院十四天，花费近两万元。长期以来他都以藏人惊人的忍耐力默默忍受这一切。家里有去痛片，有时实在不行就吃点。他告诉我，这个定居房是他23年前自己修建的，后来政府补贴了一点钱翻新过。他并不宽敞的客厅里，有几件对他来说很重要的东西，一是脑瘫病人的床，那是他难以割断的亲情。二是转经筒，天天在劳累和病痛折磨中，他就转动经筒，念动六字真言，一切魔祟就随之驱散。三是正堂高挂着的铁皮制的毛泽东的灰色中山装的全身像，它的背面印着"中国共产党第九次全国代表大会纪念，1969年"字样。这张像回放着阿洛的母亲作为县人大代表的光荣往事。这是他的母亲在县上开会听了中央精神的传达后，带回家中的。这幅像象征着这个家庭光荣和幸福的历史，这张像始终高高悬挂在客厅正中。看到它，他就焕发出母亲年轻时候的意气风发，翻身得解放那种喜悦。四是壁柜上从小到大一字排开的六个铝质茶壶。他说这些都是烧坏的。我问他烧坏后放在那里干啥？他说前面两个是母亲买的，后来因为用电炉不慎烧坏了。后面四个稍大点的是自己买的，同样在电炉上烧坏了。他都舍不得丢掉。他很怀念母亲，一个翻身女农奴，带着超过祖祖辈辈的幸福感，很活跃、很虔诚地在这个草原上走过了一生。提起这些，他黝黑而干瘪的脸膛泛起了红光，他的眼睛放射着感人的光芒。客厅里也有一个21英寸的直角平面长虹牌彩电，当病人不再闹腾时，他也静下来看看青海台和红原有线台的藏语节目，除了新闻，主要爱看过去传统的老片子，有《地道战》《地雷战》《铁道游击队》等那种打仗的。其余很少看，没兴趣也看不懂。社会交往上，他有兄弟姐妹，住在较远的地方，他们有时也来串门看看他，带点水果和肉类，他也回赠他们一点礼物，如酥油之类。

阿洛没有文化，家庭主要成员也基本没有文化，尽管自己有财产支配权，但经济来源主要靠传统游牧业，没有社会地位，也没有更加强大的社会宗教关系。而自己长期受高原恶劣自然条件摧残，不仅自身健康不好，而且家庭成员有长期瘫痪在床的病人，受到疾病困扰而致贫，自己又无力改变现状。这样的家庭我们称为"贫困型"家庭。（见表4-1）

表 4 – 1　贫困型

户主	阿洛	年龄	71	民族	藏	职业	牧民	文化	文盲
其他家庭成员（7 人）									
姓名	性别	与户主关系		年龄	职业	文化	单位	联系方式	
阿刚	女	妻		76	牧民	文盲	无	无	
阿花	男	长子		39	牧民	文盲	无	无	
阿玛	女	儿媳		36	牧民	文盲	无	无	
阿青	女	长孙女		18	脑瘫长期卧床				
阿呷	男	长孙		13	学生	安曲中心小学			
阿莫	男	次孙		11	学生	同上			
阿修	女	次孙女		6	在家				
家庭财产									
牛 150 头		马 2 匹		电动车 1 辆		住房 60 平方米			
1969 年中共九大毛泽东灰中山装铁皮像 1 个，电炉烧坏的铝质茶壶 6 个，瓷汤碗 50 个左右，冰箱 1 个，21 英寸直角平面彩电 1 台，衣柜、橱柜若干，转经筒 1 个，烧牛粪									

　　阿白是我走访的第二户人家。他今年 65 岁，家有 6 口人。老伴阿姆，51 岁。他总共有四个儿子。老大在西藏工作，不用操心。老二、老四不听话，不上学，不务正业，也没少挨过打骂，但不见效，分家后失去约束大吃大喝，很快把家产搞光了，现在已成家有后代，自己在外面四处打工度日。老三听话，跟媳妇在牧场经营 90 多头牦牛，他们跟老三阿伦和媳妇阿吉一起过日子。阿伦今年 35 岁，阿吉 33 岁，育有两个女儿，大的叫阿真，12 岁，在红原小学上二年级。小的叫阿拉，4 岁，尚未启蒙，在牧场跟大人放牛。阿白身体不太好，胃肠消化道疾病多年，大骨节病，浑身肿，经常失眠，到马尔康、红原、若尔盖等地都问医求药，花了三四万块钱，均不见效，门诊又不能报销，生活负担沉重。

　　他现在的生活很简单，就是平时看看电视，也是青海台的藏语节目，有时在村里的街上，串串门。很少到 20 公里外的县城去，因为腿脚不方便。年轻时骑自行车，现在骑不了。他跟阿洛一样，不嗜烟酒，但是要吃点肉。

阿白小时在阿姆乡小学念过三四年书，内地派来的老师中有个姓陈女老师，很好，他很爱听她讲课，后来听不太懂，就跟大家一起调皮，十五岁那年，父母双亡，从此辍学。现在很后悔，希望后代能够好好读书，他愿意倾其所有给以支持。与阿洛家一样，阿白家里的壁柜上，也高高地安放着毛泽东的铁皮像，那是根据20世纪30年代毛泽东在延安着补丁裤讲课的照片印制的。他不停地诉说他对毛主席的感情，他怀念"大家都平均平等"的时代。

阿白有财产支配权，把财产分给了各个子女，让其自主经营、自负盈亏，自己与一个最喜爱的子女共同生活，同时鼓励后代上学，走知识改变命运的道路。自己文化程度不高，但有文化意识，在思想深处，有自己的主见，怀念毛泽东时代的平均主义生产生活模式，以及藏区习惯的个人崇拜模式。这种家庭我们称为"个性型"家庭。

表 4-2　个性型

户主	阿白	年龄	65	民族	藏族	职业	牧民	文化	浅识字
其他家庭成员（5人）									
姓名	性别	与户主关系	年龄	职业	文化	单位		联系方式	
阿姆	女	妻	51	牧民	文盲			无	
阿伦	男	三子	35	牧民	文盲			无	
阿吉	女	儿媳	33	牧民	文盲			无	
阿真	女	长孙女	12			红原小学			
阿拉	女	次孙女	4			在家待上学			
其他亲戚：一个哥哥、两个姐姐在红原，有往来									
家庭财产									
存款			2万多						
牦牛90多头		马1匹		羊20只		住房74平方米			
1969年印制毛泽东延安讲话铁皮像1个，瓷汤碗70个左右，冰箱1个，21英寸直角平面彩电1台，衣柜、橱柜若干，转经筒1个									

阿华家是我走访的第三家。她35岁，带着未满周岁的儿子跟她75岁的母亲阿秋在家。阿华告诉我们，丈夫阿科是户主，当时不在家，家里现在有70多头牛。其婆婆阿秋共有七个儿女，老伴去世多年，其他姊妹也不在人世

了。阿华的丈夫阿科排行第五，阿秋就跟阿科过。阿华与阿科共生育三个孩子，大的儿子阿扎 15 岁，出家为僧。老二阿尼是个女儿，14 岁，在 H 县中学上初中，现在假期到牧场跟父亲放牧。小儿子阿丹 6 个月。

阿华现在除了带小孩和照顾婆婆，也没有做其他事。近期最大的事就是在阿丹满周岁的时候，打算给他好好地过一下生日。准备花万把块钱，把亲朋好友都请来庆祝。等孩子大点自己再做点生意。阿华看上去像汉族，肤色白皙，说话也很文静，给阿丹穿得像个城市娃娃，一身全棉线的衣服，开裆裤，白白胖胖。她说母乳不够，给他吃牛奶，这里的牛奶是很好很便宜的。

阿科有个哥哥，其女儿阿初，21 岁，在上西北民族大学藏语文专业，放假正好回家，她告诉我，她是 2012 年考入大学的。当时她所在的中学有 22 个人考上大学，跟她一同考上这所大学的就有 17 人。在家中她是老大，还有两个妹妹一个弟弟，现在正在辅导他们功课。她上大学每学期学费要花 7000 多元，住宿费 800 元，生活费 1000 多，父亲支持学习，都按时给她打到卡上。她毕业后想回到家乡来做点生意。令笔者不解的是，她与阿华（即她的婶婶）互称姐妹。

这像是一个卫星家庭，成员各司其职，家庭有一个主要成员，这个主要成员从事牧业生产，但经济收入很大的部分投在后代的教育培养上，希望通过后代的学习提升来改变家庭和个人的命运。这种模式运行的结果是，家庭后代中大部分进入国民教育中，用知识来改变传统牧业生产的代际延续，推动家庭不断向知识化、现代化、一体化转型，我们将其称为"代际更新型"家庭。

表 4-3 代际更新型

户主	阿科	年龄	38	民族	藏	职业	牧民	文化	文盲
其他家庭成员（7人）									
姓名	性别	与户主关系	年龄	职业	文化	单位		联系方式	
阿华	女	妻	35	牧民	文盲	无		无	
阿秋	女	母亲	75	牧民	文盲	无		无	
阿尼	女	女儿	14	学生	初中	红原中学		无	
阿扎	男	儿子	15			寺庙僧侣			

续表

阿丹	男	儿子	半岁			
其他亲戚						
阿荣	女	七妹	31	无业	文盲	家庭主妇
阿初	女	侄女（阿科哥女儿）	21			西北民族大学学生
家庭财产						
牛	70 多头	摩托 1 辆				

21 吋直角平面彩电 1 个，瓷汤碗 60 只左右，木质橱柜、壁柜若干，热水瓶 3 个，高压锅 1 个，大茶锅 1 个，茶壶 1 个，转经筒 1 个（另外还有两套住房）

H 县 Q 镇热坤村

热坤村全村 226 户 839 人，平时一半在牧区。很多人举家进入牧区，一般有四个月以上的空房期，空房由亲戚朋友代看，有些是老人和小孩子留守家中。

2005 年前全村有党员 7 人，阿波任书记以来发展了 8 名，现有党员 15 人。全村 32 块牧场被分割成 5 块，不能集中管理。通知开会也不是很方便，得提前 10 天以上，口信带到，得给带口信的人一点报酬。民生工程实行以来，治安案件很少。国家给村支书、村主任、会计等"大三员"每月分别补助 1200 元、1100 元、980 元；给民兵连长、团支书、妇女干部等"小三员"每月分别补助 400 元。阿波已经连任三届，据说三届后可以享受公务员待遇。村上已经建立了活动中心，牧民回来开会就在这里。有时搞民兵训练，每天补助 50 元，牧区青年都愿意回来参加这个有刺激的活动。这里的人们基本上不吸烟不饮酒，不赌博。附近有个寺庙叫"热坤寺"平时 40 多人。村里环境干净，没有乱扔垃圾现象，有卫生联户轮流打扫。

阿波，50 岁，村支书，两个儿子，一个放牧，一个打工。家中有个 87 岁的老母亲。他家有 8 口人。以他为中心，组成了一个联系紧密的家庭。他将财产的经营权交给次子，次子和媳妇在牧场经营 180 多头牛，长子在外面务工挣钱，他自己和妻子在家照顾 87 岁的老母亲。阿波称其祖父大概是一个部落的头面人物，在新中国成立后不久，还保存着一枚印章，因后来怕查，就把印章销毁了。有人说，这枚印章就是土司的官印，他后悔毁掉。阿波不嗜烟酒，有着很好的生活习惯。他6岁在帐篷小学启蒙，藏文老师是仁青，汉文老师是拉麻。因家里困难，就只读了两年小学。

　　阿波正值壮年，有很大的事业空间和一定社会地位，其本人完全可以凭借这些优势搞些发家致富的事情，但他却选择了全身心从事村支部书记这项公益事业，每月工作收入不过1200元，还赡养着年近九旬的老母亲。把牧业生产的事情交给儿子媳妇去做。而他本人事实上在家中起着主宰主导的作用。这种家庭成员的结构和分工可以看作政府机构在基层的延伸或扎根。其基本特征是：家庭一切按政府安排运行，家中有一个主宰者，主宰者就是政府的积极拥护者。这种家庭我们称为"正统主导型"家庭。

表4-4　正统主导型

户主	阿波	年龄	50	民族	藏	职业	牧民	文化	初识字
其他家庭成员（7人）									
姓名	性别	与户主关系	年龄	职业	文化	单位		联系方式	
	女	母亲	87	牧民	文盲	无		无	
	女	妻	47	牧民	文盲	无		无	
	女	女儿	31	牧民	文盲	出嫁		无	
	男	儿子	29	牧民	文盲	打工		无	
	男	次子	21	放牧					
	女	次媳妇	20	放牧					
	男	孙	两个月	在牧场					
家庭财产									
自住房屋200平米									
牦牛180多头，房屋200平方米，设施齐全									

　　阿泽一家共有7口人。他是家庭财产的支配者，将财产的经营权灵活地分配给儿子儿媳去经营，自己也参与经营。儿子儿媳最先是继承了传统的牧业生产，后来随着旅游业的兴起，看准机遇，果断转产，将资本全部投入第三产业中。在城里兴建宾馆，将这项自己不熟悉的业务转包给内地懂管理的人去经营，每年坐收丰厚的租金。但是不以这个为唯一收入来源，而是扩大再生产，将余钱投入砂石厂，实现资本的再次增值。户主也不闲着，而是将自己几百平方米的定居房改造完善，使之成为牧家乐，接

待八方游客，使家庭财产增值实现更大化。当然他们赚到的钱，很大部分投入后代培养上。孙辈全部上学接受完全的小学、初中、高中教育。阿泽家庭是一个典型的现代市场化家庭。全家有限的可用人力，几乎全部参与市场经济事务。这种家庭我们称为"市场主导型"家庭。

表 4 - 5　市场主导型

户主	阿泽	年龄	60	民族	藏族	职业	牧民	文化	略识汉字
其他家庭成员（6 人）									
姓名	性别	与户主关系	年龄	职业	文化	单位		联系方式	
阿娜	女	妻	55	牧民	文盲				
阿西	男	儿子	38	牧民	文盲	红云宾馆法人， 并合营砂石厂			
阿金	女	儿媳妇	37	牧民	文盲				
阿登	男	长孙	17			红原高中			
阿吉	男	次孙	15			红原初中			
阿措	女	孙女	13			红原小学			
家庭财产									
自住房屋 260 平方米		宾馆 1 座		牧家乐 14 个铺位		合营砂石厂 1 处			

1. 整座房屋 2008 年开始修建，国家安居工程资助 8000 元，同时国家拨给 1.3 万元的装修款，自己投入 7 万多元，建设 260 平方米住房，自住同时兼营牧家乐，装修考究，设施现代，未见烧牛粪。家电齐全。2. 县城宾馆一座，产权归阿西，承包给内地商人，有单间 10 间，标间 17 间，年租金 20 万（2013 年）。3. 与亲朋合营砂石厂一处，年分款 20 万元以上。2008 年卖掉全部牛 250 余头，转产搞旅游业和建材业

　　阿尕年龄不算太大，但由于长期的操劳，显得有些衰老赢弱。他不像其他牧户那样，等到孩子们大了就分家。他讲究大而全，更喜欢一个其乐融融的大家庭。这样的家庭个性鲜明，人性张扬。他不善于强制每个人必须做什么，但他会为每个人的选择提供参考和条件。长子、次子都从事牧业，长女聪明好学，青海师范大学英语专业毕业后组建了自己美好的家庭，在成都附近发展，从事白领和自主经营的事业。次女个性淡泊，追求彼岸理想，早年出家瓦切寺削发为尼，但与家庭很亲切，不时回家参与幸福生活。这个家庭最为重要的变化在第三代。四个孙子中，除了一个尚在褓褓中，其余都在学校上学。小的在当地小学，长孙和次孙都在内地上高中、中专，个个聪明好学，能说会道。像阿尕家庭这种一人主持，各司其

职，各取所好的家庭，人人选择自己喜欢的职业，整个家庭既有民族传统的文化因子，也有向现代家庭转型的明显趋势，对转型时期的社会充满着融入和配合，更充满着温馨、民主、自由、向上的气氛，总体上看这个家庭步入了一个良性循环。尽管阿尕本人没有文化，但是后代大多接受文化教育，包括传统文化教育，随着这代人的兴起，整个家庭转向一个文化型家庭。这种家庭我们称为"文化主导型"家庭。

表 4－6　文化主导型

户主	阿尕	年龄	68	民族	藏族	职业	牧民	文化	文盲
其他家庭成员（14 人）									
姓名	性别	与户主关系	年龄	职业	文化	单位		联系方式	
阿树	女	妻	62	牧民	文盲	无		无	
阿能	男	长子	39	牧民	文盲	经营自己牧场		无	
阿康	女	长媳	35	牧民	文盲	经营自己牧场		无	
阿更	男	长孙	18	学生	中专	成都石化工业学校汽修班二年级		无	
阿觉	男	次孙	17	学生	高中	绵阳安县高二学生		无	
阿登	女	长孙女	9	学生	小学	红原城关二小一年级		无	
阿穆	男	次子	35	牧民	文盲	经营自己牧场		无	
阿美	女	次媳	33	牧民	文盲	经营自己牧场		无	
阿夏	男	第三孙（阿穆长子）	2 岁					无	
阿根	男	第四孙（阿穆次子）	1 岁					无	
阿梅	女	长女	33	白领	大学	成都玉妥藏药集团		无	
阿玛	男	长女婿	35	老板	初中	成都双流开饭馆		无	
阿荣	男	外孙（阿梅长子）	6 个月					无	
阿木	女	次女	29	觉姆	小学	瓦切寺入寺 14 年		无	

续表

家庭财产	
自住房屋 260 平方米	牧家乐 14 个铺位

1. 整座房屋 2009 年开始修建，国家投入 2 万多元，自己投入 6 万余元，建成自居房；2. 兼营牧家乐，有铺位 14 个，50 元位/天

阿卓家庭深居麦洼牧场，他自己是村支书。尽管每月只有 1200 元的工资收入，身份还是牧民，但是与一般牧民相比较，他有很大的不同。第一，尽管不是国家公务人员，但他管理着一个村，成百上千的民众需要他去组织和发动。第二，他是一个有一定文化基础的人，小时候在麦洼小学上学，还记得启蒙的罗老师是内地人。他少年、青年时期都在较为正规的教育中度过，18～23 岁在成都附近服役，他比一般的牧民和村干部有见识、有头脑。他们夫妇育有两子两女。长子早亡，留下两女一子。两女很上进，一女大学刚毕业、另一女刚考上大学。次子年方而立，与媳妇继承传统畜牧业，常年在牧场放牧，育有两男一女，长子上中学，长女上小学，次子适龄前。这个家庭确乎与一般家庭有很大不同。阿卓凭自己训练有素的文化基础和社会阅历这种基本功，组建家庭，指导后代，在家中起着决定性作用。同时，这种知识力和组织力具有超越家庭而向村落扩大的能力。他担任村支部书记，视村为家，家庭与村庄一体，家治与村治同进，以大带小，以小见大。这种家庭我们称为"家村一体型"家庭。

表 4 - 7　家村一体型

户主	阿卓	年龄	61	民族	藏族	职业	牧民	文化	初小

其他家庭成员（8 人）

姓名	性别	与户主关系	年龄	职业	文化	单位	联系方式
阿本	女	妻	59	牧民	文盲	无（腿残疾）	无
阿降	男	次子	31	牧民	小学	经营自己牧场	无
阿云	女	次儿媳	23	牧民	文盲		无
阿嘎	女	长女	21	学生	大学	2014 年 6 月阿坝师专毕业，待工作	无

续表

阿翁	女	次女	17	学生	大学	2014 年考上大学	无
阿多	男	长孙	15	学生	初中	红原藏文中学初二	无
阿珍	女	次孙女	8	学生	小学	麦洼小学一年级	无
阿悉	男	次孙	5	适龄前			无
家庭财产							
自住房屋 180 平方米				牦牛 100 多头			
整座房屋 2005 年前修建，国家投入 3 万多元，自己投入 2 万余元，建成自居房							

阿格家庭共有 5 口人，他自己当村委会主任，妻子在餐馆打工，共有三个孩子，长子和次子分别在上中专、小学。阿格自小学过四年藏文，启蒙老师邱巴是当地藏族文人。阿格是一个内敛的人，他有藏文化背景，熟悉草地藏人生产生活，又能贯彻到工作中。他与支部书记卓玛甲配合很好，很多时候，卓玛甲出主意，他负责宣传实施。二人共同执掌村治。由于早年草地生活生产的艰苦，他患上了较为严重的类风湿，严重地制约了他的发展。为此他跑了很多地方求医问药，花费甚大，但成效不大。与一般牧民不同的是，他没有牲畜，不从事牧业，主要靠妻子打工和自己做点小生意，不然每月村主任的 1100 元收入是不够三个孩子开支的。目前多年的病痛、幼小的孩子和微薄的收入使他备感压力。但是跟很多草原人一样，他具有很强的忍耐力和坚定的信念。对于当村主任还是满怀信心的。他喜欢跟卓玛甲搭档，因为这个搭档宽厚、多谋、热心，值得信赖。像阿格这样有一定社会关系和社会地位，有一定号召力，懂本民族文化，但又完全抛弃传统产业，不顾生活压力，将自己精力投入社会事业中的人，在藏区为数不多。其实他可以将自己掌握的藏文知识用于宗教文化，或许得到的报酬会更高，但他没有选择这种投资。像这样存在于牧区的家庭，没有传统牧业经济成分，意味着没有稳定的收入来源，担负着几个孩子上学的重担，在当地是不可思议的。这样的家庭留恋自己民族文化，送孩子上藏文学校，但又对传统游牧业经济充满了疑虑。他太懂得过去的沉重，对未来寄托了无限希望，全力以赴力图改变家庭命运，家庭处于一个过渡转

折时期。这种家庭我们称为"过渡型"家庭。

表 4-8　过渡型

户主	阿格	年龄	47	民族	藏族	职业	牧民	文化	通藏文
其他家庭成员（4 人）									
姓名	性别	与户主关系		年龄	职业	文化	单位		联系方式
阿扎	女	妻		37	牧民	文盲			无
阿日	男	长子		15	学生	中专	青海私立学校		无
阿拉	男	次子		12	学生	小学	红原希望小学		无
阿四	男	三子		1					
家庭财产									
自住房屋 180 平方米									
1. 整座房屋 2005 年前修建，国家安置房。2. 摩托车 1 部									

　　阿梁的家庭是一个回族家庭，而自己又是藏族聚居区的村委会主任。这里地处甘肃与四川藏区交界处，是一个汉藏回等多民族融合的区域。回族有经商的传统，也比较重视教育。在藏区做一个基层政权的代言人，必须有一定的把握基层社会的能力和一定的民众基础，而且这种能力还被当地社会充分认可并转化为威信。阿梁基本上具备了这个条件。他的家庭具有回族擅长做生意的特点。他妻子 40 岁，开了一个小商店，成为当地购物、交流的聚集点。在广大牧区，小商店的作用或功能往往不限于商业贸易，而是发散的、多面的。经济、社会、政治、文化、民风民俗、舆情等信息都可能通过这个小小商店连接和汇总。阿梁的精明也通过经营他的小卖部业务展现出来。他有三个孩子，长子 20 岁在成都读大专，每年学费、生活费等要花两万多元，长女 17 岁，"9 + 3"毕业，但没有到当地规定的工作年龄，不能参加地方组织的事业单位相关岗位招收考试，只能在家待业。次女残疾，在汶川残校上学，学费、住宿费全免，有生活补贴。阿梁的适应能力很大程度通过他善于学习，善于适应表现出来。他自己文化不高，但是配偶是初中毕业，文化水准比他高，这样可以弥补他的不足，对后代起到较好的影响。家居牧区，却没有牛羊，建设好一个具有一定文化基础的家庭，可以比当地一般家庭获得更多的发展机会。从这一点看，阿梁是很明智的。藏区的游牧是长期形成的一种生产习惯，同时也是一种生

活习惯，他们内部的草场是约定俗成的。对于进入较晚的"外来户"，他
不可能具备这种游牧业的基础。这是阿梁家庭非常清楚的。而占据一个社
会网点，就能很快立足并得到社会认可。商品零售这种职业是牧区很需要
但又很少有人能够经营的。不仅阿梁，就是在其他类似的回族家庭，我们
也能看到基本上大都选择经商的情形。但他们与阿梁不同的是，他们并不
是都能够跻身社会基层政权，并得到社会民众认可。尽管我们关注的是藏
区藏族牧民定居的情形，但是阿梁家庭这种情形给我们一种典型的启示，
那就是作为藏区"外来户"的融入或与本地经济文化社会一体化进程中，
几个关键关系的处理是十分重要的。一是处理好不同的信仰间的关系问
题。一般地作为全民信教区，不同信仰是社会分群的界限。而在基层社会
生活中，不同信仰并不影响人群交往。他们更多关心的是油盐柴米等生活
常事。阿梁很懂得这个基本问题。他从这里进入社会，就避开了信仰不同
的尴尬。二是处理好原住民与外来户的关系问题。一般地，外来户与原住
民争夺的焦点在于稀缺资源上，如土地、草场、矿藏、水源……乃至信仰
或图腾敏感的自然界产物，如鱼等问题。从阿梁的发展模式来看，似乎都
得到了很好的处理。从产业上看，他从事的是第三产业，不会与第一、二
产业直接产生利害冲突。生活方面，各自尊重保持自己的特色，也不会产
生信仰方面的禁忌冲突。三是执政与管理对象的群体文化差异问题。如果
让汉族去管理藏族群体，有一定的历史渊源，当地似乎视为可以接受，而
其他民族外来户执掌基层政权，天天要与大家打交道，这就得克服认同问
题。阿梁通过支部、通过姻亲、通过他的商业服务与大家走近，在基层民
众面前他抹去了异族和外来户的装扮，以自己人和政府代言人的身份出
现，这样，一个骨子里的伊斯兰教徒，同样可以面对释迦牟尼的弟子们解
释世俗政策——一句话，大家走的是"中庸之道"——放弃自我，寻求大
同。像阿梁这种家庭，在藏族牧区不是少数，尤其是在牧区的交通干线两
侧、聚落和集镇，这似乎是一种家庭的存在和发展模式。这种家庭存在的
历史应该是随着商业出现而出现的，在藏区，至少从茶马古道开始，就已
经开始萌芽。他们从外面来，直接通过发展当地人不在乎或不会做的产
业，通过做产业，奠定社会基础和人员关系网络。我们将这种家庭概括为
"兼容型"家庭。

表 4 - 9　兼容型

户主	阿梁	年龄	50	民族	回族	职业	牧民	文化	小学
其他家庭成员（4人）									
姓名	性别	与户主关系	年龄	职业	文化	单位		联系方式	
×××	女	妻	40	经商	初中	无		无	
×××	男	长子	20	学生	大专	成都现代职业学校		无	
×××	女	长女	17	学生	大专	广元幼师毕业，年龄未满18岁，不能报名9＋3入职考试，在家待业		无	
×××	女	次女	16	学生	中学	汶川残校		无	
家庭财产									
	住房			70平方米，2009年定居后修建					

　　阿哈八九岁上红星小学。他所在的村子大多数人对政府政策的实施很关心。这很能说明问题，"定居行动计划"、"帐篷新生活行动计划"、下拨资金的安排使用和"9＋3"的社会效果关系千家万户。据他自己称2010年参加定居工程，得到大约1.7万元的政府补贴，自己投入8万元，从信用社贷款3万元。因为住房建设后配套家具和生活设施投入很大，负担空前加重。孩子读书要花费很多，现在还款期限到了，信用社催款，并且告知，如果不能按时还款就要诉诸法律。为此不能还款的牧民有意见。对于省级下拨的产业发展资金每户7000～9000元，但是一分钱没有发给牧民，据说要统一安排，为什么要由县上统一安排呢？县上是怎么安排的呢？这是大家都很关心的问题。"帐篷新生活行动计划"发放给牧民的电视机等九大件，有的人有，而有的人没有，比如电视机本村大约只有50%的牧户拿到了，其余50%牧户有意见，为什么不每户都配送？"9＋3"学员本村一下回来了十几个，几乎全部是毕业就失业，回来的不熟悉牧业生产，在家没事干，有的只能出去打工养活自己和家庭，本村的"9＋3"学员阿多、沙木、呷嘎、泽巴吉、丹增白玛、郎加丹增等，都是这种情况，他当村支书解决不了这些问题。他问，这样的结果给牧民带来的实惠在哪里呢？阿哈认为，定居房建设有一定的作用，但是从投入与当前的效果比较

看，有些得不偿失。折勿村是一个有1100人的村，但是常年住在定居点的只有300~400人，其余人每年十一月份回来，次年的1~2月份就得到牧场上去，在定居点的时间一般也就三个月左右。平时定居点的空房大约有1/3左右。投入了这么多钱，又没有充分使用，很是可惜。阿哈自己有牦牛30多头，有羊200多只，近两年出栏率在10%左右，羊大约能够卖到1000元/只。家里有两个学生，收入也都花在孩子读书上面。阿哈自己的生存发展没有什么问题，但是他更关心政策的执行情况和全村的共同发展等实际问题。在藏区，这样超脱自我而把精力放在政策的公平、公正和全村发展上的村干部不多。这样的村干部，更多能够反映基层的真实情况，而且能够把握民心和社情舆论。我们将这种家庭归为"政策导向型"家庭。

表4-10　政策导向型

户主	阿哈	年龄	51	民族	藏	职业	牧民	文化	小学
其他家庭成员（7人）									
姓名	性别	与户主关系	年龄	职业	文化		单位		联系方式
××	女	妻	51	牧民	文盲				
×××	男	长子	30	牧民	小学		无		
×××	女	儿媳	30	牧民	文盲				
×××	男	长孙	7	学生	小学		红星小学		
×××	男	次子	27	公务员			甘肃省乡村公务员		
×××	女	次儿媳	27				无业，随丈夫生活		
××	女	女儿	17	高中			县中学		
家庭财产									
存款	2万多元								
牦牛30多头	羊200多只								
定居房150平方米，羊出栏10~20只/年，每只1000元									

　　阿福具有初中文化，妻子中专毕业，在当小学教师。儿子在成都双流现代职业技术学校读书。他家里没有牛羊，主要就是靠妻子的工资和他的一个小卖部的收入为生。从家庭文化结构上看，相对于其他牧民家庭而言，这是一个文化型家庭，大家都知书达理。阿福最大的负担就是孩子上

学的事。他这两年每年都要支付学杂费、生活费等 3 万多元，这对于他而言，是一个不轻的负担，但是他还是愿意为之付出。他希望孩子今后有文化、有技术，成为家里的依靠。阿福的注意力主要在于教育上，不知道是不是他家庭的关系，他始终关心全村的孩子上学的事情。哪家孩子在哪里上学，哪家孩子没有上学，他了如指掌。2014 年"9 + 3"的学生回到村里有六个，他都见了。他认为这些孩子出去学习的目的就是就业，但是没有就业，可能是考试机制的原因。他认为牧区的孩子出去后，普遍比较胆小，特别是面试的时候，没有考好，很多学生就是失败在这里。现在回到村里，几年没有从事牧业生产，现在也不熟悉了，搞放牧也不行，在家里待着，长期下去肯定不行。他想村上能不能办一些牧家乐，吸引游客搞旅游，但是要投资。现在大家都刚修完住房，尚欠农村信用社几万元，并且也没有能力及时还清。加之孩子们这几年都在外面读书，家里也花了不少钱，一直处于透支状态，这样更没有钱来投入到其他方面了。阿福的家庭基本上脱离了农牧业的影响，已经转变为一个准城镇型的家庭。

表 4 – 11　准城镇型

户主	阿福	年龄	50	民族	藏	职业	牧民	文化	初中
其他家庭成员（2 人）									

姓名	性别	与户主关系	年龄	职业	文化	联系方式			
××	女	妻	41			小学老师			
××	男	儿子	19			双流现代职业技术学校			

2009 年参加定居工程，修建住房，贷款 3 万元，自己投入 7 万多元

　　多玛村处于 Y 乡政府所在地附近。这里处于交通线上，历经红军政权、民主改革和社会主义建设各个阶段的影响，当地群众对内地情况和政府政策了解较多，相对于政府而言具有一定的行政基础和群众工作基础。如这个乡的多玛村共有 378 户 1788 人 21 个联牧组。有共产党员 29 名，其中女党员 3 名，预备党员 5 名；僧侣 53 名。阿塔是这个村子的妇女主任。

　　阿塔 47 岁，有父母儿女。父亲今年 81 岁，是本村老村长，已经退休，自学文化相当于小学毕业。母亲 80 岁，享受"三老干部补贴"，每月能拿到千元出头。大女儿大女婿均为大专毕业，在 T 镇做公务员，育有一个三岁多的儿子。二女儿高中毕业，与一个小学文化的牧民结婚，自谋职业，

图4-1 阿塔一家与大约三十年前的初中老师邢××合影

育有一个两岁多的儿子。最小的儿子，泸州警校毕业后在成都打工。用阿塔自己的话说，除了二女婿外，他们全都是中共党员。

Y乡在民主改革后，进驻了南下干部，政府很重视这里的发展。很快办起了学校医院。一些内地高校的毕业生也进入到这里教书和从医。这种环境使该村几乎全部村民都享受了教育和医疗待遇。阿塔从五六岁开始便在Y乡中心小学上学。教过他的老师他至今如数家珍：内地进入的专职教师有邢××、贾××、蒋××、华××等。这些老师不仅当时给了他们很好的教育和影响，而且一些人至今还保持着联系。前两年邢××和贾××还专门到阿塔家中去做客。其中很特别的也是大家印象很深刻的当属邢××了。不止一个人回忆起三四十年前的邢老师：漂亮、温柔、爱学生、书教得好，深受大家喜欢。其本人大学毕业，受过良好的教育，父亲也是南下干部，一起到了草地牧区工作。阿塔对于过去的教育念念不忘，说那时除了文化课外，还有文娱活动课、体育课等，丰富多彩，领导重视，老师敬业，学生投入，是非观念很强，很少出现打架骂人现象。乡村上的老书记都很能干，威望很高，深受大家尊敬。乡村干部也很能约束自己，以身作则，受到拥护。1982年阿塔以优异的成绩初中毕业，被马尔康师范学校录取，但是因为家里缺劳动力，没有能够入学。那张决定他人生轨迹的录取通知书被她保存至今。阿塔的住房很宽敞，一个独立的院子里，有一楼一底的建筑200多平方米。这房本来是以前有的，后来搞定居工程，又进行了翻修和扩建，就有了现在这个样子。定居房修建贷款大约5万元，自己贴了4万多元。因为地处交通要道，自己开起了一个小卖部，能够赚一

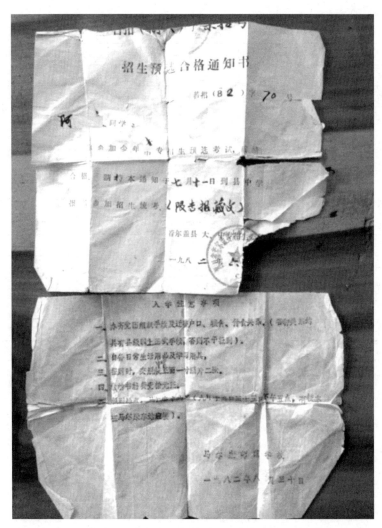

图4-2 阿塔考上马尔康师范学校的预选合格证和报到通知书

点。目前觉得还清贷款基本上没有压力。阿塔这种家庭其实已经是内地社会的家庭结构，在市场化进程中，充分融入市场经济中，基本上脱离了草地经济特征；同时，长期持续的教育，使他的家庭不断受到政府政治因素影响，逐步淡化了当地乡土牧民特征和民族特征，至少在表象上已经很难看到草地和牧民应该具备的基本特征了。这种家庭在草地的交通中心、行政中心和贸易发达地区，具有相当数量的存在，因其基本与内地家庭特征相似且融合，我们称之为"融合型"家庭。

表 4 - 12 融合型

户主	阿塔	年龄	47	民族	藏族	职业	牧民	文化	初中毕业

其他家庭成员（10 人）

姓名	性别	与户主关系	年龄	职业	文化	联系方式	
阿本	男	父	81	村干部	相当于小学	无	
阿古	女	母	80	牧民	文盲	无	
阿噶	男	丈夫	48	牧民	初中	无	
阿让	女	长女	24	公务员	大专	无	
阿成	男	长女婿	25	公务员	大专	无	
阿迪	女	次女	20	牧民	高中	无	
阿泽	男	次女婿	21	牧民	小学	无	
阿达	男	次子	19	自谋职业	中专	无	
阿措	男	孙	3			无	
阿和	男	外孙	2			无	

2009 年参加定居工程，修建住房，贷款 3 万元，自己投入 7 万多元

第五章　定居的内核问题之二

——卫生保健与启蒙教育调查

第一节　卫生保健状况

保健与健康的问题是政府与牧民双方的事情。政府投入的力度与倾斜度决定区域卫生事业发展状况的好与坏；牧民婚恋观念的变革，又牵涉自身健康与后代茁壮成长与否。政府投入再多，牧民不愿意充分享受，比如定居房，那就失去了投入意义；而牧民有需求，政府又投入不够，势必导致民心归属的大问题出现。保健与健康，是每个民族、每个人都十分关心的大问题。但是当前草地情况并不乐观。

一　村级卫生设施建设

村级卫生设施建设对于人口稀少的草地牧区，有着十分重要的意义。这是内地难以理解的实际情况。川西北人口极其分散，村与村之间、乡与乡之间、县与县之间的距离也普遍遥远，而且受高山大河阻隔，交通十分不便。这种情况下，村级卫生设施就显得十分重要了。表 5 - 1 是四川藏区 2007~2010 年连续四年基层卫生室建设竞争的情况统计。除去泸定后的 31 个藏区县四年共计投入 4212 万元，建设 4009 个村级卫生室。平均每个卫生室投入大约 1 万元多点，平均每年投入不到 0.3 万元。将这点钱分摊到 180 万人头上去，平均每人可享受 0.00167 元的卫生费。这样的投入，能够解决什么样的问题可想而知。下面是一组川西北卫生事业发展总体情况的调查统计数据。

表 5－1 四川藏区 2007～2010 年村卫生室建设情况一览

市州名	县区	行政村数目(个)	合计			2008年国债村卫生室项目					2008年新增村国债村卫生室项目(拉动内需项目)				2007～2010高海拔村卫生室								2007年甘孜州"富民安康"村卫生室								2009年"牧民定居"村卫生室		
			资金(万元)	项目个数	建设规模(平方米)	资金(万元)	项目个数	建设规模(平方米)	现有村医生数(人)	需求村医生数(人)	资金(万元)	项目个数	建设规模(平方米)	现有村医生数(人)	资金(万元)	项目个数	建设规模(平方米)	已有设备台件数(台/(件))	需求设备台件数(台/(件))	设备已经投入资金(万元)	设备还需投入资金(万元)	现有村医生数(人)	资金(万元)	项目个数	建设规模(平方米)	已有设备台件数(台/(件))	需求设备台件数(台/(件))	设备已投入资金(万元)	设备还需投入资金(万元)	现有村医生数(人)	资金(万元)	项目个数	建设规模(平方米)
总计	32	4141	4288	**	**	480	120	**	1279	295	600	150	6000	90	**	**	**	900	9300	238	285	300	###	###	###	###	20000	100	900	###	0	300	0
阿坝州	汶川	118	56	7	350	**	**	**	168	**	**	**	**	**	56	7	350	**	**	23	**	**	**	**	**	**	**	**	**	**	**	**	**
	理县	81	39	7	250	**	**	**	81	15	**	**	**	**	39	5	250	**	**	4	**	**	**	**	**	**	**	**	**	**	**	**	**
	茂县	149	111	14	700	**	**	**	95	60	**	**	**	**	111	14	700	**	**	29	**	**	**	**	**	**	**	**	**	**	**	**	**
	松潘	142	144	32	900	**	**	**	90	70	**	**	**	**	144	18	900	**	**	30	**	**	**	**	**	**	**	**	**	**	**	**	**
	九寨沟	120	135	23	850	**	**	**	83	45	**	**	**	**	135	17	850	**	**	20	**	**	**	**	**	**	**	**	**	**	**	**	**
	金川	108	183	42	1600	**	**	**	86	25	120	30	1200	**	63	8	400	**	**	20	**	**	**	**	**	**	**	**	**	**	**	**	**
	小金	134	99	17	600	**	**	**	121	15	**	**	**	**	99	12	600	**	**	**	**	**	**	**	**	**	**	**	**	**	**	**	**
	黑水	124	79	14	500	**	**	**	124	10	**	**	**	**	79	10	500	**	**	28	**	**	**	**	**	**	**	**	**	**	**	**	**
	马尔康	104	197	47	1700	**	**	**	104	20	120	30	1200	**	77	10	500	**	**	13	**	**	**	**	**	**	**	**	**	**	**	**	**
	壤塘	60	123	38	1050	60	15	600	60	5	**	**	**	**	63	8	450	**	**	14	**	**	**	**	**	**	**	**	**	**	**	**	**
	阿坝	83	110	37	900	60	15	600	81	5	**	**	**	**	50	6	300	**	**	18	**	**	**	**	**	**	**	**	**	**	**	**	**

市州名	县区	行政村数目(个)	合计			2008年国债村卫生室项目					2008年新增国债村卫生室项目(拉动内需项目)				2007~2010高海拔村卫生室								2007年甘孜州"富民安康"村卫生室								2009年"牧民定居"村卫生室		
			资金(万元)	项目个数	建设规模(平方米)	资金(万元)	项目个数	建设规模(平方米)	现有村医数(人)	需求村医数(人)	资金(万元)	项目个数	建设规模(平方米)	现有村医数(人)	资金(万元)	项目个数	建设规模(平方米)	已有设备台件数(台/件)	需求设备台件数(台/件)	设备已经投入资金(万元)	设备还需投入资金(万元)	现有村医数(人)	资金(万元)	项目个数	建设规模(平方米)	已有设备台件数(台/件)	需求设备台件数(台/件)	设备已投入资金(万元)	设备还需投入资金(万元)	现有村医数(人)	资金(万元)	项目个数	建设规模(平方米)
阿坝州	尔盖	95	137	40	1100	60	15	600	79	20	**	**	**	**	77	10	500	**	**	14	**	**	**	**	**	**	**	**	**	**	**	**	**
	红原	33	15	17	100	**	**	**	32	5	**	**	**	**	15	2	100	**	**	10	**	**	**	**	**	**	**	**	**	**	**	**	**
合计	13	1351	1428	335	**	180	45	**	1204	295	240	60	2400	0	**	**	6400	**	0	223	0	0	0	0	0	0	0	0	0	0	0	103	0
甘孜州	康定	235	197	143	3060	**	**	**	**	**	**	**	**	**	88	22	880	66	682	1.1	20.9	22	109	109	2180	1526	2180	11	98.1	109	**	12	**
	泸定	132	76	28	880	**	**	**	**	**	**	**	**	**	64	16	640	48	496	0.8	15.2	16	12	12	240	168	240	1.2	10.8	12	**		**
	丹巴	181	144	70	1880	**	**	**	**	**	**	**	**	**	100	25	1000	75	775	1.25	23.8	25	44	44	880	616	880	4.4	39.6	44	**	1	**
	九龙	128	127	85	1900	**	**	**	**	**	**	**	**	**	64	16	640	48	496	0.8	15.2	16	63	63	1260	882	1260	6.3	56.7	63	**	6	**
	雅江	113	99	62	1380	60	15	600	15	**	**	**	**	**	60	15	600	45	465	0.75	14.3	15	39	39	780	546	780	3.9	35.1	39	**	8	**
	道孚	158	189	107	2580	**	**	**	**	**	**	**	**	**	60	15	600	45	465	0.75	14.3	15	69	69	1380	966	1380	6.9	62.1	69	**	8	**
	炉霍	171	104	45	1200	60	15	600	15	**	**	**	**	**	88	22	880	66	682	1.1	20.9	22	16	16	320	224	320	1.6	14.4	16	**	7	**
	甘孜	220	246	163	3680	**	**	**	**	**	**	**	**	**	64	16	640	48	496	0.8	15.2	16	122	122	2440	1708	2440	12	109.8	122	**	10	**
	新龙	96	90	58	1320	**	**	**	**	**	**	**	**	**	48	12	480	36	372	0.6	11.4	12	42	42	840	588	840	4.2	37.8	42	**	4	**
	德格	174	166	135	2560	**	**	**	**	**	**	**	**	**	76	19	760	57	589	0.95	18.1	19	90	90	1800	1260	1800	9	81	90	**	26	**
	白玉	156	184	106	2480	60	15	600	15	**	**	**	**	**	60	15	600	45	465	0.75	14.3	15	64	64	1280	896	1280	6.4	57.6	64	**	12	**

市州名	县区	行政村数目(个)	合计			2008年国债村卫生室项目					2008年新增国债项目村卫生室(拉动内需项目)				2007~2010高海拔村卫生室								2007年甘孜州"富民安康"村卫生室								2009年"牧民定居"村卫生室		
			资金(万元)	项目个数	建设规模(平方米)	资金(万元)	项目个数	建设规模(平方米)	现有村医数(人)	需求村医数(人)	资金(万元)	项目个数	建设规模(平方米)	现有村医数(人)	资金(万元)	项目个数	建设规模(平方米)	已有设备台件数(台/件)	需求设备台件数(台/件)	设备已经投入资金(万/元)	设备还需投入资金(万/元)	现有村医生数(人)	资金(万元)	项目个数	建设规模(平方米)	已有设备台件数(台/件)	需求设备台件数(台/件)	设备已投入资金(万/元)	设备还需投入资金(万元)	现有村医数(人)	资金(万元)	项目个数	建设规模(平方米)
甘孜州	石渠	165	254	137	3200	**	**	**	**	**	120	30	1200	30	68	17	680	51	527	0.85	16.2	17	66	66	1320	924	1320	6.6	59.4	66	**	24	**
	色达	66	57	44	620	**	**	**	**	**	**	**	**	**	52	13	520	39	403	0.65	12.4	13	5	5	100	70	100	0.5	4.5	5	**	26	**
	理塘	214	213	140	3020	60	15	600	15	**	**	**	**	**	64	16	640	48	496	0.8	15.2	16	89	89	1780	1246	1780	8.9	80.1	89	**	20	**
	巴塘	123	128	85	1920	**	**	**	**	**	**	**	**	**	64	16	640	48	496	0.8	15.2	16	64	64	1280	896	1280	6.4	57.6	64	**	5	**
	乡城	89	72	38	800	**	**	**	**	**	**	**	**	**	64	16	640	48	496	0.8	15.2	16	8	8	160	112	160	0.8	7.2	8	**	14	**
	稻城县	121	152	76	1960	60	15	600	15	**	**	**	**	**	48	12	480	36	372	0.6	11.4	12	44	44	880	616	880	4.4	39.6	44	**	5	**
	得荣	127	242	105	2960	**	**	**	**	**	120	30	1200	30	68	17	680	51	527	0.85	16.2	17	54	54	1080	756	1080	5.4	48.6	54	**	4	**
	合计 18	2669	2740	###	####	300	75	**	75	0	240	60	2400	60	**	**	**	900	9300	15	285	300	**	**	**	**	20000	100	900	###	0	192	0
凉山州	木里	121	120	35	1200	**	**	**	**	**	120	30	1200	30	**	**	0	**	**	**	**	**	**	**	**	**	**	**	**	**	**	5	**
	合计	121	120	35	1200	0	0	0	0	0	120	30	1200	30	0	0	0	0	0	0	0	0	0	0	0	0	0	0	0	0	0	5	0

说明：

1. 高海拔村卫生室项目只在阿坝州和甘孜州实施。规划实施时间为2007年到2010年。表中数据为2009年。带 "**" 处表示这项指标不存在，而 "0" 则表示此项指标存在状态为0。

2. "牧民定居"村卫生室项目目前只有前期规划个数，村卫生室将与村民活动中心一道修建，整个项目分四年实施（2009~2012）。

由于经费奇缺和人口的过度分散，平均每平方公里不到 1 人，每百平方公里才有一个卫生室，这样的情况与人口集中的内地具有巨大的不同。

二　住院分娩

通过对 2010 年红原、若尔盖和丹巴、新龙四县的妇幼保健情况的抽样调查，问题可以得到进一步说明。

关于孕检。藏区历史上没有孕检的习惯，也不具备孕检的基础条件。直到 20 世纪 90 年代，一些地区才逐步推行了婚前检查和孕检。以红原县为例，从 2001 开始全县对育龄妇女进行一年一度的妇科病普查普治工作。

表 5 - 2 是红原县 1996 ~ 2005 年妇女病查治情况。

表 5 - 2　红原县 1996 ~ 2005 年妇女病查治情况①

单位：人，%

年份	应查人数	实查人数	普查率	查出病人	检出率	治愈率
1996	5069	43	0.84	30	69.77	—
1997	7736	360	4.65	290	80.56	—
1998	6458	293	4.54	155	52.90	—
1999	8567	567	6.62	351	61.90	100
2000	8211	415	5.05	306	73.73	—
2001	8182	1248	15.25	690	55.29	100
2002	8765	618	7.05	464	75.08	100
2003	9399	761	8.09	508	66.75	100
2004	9241	728	7.87	444	60.99	100
2005	10117	661	6.53	525	79.43	100

从表 5 - 2 看出，红原县开展妇女病普查工作是在 1996 年，这一年检查发现患病率近 70%。这项工作早在 1979 年在内地就得以开展，如四川双流县在 1979 年就做了这项工作。红原县的类似事业推迟了 17 年。也就是将近一代人的时间。而且红原县所做的普查工作，普查率并不高。据红原县卫生部门调查统计，每年妇女病普查结果阴道炎和宫颈炎比例最高。

---

①　红原地方志编纂委员会编《红原县志》（1995—2005），方志出版社，2011，第 509 页。

妇女病居高不下，直接影响到生育率以及婴儿的健康。2005年红原县全县户均3.59人，可见大部分人的生育没有突破计划生育的限制的人数，但这不是政策和法律因素影响的结果，而是自然生育状况的反映。

关于住院生产。在当前，住院生产是体现人口生育保障的重要指标。近20年来，内地基本实现了住院生产。而高原藏区尤其是牧区，仍处于起步阶段。

表5-3可以看出，从1996年到2005年的十年内，住院分娩率一直未突破36%，也就是大部分人没有住院分娩，而是采取了传统的家庭分娩。家庭分娩导致婴儿死亡率升高是不争的事实，也是导致产妇伤亡率上升的主要原因，这也是高原人口增长不快的原因之一。而地处成都平原的双流县早在1985年，住院分娩率达到96.99%。[①]

表5-3　红原县十年住院分娩统计[②]

单位：人，%

年份	出生人数	住院分娩人数	住院分娩率	产后访视率	0~7岁系统管理
1996	707	166	23.48	15.35	408
1997	648	133	20.52	16.48	493
1998	615	96	15.61	10.65	485
1999	559	134	23.97	28.27	606
2000	553	91	16.46	11.45	425
2001	471	113	23.99	30.79	554
2002	511	113	22.11	20.57	596
2003	387	138	35.66	24.84	748
2004	429	153	35.66	23.47	787
2005	481	133	27.65	11.58	816

以下为笔者对甘孜州新龙县进行的采访。

---

① 数据来自四川双流县地方志编纂委员会编《双流县志》，四川人民出版社，1992，第755页。

② 数据来自红原地方志编纂委员会《红原县志》（1995—2005），方志出版社，2011，第61、511页。

问：县上有没有游牧民，有多少游牧民？

答：有三个牧业乡。6634 人，其中女的 3341 人，已婚 1050 人。

问：你看到他们成年在草原上放牧吗？

答：我看到他们白天放牧，跟着牛羊走，晚上住帐篷。

问：他们一般什么年龄结婚？

答：十七八岁到二十岁。

问：她们一般生几胎？

答：一般两三胎，三四胎比较多。

问：她们生小孩是愿意在草原上生，还是愿意到医院生？

答：应该是到医院生，但是没有条件，她们不来。

问：给她们提供吃住，住院所有费用全免，他们会来吗？

答：应该会来的。

问：现在到医院生产的妇女每年有多少？

答：去年有三十几个。

问：生完孩子她们去哪里了？

答：带孩子回家了。

问：如果是在牧场生了孩子，她们怎么保育？

答：她们把孩子揣在怀里，跟着放牧。

问：孩子生了病，她们怎么办？

答：小病不管他，大病就请喇嘛念念经。

问：她们喜欢男孩子还是女孩子？

答：好像都一样，没有明显偏好。

问：婴儿死亡率多少？

答：一般在 30‰左右。

问：全县有多少 5 岁以下的孩子？

答：这个不清楚，每年新生儿出生 400 人左右，现在 5 岁以下的可能有 2000 人左右吧。

问：孩子大点怎么办？

答：两个以上的，一般都要送至少一个到寺庙去。

问：现在有多少孩子在寺庙？

答：具体要问宗教局，去年从寺庙清退了 227 名孩子。

问：从寺庙清退了，他们又会不会悄悄返回去？

　　答：据说都在学校上学了，要核实一下才知道。

　　问：全县有多少未成年人？

　　答：18 岁以下的有 11623 人。

　　从这个调查中可以看出三个问题。第一是粗放的生育观念和对人的生命健康的严重漠视，导致新生人口的成活和健康成长面临巨大的威胁。第二是落后生产方式对生存生活方式的严重制约，导致人对自身发展的忽略和对原始生产生活的依附和屈从。第三是对于深陷贫困和无力自救的农牧民来说，对宗教的心理依赖依附，在他们视野中是一种成本最低的生存需求投入方式。

三　疾病筛查

　　疾病筛查是基层卫生保健的重要内容。仅就妇女妊娠产检看，川西北开展这个项目的时间很迟。据《甘孜州志》和《阿坝州志》记载，民主改革后大规模的疾病筛查始于 20 世纪 60 年代前期，但是这个规模更多局限于城镇和企事业单位。直到 1991 年，甘孜、阿坝两州依然没有将妇女病的普查推广到农牧区。甘孜州"1996 年～2005 年应查妇女 137.31 万人，实查 23.73 万人，实查人数占总人数的 17.29%。"① 在阿坝，"2003 年 9 月，开展全州孕妇贫血抽样调查，对马尔康、松潘、红原、壤塘四县技术人员做操作培训。调查组人员到山寨、帐篷对妊娠 16 周以上的孕妇进行贫血调查及高危因素筛查"②。而在同时期，内地的南充市，"全市五个'降消县'项目县（市、县、区）接生员持证上岗率 99%，产前检查率 93.97%，住院分娩率 62.48%"③。在绵阳市，"全市有 85% 以上的乡镇实行孕产妇保健系统管理，妇女入保率达 95% 以上，住院分娩率达 98%"。④ 对于妊娠等

---

① 甘孜州志编纂委员会编《甘孜州志》（1991～2005），四川出版集团、四川民族出版社，第 799 页。

② 阿坝州志编纂委员会编《阿坝州志》（1991～2005），四川出版集团、四川民族出版社，第 1423 页。

③ 南充志编纂委员会编《南充市志》（1991～2005），方志出版社，2010，第 2275 页。

④ 绵阳志编纂委员会编《绵阳市志》（1840～2000），四川出版集团、四川人民出版社，第 1934 页。

"人之初"的保健医疗项目显得很薄弱的川西北，同样在流行病、地方病和幼儿疫苗接种等方面与内地存在着差距。

川西北藏区恶劣的自然环境和多灾害的地理地质条件，严重制约了人口的繁衍和生命的延续。落后的社会经济、不科学的生活方式和传统习俗，导致多种疾病困扰，为健康生存带来极大的威胁。疾病是长期困扰广大农牧民的忧患。为了摆脱疾病的困扰和死亡的威胁，在社会功能极其低下的地区，人们只好把希望寄托在寺庙和喇嘛身上。病了请人打卦，吃喇嘛做的药，死了请人念经超度，许多人不惜倾其所有，往往为之倾家荡产。积贫积弱的生活状态，严重剥夺了人的生存价值。新龙县是一个约4万人口的康区腹地半农半牧县，全县23个乡、1个镇，共198个行政村，2008年县内有卫生机构27个，床位111张。其中县级医疗单位4个，乡（镇）卫生院23个，共设有村级医疗室38个，卫生系统共有专业技术人员144人。约400人拥有一张病床和一个医护人员。仅从硬件设施上就不能满足农牧民的医疗卫生需求。尽管2007年开始实施了"农村新型医疗合作制度"，但是很多农牧民对这个制度认识朦胧，在册参加的人数较多，推行却不是很顺利。主要原因在于，农牧民居住太分散，工作难度大，基础工作难以落实，政策宣传难以深入；县乡医疗机构设备陈旧落后，技术力量薄弱；政府投入少，保障水平低；报销范围小，农牧民收益程度低，报销手续复杂，时间拖延较长；县卫生医疗机制、乡镇工作机制不畅。"新医合"在经济较为发达，人口较为集中和社会较为进步的地方能够较好地推行，而在川西北藏区，特别是农牧区，却一时难以达到预想的效果。

第二节　早教与启蒙教育调查

经过对30个家庭的访谈发现，几乎全部没有早教，启蒙教育在5岁到6岁的只有2人，在7岁到8岁的2人，在8岁到10岁的12人，11岁以上的14人。我们一时无法检验这些早教和启蒙教育的效果，我们选择一个问题来简单分析：谁能记得启蒙老师或者对启蒙老师的印象如何。这个问题基本上只有不到一半的人能够回答，这些人基本上是有一定文化基础的人。那些记不得自己的启蒙老师或者根本没有启蒙的印象的人，一般是半文盲或者文盲，极个别能够识一些简单字。这个现象告诉我们，早教和启蒙在个人后天的发展中，起到了什么样的作用。为什么能够回忆起来启蒙老师的人基本上有一定文化基础呢？为什么回忆起来启蒙老师的人大多数是对老师有好印象呢？可能是因为早教或启蒙真正起到了效果，不然不会有那么深刻的印象。就算是回忆起老师很严厉、体罚过自己的人，依然充满感激，充满留恋。这说明调查区的早期教育和启蒙教育绝大多数是正面的，是对人的一生起着积极作用的。

一 代际特征

第一代：正统路线派。太平桥村的老村支书曾广修85岁，他至今拿着退休工资。他20岁那年新中国成立，接着就是"清匪反霸""民主改革"。他因为体力好、头脑灵活，被选为工作队长，后来又担任过区乡干部。对他而言，共产党政权就是一个代表正义和力量的政权，其权威性和影响力远远超过了过去任何一个封建农奴制下的土司头人和喇嘛。他的祖辈信奉的神仙活佛在他看来，"都没有毛主席的英明伟大"，也没有共产党及其政府那样有力。他一直很忠于自己的事业，当过县州省的劳动模范和先进。为了工作，他累病倒过多次，在平叛中也冒过生命危险。至今他还保存着那个时代的纪念物：照片、袖章、奖章和笔记本，看到这些，就充满了激情和力量。他对"文革"和改革开放的一些认识，与官方接近，但是对于"毛主席的信仰"，永远是第一位的。

第二代：红色派。麦洼村的支部书记是一个很正统的基层干部。55岁，他童年时基本上是在麦洼草地度过的。他在红色文化盛行的年代受到了启蒙教育，忠诚、积极、秉公的价值观教育使他一直对政府跟得很紧。他清楚地记得启蒙老师姓苏，是内地人，一个很正统的知识分子，教他们识字，给他们讲了很多关于人生理想的道理。当然，他也有不听话挨老师教鞭的时候，但那个老师是教藏文的仁青老师，是同乡藏族。他那个时候宗教已经处于十分低迷的状态，寺庙基本被红色风暴荡平，在家里父母也很少谈及宗教问题，更多的是政府的正面宣传。那时的东西很便宜，牧区有免费的电影看，每月有一次或两次。他记得的大概有《地道战》《地雷战》等故事片，其中一些抗日爱国的道理也是那个时候留下深刻记忆的。八路军很强大，八路军就是今天的"金珠玛米"，这个道理他是懂得的。

与上一辈一样，他对政府是很忠诚的，但是他的忠诚里，有自己发家致富的理念在推动着日常行动。

第三代：开放派。阿 N 是 Y 村的支部书记，38 岁。他很有经营头脑。在他看来，政治的东西不是最大的问题，发家致富才是最大的问题。他已经注册了一家公司，自己经营牧产品。在 2009 年的定居工程中，他带头修了 200 多平方米的定居房。他拥有 200 多头牦牛。如果说前两代人对新中国政府的政治记忆深刻的话，那么阿 N 对于政治问题已经较为淡漠了。他认为，即使是村里有人涉及这个问题，那也是极个别现象，他批评说那是"半懂不懂"。

基于上述三代人的变化，似乎可以看出这样一个轨迹：从以政治为敏感的社会转型为以经济为敏感的社会，川西北几代人经历了放弃自我和追随大流的历程，他们不再以自我为中心，而是随着环境不断地调整自己的方针策略。但是，这种过于追随环境变化的行为，也具有两面性，这种两面性在第四代人身上得到了体现。

第四代：蒙昧学童。下面是来自 S 省委的一个情况简报。

简讯：夜幕笼罩的康藏高原，安详静谧，寒星点点。唯有康藏高原偏远大山里的 S 乡小学的教室里手电光在闪烁，一群住校的五年级孩子在班长阿 C 的指指点点下，聚精会神地听着。随后，迅速分工，一些人在旁边帮着照手电筒，一些人拿着铅笔、圆珠笔，在作业本上如痴如醉地写画着。他们写好这些纸条后，由三个同学分别揣在怀里，这三名孩子像接受重要任务一样，告别了同学，开步出发。作为一名教师，如果不明情况的话，你也许为孩子这种严密的组织纪律性和刻苦精神所感动。他们经过十七公里的长途跋涉，翻山越岭，忍饥挨饿，来到不太熟悉的县城。尽管康藏高原二月的寒风凛冽如刀，但孩子们已经汗流浃背。他们不顾疲劳，借着晨曦的掩护，把这些纸条撒向繁华的大街小巷和机关办公场所。机警而敏捷的特警很快就发现了他们。孩子被带到公安机关。他们最大的只有 13 岁，小的才 11 岁。他们农牧区淳朴的农牧民父母给了他们健康的身体和简朴的衣着，恶劣的自然环境也给了他们天生的胆量。警务室里，童真的双眸在同庄严的警察叔叔对视中，无惧无畏。

临走时那位班长阿 C 究竟对他们说了什么？那纸条上又写了什么？这些孩子着了什么魔？原来班长阿 C 叫他们把这些写好的东西撒到县城去，对他们说："如果你们被抓，我会带着全班同学和家长来救你们，到时候政府也不会为难你们，否则我们就借机闹一闹。"那上面写的什么？是对乡长的控告信吗？不是。是涉黄、涉赌、涉毒？更不是。他们写的内容已经严重超出了他们这个年龄应该涉及的范围！那上面赫然写着"××要独立！"

调查显示，S 乡属于 G 县辖乡。距县城十七公里。解放前为霍尔白日土司寨地。1956 年置 S 乡，1959 年白日乡并入，1960 年改公社，1983 年复乡。位于县境南部，距县城 14 公里。面积 170.1 平方公里，人口 0.2 万。辖有生康、白日、然达、仲柯 4 个村委会。农业主产小麦、青稞、豆类、薯类。境内白利寺是省级文物保护单位，"格达活佛纪念堂"在寺内。阿 C，男，约 13 岁，贡隆七村人。3 名学生分别是阿 D，男，约 12 岁，生康乡 11 村人；阿 X，男，约 13 岁，生康乡 6 村人；阿 G，男，约 13 岁，生康乡 10 村人。该 3 名学生均有亲属在境外。①

从法律上看，这是一起刑事案件，根据我国刑法第一百零三条规定，煽动分裂国家、破坏国家统一的，处五年以下有期徒刑、拘役、管制或者剥夺政治权利；首要分子或者罪行重大的，处五年以上有期徒刑。刑法第十七条规定，已满 16 周岁的人犯罪，应当负刑事责任。但是，我们面对严重的犯罪行为却抓不到证据，无从制裁。这起案件具有特殊性，违法的主体是未满十四周岁的少年，而且是在义务教育阶段的在校小学生。"××独立"这样的问题，就连当地一般的成年人都不一定搞得清楚，何况是小学生。这里就有一个唆使和被唆使的问题。刑法第二十九条规定，教唆他人犯罪的，应当按照他在共同犯罪中所起的作用处罚。教唆不满十八周岁的人犯罪的，应当从重处罚。我们明知道小学生是受人教唆，但是，他们是受什么人教唆，教唆了什么，一时很难弄清。或许这个幕后就是他们父母，但孩子自己不愿也不会说出大人。或许这个幕后就是某位活佛，他们

---

① 相关信息资料来自四川省教育厅《情况汇报》，2009 年 5 月 21 日。

更不会说出。

以上事实表明现行的九年制义务教育、爱国主义教育、民族团结教育在藏区存在问题;表明我们的基层政权建设、群众宣传工作已经严重脱离基层群众;表明分裂主义势力的渗透活动已经深入家庭和孩子。

孩子涉足这类事情,触目惊心。敌对势力正在向无辜的孩子伸出罪恶的手,利用他们的纯真和善良,唆使他们站在敌对的立场上,充当分裂祖国的政治牺牲品。

当然,如果说小学生犯这类错误有一定偶然性和个别性的话,那么寺庙里的"80后"——其中相当一部分是青少年,也出来反对政府、制造事端,那就不是个别的简单的事情了。

二 代际对比

第一代基本上是文盲,在跟着共产党和政府搞民主改革中学会了识字和写作。他们脑海里的文化信息基本上就是党政化的文化,"革命工作""阶级斗争""立场观点""群众路线"等是他们思想意识和表述里出现频率最高的,在他们看来,相当于佛家六字真言。念动这个真言的最权威者就是"毛主席"——这个"最大活佛",只要是"毛主席"说的,就是"真言"。我们在草地农牧民家中的神龛上,还能看到高高供奉的半个世纪前的铁皮镀铜"毛主席像"。这种观念代表了一个时代,影响了一代又一代的草地牧人。在这样的影响下,在红色文化影响下成长起来的第二代牧人,基本上保持了"红色的主流文化",他们中的相当一部分人对当前的改革开放和市场经济没有更多的认识和理解,当他们看到一些境外活佛坐上了大庙高堂,过去那些被批斗的人又翻了过来,当上了人大代表、政协委员等,那些已经处于耄耋之年的"老党员"、"老干部"和"老积极分子"处于被冷落和被遗忘的时候,深感第一代的"功劳"快被市场经济大潮冲洗殆尽,充满了危机感,于是他们中的一些人也"学会趋炎附势",一部分人对政府的忠诚也开始动摇了。具体表现就是"白天干工作,晚上进寺庙"或者是对基层治理和社会管理采取"不闻不问"的游离态度。第三代基本上是改革开放后成长起来的草地人,没有祖辈、父辈那种高度的政治责任感。在他们看来,政治立场与经济发展没有必然的联系,"外国和尚也念经也吃饭，中国和尚也念经也吃饭，互相都可以吃"①，他们更加注重发展经济，尤其是自身发展。很多村干部自己家庭就是当地富裕殷实之家，这倒也符合政府倡导的"带头致富"的政策。这种过于热衷于经济而忽视政策立场的基层社会生态，使草地享受了民主改革以来无限制的自由，倒给境外反政府势力提供了方便，进而使民族分裂意识得到了进一步的发展。

政府认识到，根治这种陈年积弊，改革草地社会治理，实现草地自然和社会生态的根本好转，须在后代身上下功夫，也就是"跟境外势力争夺下一代"。地方政府的行为，尽管带有很强的"政治锦标赛"倾向，但也不得不说在改进民生方面做了一些实事，也就是推动牧民定居、基层卫生事业和跨区职业教育。

---

① 访谈记录 RH20140722002 号。

第六章　定居的内核问题之三

——牧民子女职业教育调查

　　川西北职业教育，既是一个独立的惠民计划，也是定居工程的组成部分。解决草地就业和改善人口素质结构，可以看作定居工程的配套措施。为此，教育部批准北京大学学者和中国社会科学院学者进行了立项研究。该课题组通过问卷、座谈、深度访谈等多种形式，先后对成都市区、温江、郫县、广元等地的多所学校进行了实地调研和问卷调查。从多个维度对四川"9+3教育计划"实施现状进行了测试和分析，发现了一些值得关注的新问题。

第一节　同一教育模式下的不同群体调查

一　基本情况

　　"9+3教育计划"源于2009年春。四川省决定从2009年起，将完成9年制义务教育的藏区学生成批量送到内地接受为期3年的职业教育，并帮助解决就业。大约从2009年至2011年，第一轮职业教育完成一个周期。四川实施"9+3教育计划"的各类职业学校为91所，实施"9+3教育计划"的学校，经费上，具有政府特别拨付的设备补贴经费和其他教育补贴；政治上，地方党委政府高度重视，经常过问检查、帮助解决实际问题，使这些学校感到有地位；宣传上，不仅公众主流媒体，而且实施"9+3教育计划"的学校更多地将政府重视学校和领导人视察学校"9+3教育计划"实施情况的报道置于显要位置，产生了较其他学校更为显著的社会影响，同时也扩大了招生影响力。

作为一项具有倾斜性的教育政策，"9＋3教育计划"与普通的职业教育政策具有明显的不同。集中体现在六个方面：从省到市州和各学校都成立专门的管理机构，每个学校配备了专门的干部和带班老师；在地域上，"9＋3教育计划"规定了招生的范围，是四川省所属的藏族聚居区，后来扩大到省内所有民族聚居区；在生源范围上，规定必须是基层一线完成九年制义务教育的农牧民子女，后来扩大到区域内所有完成九年制义务教育的初中毕业生和部分没有考上大学的高中毕业生；在学校教育和生活中，给予每人一定的生活补贴和交通补贴；在就业中，给予一定的倾斜照顾；在征兵、考公务员和其他渠道出路安排上较之其他一般职业教育学生均有优惠。这些政策特征、体制特征、教育特征和就业特征较之一般职业学生显著不同。同一个学习平台具有不同体制的样本，这对于比较研究显然具有重要意义。计划生与非计划生之间，在同一环境和同一问题上的反映是不同的。正是由于这种反映的差异性，给研究提出了新的课题：为什么会存在差异；哪些节点存在差异；这种差异的意义何在。

二　方法和工具

本次调查采取问卷调查与访谈法相结合的方式，通过问卷进行团体测试。在人员配备上，四川省教育厅派相关部门负责人和助手（研究生）参与，具体工作中获得了学校管理和教学人员的支持协助。此项调查发放224份问卷，回收224份。空白卷3份，未答完整卷4份。参与问卷的学生224人，其中"9＋3教育计划"学生（下称计划生）112人，非"9＋3教育计划"（下称非计划生）学生112人。鉴于被试对象的特殊性，本研究采用自行设计的调查表，从经济状况满意度、环境满意度、专业满意度、人际关系融洽度、恋爱满意度、文化信仰满意度等六个方面分24个项目进行了测评。本研究的数据统一录入计算机，采用spss for windows 19对答卷进行数量化处理，按百分比进行统计。

调查发现，不仅计划生和非计划生之间、教育对象和受教育对象之间存在差异性，而且他们内部的差异性也是十分明显的。这种差异性的发掘分析，对于本研究的学科意义同样十分明显。故在问卷设计中兼顾了不同团体的一致性和差异性、普遍性和特殊性。调查还发现，问卷中存在回避问题和故意错答的现象，故通过座谈和深度访谈进行矫正补充，以克服问卷的非真实性。

"9＋3教育计划"覆盖面较广，涉及头绪和层次较多，选择有代表性的调查样本尤为重要。为科学地选取样本，经与四川省教育厅相关部门、相关学校协商，决定在具有代表性、前期办学条件较成熟、"9＋3教育计划"实施较早的七所学校开展调查，这些调查点覆盖艺术、人文、社科、理科、工科、师范等方面。选择的理由是：由于种种原因，计划生文化基础普遍较为薄弱，在专业的选取上，往往有意避开文化基础要求较高的专业或学校，故主要集中在这几个领域。尤其是艺术、师范、社科方面，计划生较为集中。在这些领域，尤其是艺术类，他们似乎显示出极大的兴趣。而在理科类、工科类的学习中，即使是较为基础的技术工培训，比如在化学技工和铁路工程技工培训中，他们依然显得较为艰难和吃力。但这些样本依然具有同样的研究价值。

为了提高问卷的信度和效度，在问卷实施前做了试测，并就这些结果和相应方法及改进措施与相关教学人员和管理工作者进行了探讨，在测试前，对参加测试的学生进行了意义和方法的讲解，使被试产生了兴趣，保持积极配合的心态，在整个过程中学校管理人员和老师积极支持，使参与者认真作答，问卷的回收率达到100％，有效率达到97％，确保了测试的有效性。

三　比较研究

计划生的生源来自民族聚居区，由以藏、彝为主的不同民族成分构成。这些学员普遍长期生活在高原高山和河谷地带的农区、牧区和农牧交错带，家庭收入不高，早期教育缺失，文化基础薄弱，年龄普遍较大。更有特点的是，他们中的藏族生源普遍信仰佛教。由于这些内在的共同性，他们内部更容易沟通，容易形成特殊的群体。当然，这个体制内的学生也存在内部差异性。民族成分较多，家境条件不一样，文化背景不一致，以至于在以藏、彝为主的"群分"动态过程中，显示出部分人的游离和边缘化倾向。比如靠近内地的汶川、理县和茂县，以及康定、泸定、丹巴等农区或农牧交错带的生源，包括这些地区民族"小杂居"带的生源，显示出明显的外向性和融合性倾向。而高原纵深地带的农牧区尤其是海拔3000～4000米以上的民族生源，除了笃信佛教外，汉语言文字沟通能力和习惯养成方面与所在职业院校的其他生源显示出重大差别。由于讨论的内容极为丰富，限于篇幅，避免讨论过于发散而失去阈限，本研究选择问题较为集中的六个节点分四个层面进行。这个"六四"研究法，可以窥见暂时无法展开的研究结构洞，为我们留下更多的讨论空间，以助于研究往纵深推进。

两种不同生源的比较（见表6-1）。调查发现，两种不同的生源在六项问题上的反应具有较大差别。①尽管计划生与非计划生对经济状况的满意度集中在选项B，即他们对于经济状况的反应并不是很强烈，但是这个问题的选项还是有差别的。计划生在选项A略高于非计划生，在选项C低于非计划生，两个群体间，计划生更向选项B集中。这并非说明计划生的经济状况优于非计划生，而可能与计划生享受了政府的特殊经济补助有关。②就对社会环境满意度看，两个群体差异较为显著：相对于非计划生，计划生更多倾向于选择A和C，而计划生向B集中，这说明计划生对社会环境的适应度弱于非计划生，同时也说明计划生内部对社会适应的差异性较显著。③就专业满意度看，计划生在选项A较非计划生低17.8个百分点，而在选项C却高出25.2个百分点，说明计划生对专业的满意度大大低于非计划生。这可能与他们文化基础和"被迫"选专业有关。下面将进一步探讨。④就人际关系融洽度看，计划生在选项A低于非计划生20.8个百分点，在选项C却高出13.4个百分点，这说明两个群体在人际关系的适应性上具有显著差异。这可能与计划生新到一个社会环境和自身原有的人际关系大背景脱离有关，这种情况可能是他们"抱团"的重要原因。⑤就恋爱满意度看，同处于青春期的两个群体之间，计划生大部分选B，而非计划生在A和C上均高于前者，说明前者对这个问题的感受较为迟缓，从一个侧面揭示了两个群体的感情丰富程度和爱情敏感度、细腻度。⑥就文化信仰满意度看，计划生在A和C上远远高于非计划生，说明前者对此反应的强度远高于后者，这可能与两个群体从小生长的社会、文化、宗教氛围有关。

表6-1 计划生与非计划生的六项比较

单位：%

测试因素	计划生			非计划生		
	A满意	B一般	C不满意	A满意	B一般	C不满意
经济状况满意度	15.1	70.3	14.6	14.6	67.8	17.8

续表

测试因素	计划生			非计划生		
	A 满意	B 一般	C 不满意	A 满意	B 一般	C 不满意
社会环境满意度	40.5	42.3	17.2	35.1	51.3	13.6
专业满意度	21.1	42.5	36.4	38.9	49.8	11.2
人际关系融洽度	15.6	55.2	29.2	36.4	47.8	15.8
恋爱满意度	37.8	50.1	12.1	47.3	38.1	14.6
文化信仰满意度	28.1	39.4	32.7	10.2	85.5	4.3

计划生不同性别比较（见表 6-2）。就计划生内部看，男生和女生在六大选项中具有差异性。①在经济状况满意度中，男生更多集中在 B 和 C，女生集中在 B，说明女生对经济状况的反应不如男生强烈，这可能与藏区大多数女性较之男性更简朴、更能吃苦耐劳的传统和习俗有关。②在对社会环境满意度中，男生的满意度普遍低于女生，这与男生性格较后者更加外向、更注重社会环境的变化有关。③在专业满意度中，两个群体差异不很显著，但男生更加不满意于本专业，这与青春期的男生在学习中对困难的忍耐性较弱有关。④在人际关系融洽度中，女生表现更加中性，而男生表现较差。这可能是导致男生与其他学生产生肢体冲突多于女生的重要原因。⑤在恋爱满意度中，在 A 项，女生比男生高出 5.8 个百分点，在 C 项高出 2.6 个百分点，说明女生在这个问题上反应的程度较男生更强，这与男女生生理特征的差异性有关。⑥在文化信仰满意度上，男生在选项 C 高于女生 6 个百分点，说明男生对本民族文化信仰的要求更高，在新的环境中，对此反应更强烈。

表 6-2　计划生不同性别的六项比较

单位：%

测试因素	男生			女生		
	A 满意	B 一般	C 不满意	A 满意	B 一般	C 不满意
经济状况满意度	18.1	40.5	41.4	23.5	52.8	23.7
社会环境满意度	36.5	38.4	25.1	45.1	45.5	9.4
专业满意度	19.1	40.2	40.7	23.6	49.8	26
人际关系融洽度	11.3	48.1	40.6	19.6	62.5	17.9

续表

测试因素	男生			女生		
	A 满意	B 一般	C 不满意	A 满意	B 一般	C 不满意
恋爱满意度	34.4	48.3	17.3	40.2	39.9	19.9
文化信仰满意度	27.1	37.5	35.4	29.3	41.3	29.4

计划生不同专业比较（见表6-3）。①在经济状况满意度中，理工类与文科艺术类计划生的差异不显著，说明经济状况目前不是影响专业差异的重要因素，这对于不同专业的资助应当采取一视同仁的政策有启示意义。②在社会环境满意度中，两类学生反应差别不大，说明不同的专业对社会环境敏感度暂时没有差别。③在专业满意度中，文科艺术类学生选项集中在 A 和 B，而理工类学生集中在 B 和 C。这说明计划生有普遍偏重于文科艺术类专业的爱好。这可能与他们义务教育期间的文化基础、个人爱好有关。④在人际关系融洽度上，理工类学生更加集中在 B 和 C，而文科艺术类学生更多集中在 A 和 B。这说明文科艺术类学生更加容易获得融洽的社会人际关系，这与文科艺术的专业特征及个人的专业气质特征有关。⑤在恋爱满意度上，理工类学生和文科艺术类学生均集中在 A 和 B，说明他们在这个问题上都比较满意。⑥在文化信仰满意度上，理工类学生选项集中在 B 和 C，文科艺术类学生集中在 A 和 B，说明在文科艺术类专业中，学生更容易找到与他们文化背景和宗教信仰有关的因子，进而产生共鸣，使内心的文化信仰需求更多得到满足。

表6-3 计划生不同专业的六项比较

单位：%

测试因素	理工类			文科艺术类		
	A 满意	B 一般	C 不满意	A 满意	B 一般	C 不满意
经济状况满意度	17.8	41.2	41	16.8	43.1	40.1
社会环境满意度	37.2	36.3	26.5	37.1	38.3	24.6
专业满意度	10.2	34.3	55.5	60.1	32.2	7.7
人际关系融洽度	13.5	47.3	39.2	24.5	58.3	17.2
恋爱满意度	34.1	48.3	17.6	41.2	52.1	6.7
文化信仰满意度	27.3	37.1	35.6	30.4	39.8	29.8

计划生族别比较（见表6-4）。①在经济状况满意度中，少数民族学生集中在 B，汉族学生向 A 和 C 分散，说明少数民族学生对经济状况的敏感度低于汉族学生。一方面可能与少数民族学生长期的艰苦生活环境有关，他们更易得到物质上的满足；另一方面反映了汉族学生分层的家庭经济背景，以及多样化的物质生活追求。②在对社会环境满意度中，两个群体除了在 B 上没有更大差别外，汉族学生更多集中在 A，这与汉族学生的民族文化背景和对所处环境的适应性有关。③在专业满意度中，少数民族学生更多集中在 B 和 C，汉族学生则集中在 A 和 B，很显然，后者在专业的满意度上远远大于前者，这种情况与各自的文化基础和专业选择背景有关。少数民族学生更多是计划生，在专业选择上的主动性较少，汉族学生更多是非计划生，在专业选择上具有更多主动性。这个指标将对教育和教学效果产生较大意义。④在人际关系融洽度中，少数民族学生的选项集中在 B 和 C，汉族学生却集中在 A 和 B。这反映出两类群体在以汉文化为主体的背景中的交往现状和交往意向。这对于加强不同群体的跨文化交流教育具有较大意义。⑤在恋爱满意度中，少数民族学生重点集中在 B，汉族学生则集中在 A、B。这与少数民族学生情感世界普遍较为单纯、汉族学生情感世界普遍较为丰富有关。⑥在文化信仰满意度上，汉族学生重点集中在 B，少数民族学生由 B 向 A 和 C 分散，很明显，以藏族为多数的少数民族学生普遍信仰佛教，他们受启蒙教育和原生地社会文化影响较深，对来世关注较多，他们对民族文化和信仰具有更多要求。而汉族学生普遍没有宗教信仰，对现实世俗社会更加关注。

表6-4　计划生族别的六项比较

单位：%

测试因素	少数民族学生			汉族学生		
	A 满意	B 一般	C 不满意	A 满意	B 一般	C 不满意
经济状况满意度	14.2	79.1	6.7	18.1	65.5	16.4
社会环境满意度	38.1	44.8	17.7	43.2	44.6	12.2
专业满意度	19.3	46.9	33.8	40.2	50.1	9.7
人际关系融洽度	14.3	55.7	30.0	37.5	48.7	13.8
恋爱满意度	35.9	51.8	12.3	43.9	39.2	16.9
文化信仰满意度	27.2	40.3	32.5	9.2	88.2	2.6

四　访谈与分析

为了使讨论更加具有目的性和深度，我们从上述四组数据测试中每组选择一个突出问题加以详解。

（1）两种不同的生源在经济状况问题上具有较大差别的原因。尽管计划生和非计划生对于经济状况的满意度都集中在"一般"，但是前者较之后者更加集中，高2.5个百分点。在选项A差别不大的前提下，后者在选项C比前者高出3.2个百分点。也就是说，对于经济状况的满意度上，非计划生显然是有意见的。究竟是不是这样，我们对非计划生做了跟踪访谈。

访谈一①

访谈对象：非计划生甲，来自达州，机械修理专业。

问：请问您对计划生享有包吃住、包就业的权益有何看法？
答：我觉得不公平。
问：为什么？
答：都是一个学校，他们可以不考试进来，而且享受完全免费，其实我们家比他们更困难。父亲在外打工，母亲多病，还有一个衰老的爷爷、一个上小学的弟弟。我读书的钱都是借的。读了还不知道能不能找到工作。听说他们（计划生）家里一般有好几十头牛，夏天可以上山采挖冬虫夏草解决收入来源。我们那里只有靠种粮食、种菜，很费力，又卖不起价。

访谈二②

访谈对象：教师甲，来自嘉戎藏区。

问：计划生家里经济是不是都很困难？

---

① 访谈编号：CDWJ2012111301。
② 访谈编号：CDWJ2012111302。

答：不一定。有的人家里还是有财产和副业。各人情况不一样。主要是就业他们有优势。考公务员和当兵，基本上都有照顾。

访谈三[①]

访谈对象：计划生甲，来自康巴藏区，唐卡专业。

问：你们家有多少头牛？

答：有 80 多头牦牛。

问：你父母平时有其他收入来源吗？

答：他们有时上山挖药材打猎。

问：你的同学家里，都有牛羊吗？

答：是的。

在召集 8 个随机邀请的计划生座谈会上，老师叫家中有 50 头以上牛羊的同学举手，有 7 人。这从一定程度上印证了测试数据中的差别产生原因。也印证了非计划生可能存在对政府经济资助向计划生倾斜的不公平感。

（2）计划生内不同性别人际关系满意度产生差别的原因。测试发现，计划生内不同性别学生对于人际关系的融洽度存在较大差别，女生普遍没有感到新环境与人相处的困难，但男生普遍感到困难。形成以男生为中心的所谓"抱团"现象，动辄聚众斗殴，借机滋事。而女生参与很少，女生多的地方几乎没有这种现象。

访谈四[②]

访谈对象：女生甲，来自阿坝藏区，幼儿教育专业。

问：你感到这个学校的同学、老师好处吗？

答：好处，他们很友好。

---

① 访谈编号：CDWJ2012111401。

② 访谈编号：CDGY2012111601。

问：能举个例子吗？

答：老师经常关心我们生活，同学也帮助我们功课，有时还借东西、借钱给我。

问：你身边的女生都是这样吗？

答：我们都是这样。

访谈五①

访谈对象：男生甲，来自嘉戎藏区，机电维修专业。

问：你感到这个学校的同学、老师好处吗？

答：不太好处。

问：为什么？

答：他们看不起我们。

问：能举个例子吗？

答：一次我听到几个同学在背后说我们不好的话，看见我走过来，他们就瞪着眼睛。

访谈六②

访谈对象：带班老师甲，藏族，来自嘉戎藏区。

问：你来之后发生过学生打架斗殴的事吗？

答：有的。2011 年 11 月就有过一次大的群体事件。起因是一个非计划同学看了一下一个计划同学，后者认为这是看不起他、是挑衅，上去就给了他几拳头，旁边的同学看不过就上去理论，导致计划生感到安全受到威胁，一下子聚集了近百人，导致停课整顿。

---

① 访谈编号：CDPX2012111402。
② 访谈编号：CDWJ2012111403。

为什么性别不同的学生会对人际关系或周边产生不同的感觉？可能除了性别差异导致的人格差异外，还与平时的爱好和注意力有关。为此做了访谈。

访谈七①

访谈对象：计划女生 B，来自康巴藏区。

问：你和你的同寝室同学平时有些什么爱好或者平时课余做些什么？

答：我们在一起聊聊天、玩玩手机、做些个人卫生，或者复习当天的功课，一般不出去玩耍。

问：你们爱主动与内地同学联系吗？

答：一般都是她们主动来找我们玩，我们不好意思找别人。

问：为什么？

答：出去玩主要是地方不熟，又怕花钱。

访谈八②

访谈对象：计划男生 B，来自康巴藏区。

问：你们课余做些什么？

答：大家约起打球，有时出去玩游戏，吃饭、喝酒、抽烟。

问：钱够用吗？

答：不够。找老师、同学借，向家里要。

很明显，男生是一种开放式、结伴式的生活学习方式，与女生封闭式、内涵式的生活方式有很大不同。由于生活方式的不同，对人际关系的感觉、消费开支等都有很大不同。男生这种方式很容易与其他人发生关

---

① 访谈编号：CDWJ2012111405。

② 访谈编号：CDWJ2012111504。

系，或者会引起他们小团体以外的人群的不安乃至反感。

（3）不同学科类别的计划生对专业兴趣产生重大差别的原因。调查发现，计划生首选专业是艺术，尤其是声乐、舞蹈、唐卡成为他们的首选专业；其次是旅游、文秘、艺术师范、酒店管理等专业；排在最后的是理工类的机械、信息、设计等专业。这是整个群体的专业选择特征。何以产生如此大的差别？为此做了专题访谈。

访谈九①

访谈对象：计划生 C、D、E、F、G、H、I、J、K、L、M、N，其中前4人来自康巴牧区、中间4人来自康巴农区、后4人来自农牧交错区。

> 问：你们为什么选择艺术专业，而不选其他专业？
> 答：我们喜欢。
> 问：学习有困难吗？
> 答：有点，但是不怕困难，能学会。
> 问：以前在家乡学过唱歌、跳舞、绘画的请举手。
> 答：（全部举手。）
> 问：家里有人会唱歌、跳舞、绘画的请举手。
> 答：（全部举手。）
> 问：小时候因为唱歌、跳舞、绘画受到大人或同伴表扬称赞的请举手。
> 答：（8人举手。）
> 问：现场愿即兴表演的请举手。
> 答：（4人举手，其中3人来自牧区，各唱一首家乡歌曲。）
> 老师点评：C、D、E的声带很宽，音质非常好，很难找到这么好的天赋。他们（所有学艺术的）都很刻苦，只是年龄大些，但是不怕苦，下课了还在练，敬业精神令人佩服。

显然，选择学习艺术是这些学生从小的兴趣和家乡文化土壤熏陶使

---

① 访谈编号：CDWJ2012111506。

然，绝非后天养成。而在化工机电专业的情况就是不同的情况。

访谈十①

访谈对象：计划生 O，来自安多、嘉戎文化交汇藏区。

问：喜欢你的专业（机电）吗？

答：不喜欢，学不懂。

问：你为什么要选这个专业？

答：没有其他特长，乡镇和家里又叫我来学，为了找个工作，没办法混混吧。

问：学了多久了？

答：两年了，什么也没有学到。看不懂图，听不懂老师的讲课，记不到。以前没有学过。我们这批同学基本都这样。

问：毕业后怎么办？

答：政府说的帮就业，我们不管。

老师评语：他们乖乖的这样不要给我惹事就不错了，就怕学不懂惹出麻烦，上面要怪罪我们。

明显的，不同的文化教育背景和个人爱好，对专业的选择、教学的成效影响至大至深。

（4）当前民族文化和信仰满意度在民族学生与汉族学生之间形成差别的原因。众所周知，藏区是全民信教区，藏族学生信教是不含糊的。尽管汉族学生中也有信教的，但是崇信程度不一，也不是普遍现象。为此做了访谈。

访谈十一②

访谈对象：藏族学生 P，来自康巴高原。

---

① 访谈编号：CDWJ2012111507。

② 访谈编号：CDWJ2012111607。

问：你信佛教吗，为什么？

答：信，我们藏族都信的。

问：你离开了家乡，还信吗？

答：还信。

问：你挣到钱打算怎么安排？

答：给自己家里一点，给庙里一点，自己用一点。

教师评语：这个我们不好干涉，平时反正就是发动他们积极要求进步，争取早点入团、入党。

藏族信教是不可否认的事实。但是如果是在一个让他无法释放信仰情感的场所，他心中的信仰焦虑会积累起来，这也是增加族际间关系张力的原因。

不同群体在职业教育平台上发生关系的纽带是他们受教育的内容及其共同的兴趣爱好，而影响他们学习能动性发挥的是出校后个人在社会中的定位和中远期走向；对此进行一致性整合，是教育获得更大程度成功的基本保证。面对同一平台上不同群体之间和不同群体内部利益分层和感受分层的现状，必须从宏观层面调整政策导向，进行科学分层的管理和教育，推动教育向公平、公正、公认发展。

第二节　跨区教育中的牧民子女人格因素调查

四川藏区是藏族比较集中的区域，藏族居住人口仅次于西藏。这种情况下，较大规模的跨区免费职业教育就成为藏区转型和跨越式发展的重大举措呈现在地方治理格局中。由于这种特殊的职业教育是在民族聚居区完成义务教育后到异地进行的，所以不可避免地将对计划生与内地教育的适应问题、内地学校教育对特定群体的包容问题，以及计划生毕业后对内地社会的融入问题等提出了严峻挑战。教育对象的价值观、行为习惯和社会适应性等，将直接作用于教育过程和教育效果，并进一步对经济社会产生深刻影响。事实上，在教育实施的过程中，不同群体间的相融性、计划生对新环境的适应性、学校教育教学管理、毕业后的出路等问题不断涌现。鉴于客观条件，本调查重点放在学生的社会适应性和异地教育对学生的包容性等问题上。

本次调研由问卷和访谈组成，即卡特尔16PF人格因素问卷以及补充问卷、座谈和深度访谈。参与本次调研的共7所学校，其中高等学校两所：四川艺术职业技术学院（103人）、广元幼儿高等师范专科学校（92人）。中专学校两所：四川化工学校（74人）、成都铁路工程学校（105人）。高级职业中学三所：成都财贸职业高级中学（50人）、成都温江燎原职业高中（99人）、成都礼仪职业中学（43人）。接受调查的学生有566人，其中，"9+3教育计划"的学生共309人（即来自藏区的学生，下称计划生），占被试总人数的54.6%，内地学生（下称非计划生）257人，占被试总人数的45.4%。参与调查的老师和教职工68人，其中15人来自藏区（见表6-5）。

表6-5　总体情况

单位：%

族别				政治面貌		信仰	
汉族	藏族	羌族	其他民族	党员	团员	佛教	其他
52.3	33.39	9.72	4.95	0.6	54.9	36.4	

性别		年龄		家庭经济情况			生源		
男	女	17周岁	其他年龄段	富裕	中等	拮据	农牧区	城镇	工矿区
51.9	48.1	34.5	65.5	1.5	62.7	35.8	68.9	29.3	1.9

为了集中对计划生进行考察，对计划生内部结构做了统计梳理，如表6-6。

表6-6　309名计划生情况

单位：%

族别				政治面貌		信仰	
汉族	藏族	羌族	其他民族	党员	团员	佛教	其他
19.5	60.8	17.8	1.9	0.9	61.2	36.4	

性别		年龄		家庭经济情况			生源		
男	女	17周岁	其他年龄段	富裕	中等	拮据	农牧区	城镇	工矿区
59.9	40.1	35.2	64.8	1.2	56.3	42.5	78.4	19.7	1.9

本次调查发放人格因素问卷 566 份，回收 565 份；价值观补充问卷 644 份，针对性补充问卷 644 份，回收 639 份，回收率均在 99% 以上。被试被安排在标准考场，严格按测试要求定时完成，回收问卷均为有效问卷。

为了解"9 + 3"免费职业教育的现状和发展趋势，本调查从人格因素问卷着手，了解特殊群体的整体性格特征；从价值观因素问卷和补充问卷着手，进一步了解师生对待一些关涉本研究的重大事件的态度，以及采取不同行动的动因。

一 不同群体对当前实施免费教育计划的不同认识

为了解学生的特殊情况，有针对地设置了补充问卷（见表 6 - 7），从认识方面进行测试比较，发现了显著差异。

表 6 - 7 被试中对"9 + 3"免费职业教育持不同认识的比较

选项	计划生	非计划生
对实施免费职业教育的动因的认识		
是学校招生业务发展的需要	13.1%	9.7%
是民族地区发展的要求	30.8%	18.1%
是政府的规定	56.2%	72.2%
对免费职业教育目的的认识		
是照顾特殊群体	91.4%	70.1%
使内地学生利益受损害	4.1%	16.6%
对此感到莫名其妙	4.5%	13.5%
针对性认识		
对计划生的认识	51.1% 的人认为和其他学生差不多	6.9% 的人认为和其他学生差不多
交往意愿	30.8% 的人认为比非计划生更好交往	7.2% 的人认为比非计划生更好交往
教师的认识		
补充问卷显示，63% 的被访教师表示理解并支持免费教育计划工作，28% 的教师认为可有可无，7% 的人认为意义不大		

在对实施免费职业教育的动因的认识上，计划生和非计划生存在显著差别。绝大多数人认为这是一项政府行为（分别约为56%和72%），也有相当一部分藏区学生认为这是民族地区发展的要求（约为30%）。在对免费职业教育目的认识上，绝大多数学生认为免费职业教育是照顾特殊群体（70%以上），但有相当一部分非计划生认为这项计划使内地学生受到损害，有的非计划生表示对此不能理解。特别是有一部分人对此感到"莫名其妙"（约占14%），甚至认为"9+3"教育"使内地学生利益受损害"（约占17%）。

对于计划生群体，一半以上的计划生自己认为与非计划生区别不大，而这个认识只得到少数非计划生认同（不到7%）。同学交往中，约1/3的计划生认为自己能很好与包括非计划生在内的所有人交往，而这个认识（或感觉）只得到少数非计划生的认同（约7%）。对免费计划的认识关涉这项工作实施的群众基础和社会基础，即群众对该计划的认可度和配合度，将对免费教育的实施与成效产生影响，直接关系到这项计划的可持续发展。重要的是，一部分教职工也对"9+3"教育表示不理解（约占35%），这体现在他们对教学和管理的积极性不高。

关于上述不同认识产生的原因的深度访谈表明，之所以绝大多数人认为"9+3"教育是政府行为和民族地区发展需要，是由于他们得到的更多信息来自藏区基层政府和学校宣传动员，这与政府前期大量的政策措施和宣传行为有关。而关于他们是否认识到"9+3"教育对自身具有更大的意义，却缺乏有力的佐证。就学生层面看，由于相关动员宣传行为指向的重点是藏区，尤其是藏区农牧区，所以此外的区域对于这项计划的产生和发展感到不理解也就顺理成章。那些远离藏区和敏感政治问题的内地基层，为了解决就业（确切说是为了生计）进入职业学校的群体，对于这项工程的来龙去脉就自然"莫名其妙"。当他们看到一部分计划生在学校并无可取之处反而影响并对他们的权益构成威胁时，自然会心怀不满。就教师层面看，一部分教师在学校并没有因为这项工程的实施而带来自身收益，反而加大了教学负担并承担着更大的教学风险，故对此表示出不能理解和支持。由于这项工程本身具有很强的针对性和特殊的照顾性属性，在照顾范围外的群体或圈层自然有被排斥和挤压的感觉。

二 针对入学背景和学习兴趣的调查分析

一般而言，入学背景和学习兴趣对学习效果具有直接影响，故做了如下考察。（见表6-8）

表6-8 被试中不同择校入学背景、对老师和专业的态度比较

选项	计划生	非计划生
择校入学背景		
自愿来学校	44.3%	54.5%
被家庭安排	22.4%	30.2%
学校动员	35.3%	13.3%
对任课老师的态度		
喜欢自己的任课老师	88%	21%
对任课老师感觉一般	12%	79%
对所学专业感兴趣	51.7%	52.3%

择校入学和对学习、对老师的态度是相互联系的两个问题，也可以看作一个问题的两个方面。在市场经济背景下，择校入学一般是利己抉择的结果，入学后的态度受到这个动机的影响。对于非计划生而言，他们不外是选择投资小、见效快、就业前景好的学校和专业。进校后就抓紧时间学习技能，一方面使自己尽快投身社会，寻求更多发展机会；另一方面对家庭尽些义务。如果在这个过程中，让他们做出牺牲，那是很难的。而计划生的这个环节则是进入体制内的前期训练。他们受动员而来，全免费学习并"包工作"，有受"照顾"的性质。

计划生与非计划生在不同专业上选择的偏好和成绩差异，对教育教学质量和就业率将产生显著影响。计划生更多地选择文体艺术类专业，他们在艺术专业上表现出独到的悟性和潜质，在学习上也表现出显著的积极性与主动性，专业成绩和老师操行评价也好于非计划生。而在理工类专业上，计划生与非计划生则恰恰相反。不仅如此，就是在艺术类专业的选择上，计划生内部不同性别的学生也是有差别的。通过性别对比发现，女生在学习积极性和生活适应性上，普遍好于男生。

入学背景和学习兴趣等因素，也是直接影响教育教学质量，乃至学生

在校行为的重要方面。计划生绝大部分是"计划体制"的产物,他们入学并非完全出于自愿。这与藏区生存和就业环境息息相关。农牧区生源绝大部分从出生开始就已经有了较为稳定的人生轨迹:跟随和帮助家人从事农牧业生产——进入寺庙或社会——从事稳定的职业僧侣或农牧业生产活动——在不断向寺庙捐献又得到寺庙保护慰藉中度过余生。而免费跨区教育阻断了这条传统的人生生态链,自然引发多方面的不适应。这种不适应不仅表现在入学学生身上,而且表现在民族聚居区的寺庙以及他们的家庭和社会中。一方面是他们对学校学习生活的陌生和不适;另一方面则是家庭劳动力的缺乏和寺庙僧源的枯竭,进而引发信仰诉求和宗教保护诉求以及相关的社会深层次问题。

三 针对生活行为习惯的调查分析

行为习惯影响到人格及其社会适应性,故作为变量从 A、B 两个方面进行调查。A 是习惯养成的调查,B 是现实和预期取向的调查。如表 6 - 9。

表 6 - 9　行为习惯调查表

A. 被试中对处理生活用品、缺钱时的选择和过节方式的选择以及生活环境印象的比较		
选项	计划生	非计划生
处理一时不用的东西		
保存起来	88.9%	78.1%
送人	6%	14.3%
扔掉	5%	5.7%
卖掉	0.9%	1.1%
缺钱时的选择排序		
两种学生均为:先向家里借钱,再向同学借钱,最后向老师借钱,有 11% 的非计划生选择积极设法去挣钱		
B. 被试爱好及行为习惯的比较		
选项	计划生	非计划生
如果挣到钱,对开支安排	除吃饭穿衣外,95% 的人选择顺序为:给家乡父母亲人、添置自己的其他生活必需品、存起来、捐给寺庙	除吃饭穿衣外,92% 的人选择顺序为:给父母亲人、添置自己的其他生活必需品、存起来
对物的爱好	在喜欢的东西方面,排名前三位的依次为房子、汽车、电脑	在喜欢的东西方面,排名前三位的依次为电脑、手机、汽车

可以看出，两类学生依然具有显著差异。职业教育最终要落实到习惯养成和生活实践中。对习惯和生活方式的不同选择将影响到个人生活、家庭生活乃至社会生活的融入与和谐。关涉习惯和生活方式的几个重要元素——人、钱、物的问题上，各人有不同的选择。对"如果挣到钱"的安排上，绝大部分计划生除自己必需部分外，依次选择与父母和家乡亲人分享、添置其他生活必需品、存起来、捐给寺庙；绝大部分非计划生选择顺序为：除吃饭穿衣外，与父母亲人分享、添置自己的其他生活必需品、存起来。两者的重大差异在于寺庙捐赠上。对"一时不用的东西"的处理，绝大部分被试选择保存起来，但仍有相当一部分计划生选择送人。对于旧物的处理，可以看作一种生活习惯养成和对自身以及环境的定位。藏族向来没有随意丢弃东西的习惯，尤其是用过的东西。这种习惯在计划生中的农牧区生源身上依然保留着，但是在城镇学生和藏区的汉族学生身上则没有被发现。保存着用过的东西而不是扔掉它，意味着经济上的节省和情感上的怀念；而送人则表示出对人际环境和社会网络的重视，这与中国汉区传统的"己所不欲勿施于人"的观念不同，将影响他们生活的有序性、生活质量以及生活方式的转型。

学生之间发生的借贷行为，不仅具有经济学意义，而且具有一定程度的社会学意义和心理学意义。具有借贷关系的双方不仅体现着人际关系网络上的密切度，而且体现了相互信任关系。当那些感到"远水难解近渴"的学生在遇到经济困难时，如果他不想通过非法手段解决问题，那么借贷就是最佳选择。这种非经营行为的借贷，需要一定的信任作为基础。就借入方而言，首先是对贷出方的信任选择，要选择可靠的对象以确保能够顺利得到贷款而尽量免遭拒绝、奚落或蔑视的尴尬；其次是现实困难与需求的申诉，以获得贷出方的同情和帮助；再次是还贷承诺，必须可行可信，以获得贷出方的认同。这三个环节是借贷成功的基本条件。就贷出方而言，首先是确认自己的贷出能力，其次是确认自己与对方的关系可靠度（亲近度）和还贷的可信可行度。如果这些因素都达到了双方认同，那么借贷就能够顺利实现。当借贷关系成立后，围绕借贷关系产生的社会信任或心理依赖就在双方之间发生作用。这种作用或许是一方对另一方的依赖或服从，或许是一方对另一方的指使或控制。这种关系的深入程度依照借贷额度或借贷情形的具体情况而异。发生在计划生与教师之间的借贷关系，体现了这一逻辑。从多起师生之间的借贷关系考察，发现处于这种借贷关系中的师生关系比其他关系更为密切。那么是不是所有教师都试图通过借贷来使他的影响更加有效呢？事实上并非一厢情愿的。首先是学生有没有这个需求，其次是学生会不会向他开口，再次得看这一法则对于经常借贷以至于"烂账"过多而"赖账"的学生是否有效。从已经掌握的情况看，发生在计划生与非计划生群体的借贷事件并不十分普遍。2012 年，七所学校发生借贷事件 32 起（不完全统计），其中计划生 23 起，大都如期解贷。计划生的贷出方一般是来自藏区的教职工，这说明与内地教职工相比而言，他们更符合上述借贷关系发生的基本条件。这从一个方面说明，来自藏区的群体相互间更具有认知度的一致性。

对于钱的安排使用情况，也是一个具有社会学和心理学意义的问题。计划生内部分层较为显著，一般而言，农牧区的学生较为节俭朴素，城镇或家庭经济条件较好的学生较为奢侈。大部分学生能够在普通消费水平中度过在校生活并完成学业，但是计划生中有大约 18% 的男生有抽烟、酗酒和外出上网的习惯。他们的消费远远高于一般学生。这种消费习惯不仅加大了家庭经济支出，同时也加大了学校管理难度。从调查的 15 起违纪事件看，有 12 起与之有直接关系。在针对未来收入安排的调查中显示，大部分人把对父母的回报放在仅次于自己生活必须安排的开支之后，说明大部分人的感恩回报意识还是比较浓厚的，这为更大发挥家庭的凝聚力和教育力提供了依据。不同的是，与非计划生相比，大部分计划生将宗教捐献纳入了自己的未来开支计划，说明他们现实努力很大程度上具有信仰上的价值引导作用。这与利益引导下的市场社会具有显著的区别，可能是一些社会事件发生的深层次因素。

关于对物的偏好，两种学生具有显著的不同排序。计划生将房屋排在第一，说明他们更加倾向"安居"，这似乎与长期的生活背景和前期社会环境有较为密切的关系。计划生之所以将居住条件放在第一，是刚刚脱离熟悉的家庭环境和社会环境，还没有完全适应新环境的内心表现。而从传统看，藏区居民面对恶劣的自然环境，安全舒适的住所就是生存得以延续的唯一重要条件，哪怕是一顶牛毛帐篷。这与自然条件相对宜人的内地相比，确实是一个很大的不同。计划生和非计划生在生活习惯上的显著差异，是关涉学生的社会适应性的直接因素。故考虑解决藏区学生异地生活或就业的时候，这点不能不引起重视。

四　关于性心理及相关情感的比较调查分析

青少年性心理对社会行为产生重要影响，故作为一个变量进行考察，如表 6 - 10。

表 6 - 10　被试中对喜欢的异性的选择、表达方式的比较

选项	计划生	非计划生
有过恋爱经历的人	46.1%	65.3%
随时关心帮助对方但不急于交往	44.3%	65.9%
主动联系积极交往	34.3%	25.8%
担心或反对其他异性接近对方	21.4%	8.3%
选择对象的顺序	善良的人、有学问的人、有钱有势的人	善良的人、有学问的人、家乡人
对生活过的地方的重要元素印象排序	亲人、自己住房、老师或同学	自己住房、亲人、老师或同学
过节或过生日方式的选择		
当过节或生日时，两种学生想得到的东西排序均为：收到祝福短信、收到钱或东西，13% 的人选择自己悄悄过		

从恋爱经历看，非计划生中大部分有过恋爱经历，而计划生相对较少。通过深度访谈发现，计划生的恋爱受自然、社会和人口结构限制较多，尽管他们体现出热切的恋爱倾向，对异性同样的向往，但是男女比差异、人口居住分散、交通通信条件落后等，限制了前期的爱情培养。到新环境后很快进入恋爱的人群中，大多是以过去的同学、老乡等互为对象。这样的恋爱圈，尽管降低了恋爱成本，但限制了双方对新环境的交往力。同时，由于恋爱资源的稀缺，一些计划生担心自己暗恋的对象被别人夺走，故随时充满了紧张和警惕。从七所学校 2009 年以来发生的 29 起打架斗殴事件分析，有 17 起与此有关，其中 11 起有直接关系。由于生活行为习惯和语言等巨大的差异，恋爱对象在很短时间内不会由计划生大规模地

向非计划生群体乃至内地社会拓展，稳定的恋爱对象相对于计划生而言是宝贵而奇缺的精神寄托，因此他们加以顽强捍卫。

有意义的是，这些来自高原山区的青少年，对于对象的品行要求与内地学生具有很大的一致性，那就是善良、有学问成为首要条件。"性善"的教育在佛教社会延续了千年以上，至今对这些地区的人们依然发挥重要影响。无论是藏传佛教还是汉传佛教，总是以慈悲为怀，崇尚光明。很多人尽管不承认自己善良，但是他们依然追求善良或要求别人善良，奇怪的是，根据一些调查发现，哪怕是身陷囹圄的囚徒依然有这种追求。对于"有学问"的要求，显然是人类进步的动力驱使了人心不断向上向前。如果说善良是文明的因素，那学问可以与之匹配为进步的因素。文明与进步一向是作为人类生存发展的主流和动力，任何民族不能背离。这点是两个群体得以总体和谐相处和进一步交融互动的纽带或基础，值得巩固和培育。计划生与非计划生在情感方面的显著差异，是产生行为冲突的重要原因，并将影响下一步婚姻家庭的组建。

五　不同群体对社会事件的态度调查分析

不同群体对社会事件的态度对社会事件尤其是群体事件具有重要影响，故作为一个重要因素加以考察。（见表6-11）

表6-11　社会交往和处理社会事务

选项	计划生	非计划生
当得知家里或亲友有困难或麻烦时		
毫不犹豫放下学习工作去关心帮助	49%	46.8%
先电话问问，等有空再说	48.3%	51.8%
不管，让他自己解决	2.7%	1.4%
在亲近同学受气后		
积极参与帮助泄愤	19.9%	15%
平时联系最多的人的排序	父母、老师、家乡人和计划生的其他同学	父母、老师、学校其他同学和社会上其他人

计划生和非计划生在处理社会事务和对待社会事件的态度及其行为方式的选择的差异，是一些突发事件的重要内因。对处理社会事务的态度和

方式选择，关涉群众参与社会事件和具体问题的程度。大约一半的被试当得知家里或亲友有困难或麻烦时选择毫不犹豫放下学习工作去关心帮助，这与他们刚脱离家庭或亲友独自生活，以及他们目前的生活来源仍然主要靠原有亲友支持有密切关联。但被试计划生在这方面显示出更强的介入倾向。尤其是在得知"亲近同学受气后"的行动选择上，有相当一部分人选择了积极参与帮助泄愤（约 20%），计划生强于非计划生。

在社会交往圈中，被试的计划生平时联系最多的排序是父母、老师、家乡人和计划生的其他同学，非计划生平时联系最多的是父母、老师、学校其他同学和社会上其他人。也就是说计划生的交际面，还没有扩大到社会上新的圈层，这将对学校管理和社会事件产生直接影响，也是他们毕业出校后在内地就业直接面临的社会适应性问题。

六 不同群体在就业选择上的差异分析

不同群体在就业上的差异，是教育结果的重要表现，对教育可持续性发展具有重要影响。（见表 6 – 12）

表 6 – 12 就业意愿调查

对毕业后的选择		
选项	计划生	非计划生
考公务员	60.4%	43.3%
做本专业	39.6%	56.7%

在就业意向上，计划生与非计划生也体现了显著的差异。调查显示，绝大部分计划生都选择了毕业后报考公务员，少部分人选择做与所学专业技术工作相关的工作；与之相对应的非计划生却大部分选择毕业后做本专业技术工作，少部分人选择报考公务员。课题组对此做了深度访谈，结果表明，相当一部分计划生受传统因素影响，把报考公务员以解决"正式工作"（即固定饭碗）看作第一位，加之地方政策对计划生报考公务员有倾斜性照顾，使他们报考公务员比内地其他同学更容易。而内地非计划生因为所学专业和学历层次限制，报考公务员的机会更少，相对竞争力更弱，继续做本专业是最现实的选择。调查表明，相当部分被试学生认为就业问

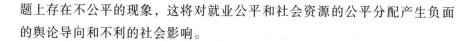

题上存在不公平的现象，这将对就业公平和社会资源的公平分配产生负面的舆论导向和不利的社会影响。

七 不同群体的价值观比较

价值观是影响行为和行动的潜在因素，故我们做了较为详细的测试。在终极价值观测试中，计划生排在前五位的选择依次是：舒适生活、幸福满足、国家安全、快乐、家庭安全；非计划生的选择依次是：家庭安全、幸福满足、舒适生活、国家安全、成就感。尽管两者都有国家安全、家庭安全、舒适生活、幸福满足四项，但是计划生更多侧重于舒适生活和幸福满足的感受，而非计划生把家庭安全放在重要地位。显著的差异是，计划生追求"快乐"，非计划生追求"成就感"。根据两个群体的成长环境和既往教育背景，这种不同需要层次的选择似符合马斯洛需求层次论。由于受这种终极价值观影响，故计划生在工具价值观上的前五位排序是：独立、欢乐、负责、正直、博爱；非计划生的排序是：能干、独立、自我控制、有理智、负责。他们的选择都将"独立""负责"放在重要位置，但计划生更加看重欢乐、正直和博爱，非计划生更加看重能干、自我控制和理智。这种工具价值观选择除了受终极价值观影响外，与长期生活环境和所受教育有一定关系。事实上，不同的价值观将对人的态度和行为习惯产生不同的导向，这种差异可能会加大社会张力，引发社会矛盾，将影响到教育效果和就业生活的方方面面。计划生与非计划生在价值观上的显著差异，是导致不同群体对免费教育的不同认识的深层次因素，也是下一步采取不同社会行动的内在动因。

八 人格因素测试发现的差异及分析

根据调查数据，经 SPSS17.0 分析处理，测试结果均以 ±3 个标准差以内的数据进行分析，得出了 566 名学生在乐群、聪慧等 16 项人格因素的数据，测试有效率为 99.1%。统计方法包括一般性描述统计、t 检验。将被试生与常模的 16 项人格因素测验结果进行对比发现，计划生与非计划生存在显著差异。

计划生在恃强性、兴奋性、有恒性、敢为性、敏感性、怀疑性、幻想性、紧张性明显高于非计划生，而在乐群性、聪慧性、稳定性、世故性、忧虑性、独立性、自律性等方面，则显著低于非计划生。同时，将计划生与全国常模 16 项人格因素测验结果对比，依然发现了显著差异。^① 可以看出，计划生与非计划生之间不仅存在差异，而且与全国高中学生也存在显著差异。计划生总体体现出外向、单纯、冲动、适应能力较弱等特征，而非计划生则表现出含蓄、世故、谨慎、适应能力较强等特征。这些显著的差异，正是许多问题出现的重要根源。一方面，农牧区学生聪慧程度低于城镇学生。经过深度访谈发现，农牧区学生受自然、社会和经济等多种因素限制，家庭经济条件较差、家庭成员文化程度较低，导致学生早期教育环节薄弱、知识面较窄、学习能力较弱，在聪慧度上得分不高；另一方面，农牧区学生长期处于管理较为松弛放任的状态，他们的自我管理能力没有得到系统化和标准化的训练，在自律性、怀疑性、世故性等方面得分较低，在恃强性、兴奋性等方面得分较高。而城镇学生和非计划生在聪慧度、自律性、世故性等方面得分较高，在恃强性、兴奋性等方面得分较低，表现出较强的趋同性。上述这些情况，使大多数计划生的学习压力加大，行为习惯较差，与非计划生在学习成绩上相悬殊、在生活习惯上差异大，在行为方式上产生摩擦。

九　不同群体在信仰上的差异分析

被试的藏族生源几乎都承认自己信仰佛教，其余被试学生中也有不同的信仰。尽管他们中相当一部分已经在组织上入了团，也有少数入党的，但是他们并没有放弃原有的宗教信仰。他们中相当一部分人表示今后工作的收入有捐赠给寺庙的意愿，这说明宗教信仰在计划生中依然发挥着重要影响。而与之相应的，被试的非计划生却基本没有信仰上的投入愿望。这种意识形态深刻影响着藏区学生的思想基础，使他们在人生观和价值观上表现出与其他学生不同的取向，进而影响到他们对社会问题的态度立场，以及采取相应的社会行动。信仰问题和价值观，是决定社会行为的深层次因素；不同的家庭和社会环境形成了不同特质的人格、情感和习惯；不同的政策导向引导了不同的社会行为，进而决定社会参与

---

① 因为被试生总体处于中专层次，故采用北京师范大学发展心理所建立的高中学生常模进行比较。该常模经过多次修订，信度、效度较高。

者不同的社会形象和社会地位。本来，中学和大学时期是青年思想和人格的形成期和走向社会的融入期，但前期生活环境和教育差异，导致不同群体在免费教育时期的差异凸显出来，对当前教育管理和就业体制构成挑战。

第七章 由"9+3"免费教育工程 带出的一个问题

四川省政府决定从 2009 年起，每年从四川民族地区（甘孜、阿坝、凉山三州为主）已经完成 9 年制义务教育未考上高中的学生和高中毕业未考上大学的毕业生中，选送学员到四川内地的 100 余所职业技术学校（院）接受为期 3 年的职业技术教育。"9+3"工程经过了一个逐步扩大的过程。2009 年、2010 年和 2011 年招生数量连续三年上升。而在招生志愿上，甘孜、阿坝两州有不同的表现形式（见表 7-1）。

表 7-1 2009 年阿坝、甘孜两州免费职业教育生源统计

单位：人

阿坝州			甘孜州		
应届初中毕业生	愿意到内地就读的初中毕业学生	愿意留在本州就读的初中毕业学生	应届初中毕业生	愿意到内地就读的初中毕业学生	愿意留在本州就读的初中毕业学生
12681	5057	7624	9571	2459	7112

数据来源：分别由四川省教育厅、阿坝州教育局、甘孜州教育局提供，统计截止时间：2009年 10 月。

2010 年、2011 年，工程逐步向其少数民族聚居区扩展。内地重点职业技术学校在甘孜、阿坝两州录取人数超过 20000 人，还在彝区完成了 26000 人的招生计划，"9+3"学员在内地学习的总数超过了 5 万人。[①]

数量上的扩大，并不意味着"9+3"工程推进没有阻力，事实上，政

---

① 截至 2011 年底，四川藏区送到内地学习的学员已经超过 30000 人，四川彝区送到内地学习的学员超过 20000 人。数据由四川省教育厅提供。

府在招收学员问题上遇到了困难。

2009 年，阿坝州有应届初中毕业生总数 12681 人，其中愿在本州就读的应届初中毕业生 7624 人，愿到内地的（藏族农牧民子女）只有 5057人，占应届生总数的 39.9%。甘孜州有应届初中毕业生 9571 人，愿到内地读职中的（藏族农牧民子女）2459 人，占该州应届初中毕业生的26.7%。凉山州木里藏族自治县愿到内地的（藏族农牧民子女）262 人。

2009 年，省政府下达给甘孜州、阿坝州和木里县的学员名额分别是4570 名、5000 名和 300 名，共计 9870 人。首次招生中，阿坝州和木里县基本完成了任务，而甘孜州实际完成 2250 人，只有下达指标的 49.2%①。

2010 年，省政府下达给甘孜州、阿坝州和木里县的学员名额分别是2800 名、3200 名和 500 名，共计 6500 人。首次录取实际完成 4833 人，只完成下达指标的 74.3%；为完成任务，把招生对象扩大为高考落榜的高中毕业生，"应招尽招"，为此省里分别给上述两州一县下达指标分别是 420人、640 人和 35 人；对于不愿跨民族聚居区就读的学生，也实行就地免费职业教育，为此省政府给甘孜、阿坝两州下达的指标分别是 870 人、1430人，阿坝州和木里县基本完成了任务，甘孜州却大致完成 60% 的任务，后又一再动员，把招生年龄放宽到 26 岁，不限婚否，才勉强完成。

这里出现一个重要的问题：甘孜州人口比阿坝州多十余万②，面积比阿坝大一倍，初中毕业生反而少于阿坝州，导致免费职业教育学员人数比阿坝少，这是什么原因？

第一节　甘孜藏区存在"隐性人口"吗

1942 年西康省（其核心部分就是甘孜藏区）主席刘自乾就指出："西康的人口是个谜！"理由是：

中国的人口还是一个谜，西康是中国之一省，又焉得不是谜呢？西康人口有说五百万的，有说四百万的，有说三百万的，还有说一百

---

① 以上数据由四川省教育厅提供。
② 2009 年末，两州统计部门提供数据：甘孜州人口 99.7 万人，阿坝州人口 88.5 万人。

五十万的。以最多的数五百万与最少的一百五十万相较，就差了三百五十万，差数大到这种程度的原因，一方面由于西康人口向来无精确统计，许多都是随便说；另一方面，有些是就西康全境所有各民族拿来一并估计在内的，有些又是除开许多边民，单就可能调查的康族、汉族来统计的。①

刘自乾提到的情况是一个具体问题。这里暂不论康区人口统计的具体问题，单就他提到全国人口与西康人口统计中的存在的"谜"，对本研究确有提示意义。

2009年全国初中在校生，占总人口的比率是4.07%，② 四川省初中生占全省人口的比率是4.34%；《四川统计年鉴》（2009）给出的初中生数及其与总人口的比率是：阿坝州38762人，占该州总人口的4.25%；凉山州182172人，占该州总人口的4.15%。③ 而甘孜州33304人，占该州总人口的3.28%，分别低于全国0.79个、全省1.06个、阿坝州0.97个及凉山州0.87个百分点。

2010年四川省免费职业教育全面实施时初中在校生占总人口的比率：全国是3.93%，四川省是4.27%；而《四川统计年鉴》（2010）给出的初中生数及其与总人口的比率是：阿坝州38762人，占4.31%；凉山州194078人，占4.28%。④ 而甘孜州34379人，占该州总人口的3.14%，分别低于全国0.79个、全省1.13个、阿坝州1.17个及凉山州1.14个百分点。

若按2009年全国初中学生与全国总人口比率（4.07%）推算，则甘孜州初中在校学生人数应在4万以上，若按同年四川省的比率推算，也应该高于4万人。而2009年甘孜州教育局调查统计到全州在校初中生实际只有23249人（各校上报的在册人数），占全州人口101.5万人的2.29%，显然低于同年全国初中生占总人口的比率1.78个百分点。同时大大低于四川省统计局给出的该州在校初中生33304人的数字及其占该州总人口

① 刘自乾：《刘自乾先生建设新西康十讲》，建康书局，1943，第28页。
② 全国数据来源：《中国统计年鉴（2011）》第95、745页。
③ 《四川省统计年鉴》（2009），第66、498~500页。
④ 《四川省统计年鉴》（2010），第68、496~498页。

3.28%的比率。

这里姑且不论省统计局给出的数据的真实性与可靠性（口径问题?），仅从甘孜州的实际情况着手考察，可以使问题更加明了。众所周知，甘孜州是一个藏族自治州，按政策每对夫妇可以生育2胎，但实际不止2胎。2008年笔者抽样调查甘孜州的康定、新龙两县的10户城镇居民和10户农牧民，10户城镇居民中生育1胎的6户，生育2胎的4户；农牧民中生育1胎的1户，生育2胎的3户，生育3胎及以上的7户。[①] 也就是说，在农牧区，生育2个孩子以上是普遍的现象，这与内地每户基本上生育1胎的情况不同。如果继续往2008年以前推，生育更多胎的现象可能更加普遍。

以上调查表明：实际上学龄人口占州内总人口比率应该比内地高；在《义务教育法》实施后，就读小学和初中的人口比率应该远高于内地，而事实上甘孜州的在校初中生不但比内地比率少得多，而且也少于相邻的阿坝州。明显的，甘孜州比阿坝州总人口多10万人以上，在校初中生反而少15513人，也就是说按正常情况推算，甘孜州有两万名以上的初中生不知去向。究竟是否存在这个"适龄人口不知去向"的问题？先来看一组调查材料。[②]

石渠县有人口7.1万（2009年数据），按照"普九"要求，每个年级在校学生人数应该是总人口数的10%（因基础工作薄弱，只能估算），小学生应达到7000人（含在外地就读的300余人），当时尚差1000余人；初中生应达到3500人（含在外地就读的150余人），当时尚差2760余人。据此可见，石渠县7~16周岁的适龄人口中约有64.2%的人未入学。

还有一组调查显示[③]，2007年，四川藏区从小学一年级到六年级，学生人数总共减少了13600人，占当年应入学人数的37.3%，小学到初中时，学生人数减少了5593人，占当年应入学人数的35.4%；初中升高中时，学生人数减少了10446人，占当年应入学（初中）人数的28.7%。

---

① 访谈编号：GZ-08，电话访谈记录；访谈人：康定、新龙两县计生干部及20户当事人；访谈时间：2008年8月24日下午至26日下午。
② 中共四川省委藏区基层工作组：《省委藏区基层工作总结及调研集》（内部参考，省委印发），2008，第275页。
③ 中共四川省委藏区基层工作组：《省委藏区基层工作总结及调研集》（内部参考，省委印发），2008，第165页。

关于这个问题有两种推测。一是"层层上报"的人口基数统计出现了问题。很长一段时间，川西北公共基础设施薄弱，人口居住相当分散，特别是广大农牧区，很多地方不通公路、不通电话、不通网络、没有电。县级人口统计主要靠乡镇报告，乡镇主要靠村组报告，很多地方村组不存在或有名无实，问题就出在这里。新中国成立后开展了六次人口普查，甘孜州这六次普查的方式与西康省时代相比较，从根本上没有什么变化：都是从最基层开始，手工统计、层层上报，最后汇总发布。第一个环节即最基层的手工统计，在草地就出了问题——那里的村组基本上不能履行人口普查的职能，历来基本上是乡和县根据上年数字估算后上报。二是"宗教隐瞒"。作为全民信教区，甘孜草地宗教氛围远远浓于阿坝草地，有相当一部分人口被寺庙掌握着，一个人刚出生不是到派出所登记户口，而是到寺庙请求命名和打卦，有的一出生就成为寺庙成员，寺庙为新生儿命名、打卦、求神，而保守寺庙秘密是当地信众约定俗成必须遵守的事项，这样，这部分人口始终进入不了官方统计之中。

关于这两个推测的验证是很多的。

一项调查发现①，截至 2008 年 5 月，阿坝县共有 282 名党员干部送子女入寺，其中机关单位干部职工党员 53 名（26 名已退休）、农村党员 229 名，入寺子女人数 349 名；全县有子女入寺的机关事业单位干部职工 114 名（其中有县级干部 4 名、科级干部 35 名、一般干部 75 名），入寺子女人数 136 名（其中 18 周岁以下 10 人）。

阿坝全县干部（公务员，大多数是党员）不过 1000 人，党员不过 2000 多人，参与送子女入寺的比率如此之高，令人意外。一个县的党员干部尚且有如此多的子女进入寺庙，那么甘孜州的一般农牧民子女有多少入寺？数字可能同样令人吃惊。

另一项调查发现②，全县 3752 名中小学生中，贫困人口近 3000 人，占总数的 80%，其中特别困难缴不起生活费和书杂费、学费的近 1000 人。如此大的贫困面，必然导致"两低一高"（即入学率低、升学率低、辍学

---

① 中共四川省委藏区基层工作组：《省委藏区基层工作总结及调研集》（内部参考，省委印发），2008，第 312 页。

② 中共四川省委藏区基层工作组：《省委藏区基层工作总结及调研集》（内部参考，省委印发），2008，第 246 页。

率高）。即使通过说服动员入学后，由于缴不起生活费和书本费，部分学生仍然中途辍学。2008年3月，县政府对"两基工程"进行验收，初中生由2005年验收时的1047人猛降至2008年的693人，流失354人，流失率为33.8%。

流失的儿童少年到哪里去了呢[1]？

2007年，四川藏区从寺庙清理出未成年人2725人，其中甘孜州仅13～18周岁的青少年就有1432人。此外，藏区有民间办学的历史和习惯，经过清理整顿，寺庙以各种方式参与办学的现象仍然存在。如德格县竹庆寺孤儿院的223人中，有60%是招收当地适龄儿童。康定县2007年清理出四座办学寺庙，共有37名未成年人在寺庙就学。

除了寺庙这一原因，批量地"隐形出国（境）"也不容忽视。[2]

据联合国难民署统计，从1993年到2006年，经尼泊尔所谓"西藏难民接待中心"接待出走的藏人共33343名，其中学生和失学儿童占30%。

此外，为更为直接地说明藏区隐性人口存在，下列亲历调查不妨作为验证材料。

康定鱼通沟深山中有一户隐居户，男的自称姓王，其妻不详，其父辈从内地移居而来。家产仅有瓦板房一间、儿女一对、毛边锅一口，无电、无路、无通信设施，也无户口，穿着极为破烂，三餐以土豆、萝卜为主食，几乎过着原始人的生活。招待笔者的就是草窝下的一堆萝卜，用手搓掉污泥即食用。他们偶尔下山卖点药材或土豆，换点盐巴等生活必需品。从不知道户口为何物，自然不在统计之列。而在甘孜腹地的新龙通宵沟，这样的"黑户"也零星散落其间。[3]

阿次是一个大约15岁（1995年时）的男孩，他常常带着他的亲戚阿热（1995年大约14岁）到人口较集中的乡镇玩耍。他这亲戚生于牛场、长于牛场，不会说标准的藏话，更不会说汉话，而是讲"牛场话"。他们

---

① 中共四川省委藏区基层工作组：《省委藏区基层工作总结及调研集》（内部参考，省委印发），2008，第166页。

② 中共四川省委藏区基层工作组：《省委藏区基层工作总结及调研集》（内部参考，省委印发），2008，第167页。

③ 访谈编号：GZ-12；访谈人：新龙博美乡博美村村民阿次；访谈时间：2009年5月2日下午；访谈地点：新龙博美乡。

的牛场是移动的，没有人统计过有多少人口。笔者从他那里了解到，除了两个犯案在逃的叔叔外，还有其他家庭成员，大约 8 人。他们家有牦牛100 多头，羊 300 多头，枪 3 支。笔者问过地方乡镇干部，像这样的散户怎么调查？乡干部说，根本不用调查，没有必要，也没有条件搞清这些散落户。他们今年可能在这个牛场，明年又到了那个牛场。①

另一个例子就是 2007 年前后四川省教育厅干部林强到四川布托县的一个大山里"发现了"与世隔绝的"麻风村"之后，这种类似"隐居"的情况才纳入人口调查者的视野：这个聚落究竟有多少人，人口结构如何，以前根本无人知晓，而地方的人口统计数据一般是忽略他们的。② 因此，上述推测如果成立，至少四川藏区的一些地方存在相当数量的隐性人口。这不仅为"9 + 3"职业教育带来相当的困难，可能也会引发下一步社会管理及相关环节连锁反应。

还有一个最直接的例子，就是笔者熟悉的一个名叫刘××的，1972 年到了甘孜藏区生活，至今还在一个叫中谷的村子里与当地人混住。他离开遂宁苏家沟 30 多年，当地早已注销了他的户口，但是他在藏区同样是"黑户"，没有人过问，也没有身份证。他做手艺为生，他说他"这辈子是不回家乡了，那太苦了"。这是一个在藏区生活的典型的"黑人"。

这些材料均可以反映出藏区的人口管理和人口统计的现状，至此，对于为什么甘孜州初中毕业生比阿坝州少，也可以有一个较为合理的解释了。

第二节　甘孜藏区"隐性人口"究竟有多少，
印证出什么问题

1931 年，康藏问题专家任乃强对西康人口调查后，给出的全省的人口

---

① 访谈编号：GZ - 10；访谈人：康定麦崩乡村民王仁富；访谈时间：2009 年 4 月 28 日下午；访谈地点：康定县麦崩乡。

② "2007 年 7 月 18 日，阿布罗哈村村民第一次领到了户口簿。其余 17 个麻风病康复村的入户核对和身份证办理工作正在进行。"此前他们是"黑户"。《四川日报》2007 年 8 月 4 日，要闻 01 版。

数是 89.7 万人,其中甘孜藏区人口为 69.4 万①;而事隔 20 年后,新中国
成立时统计到甘孜藏区人口约 50 万。② 如果任乃强给出的数字接近准确,
那么经过 20 年甘孜州人口减少了近 20 万人,平均每年负增长一万人。如
果没有大规模战争或者瘟疫,人口出现这么大的负增长是难以服人的。这
里有必要对比考察同时期全国的人口增长趋势:新中国成立时,"根据公
安部门的统计数以及 1953 年人口普查的结果,1949 年年底,中国人口达
到了 5.4 亿"③。全国人口自然增长率以接近 20‰ 的速度递增,而即使在施
行计划生育政策后的 20 世纪 80 年代前期,人口增长率依然维持在 23‰ 的
水平。2009 年第六次人口普查时达到 13.39 亿。如果按这个增长率,以新
中国成立时甘孜州人口 50 万为基数推算,那么 2009 年甘孜州人口数应当
在 115 万以上。如果以任乃强 1931 年给出的 69 万人口为基数,那么甘孜
州人口数应当在 160 万以上。这里需要明确的是,占甘孜州人口总数
78.7% 的藏族人口是可以生二胎甚至更多胎的。而 2009 年末,甘孜州政府
给出的人口总数为 99.7 万,把这个数字与新中国成立时报出的 50 万人为
基数推算结果相比较,至少有 15 万人被漏报或"隐性存在";若以任乃强
更早时候报出的 69 万人为基数推算的结果相比较,则至少有 60 万人被漏
报或"隐性存在"。

如果上述推断成立,至少可以印证如下几个问题。

甘孜藏区的土地上,至少有 3 个中等县的人口隐性存在着,他们生活
在"去社会"的"隐性王国"里。为什么四川藏区寺庙多达 800 余座其僧
源还不至于枯竭,寺庙经济依然得以长足发展;而职业学校不过 100 多所,
就面临"生源枯竭"的挑战?为什么甘孜州的适龄青少年学生统计数反而
少于总人口低于它的阿坝州,更进一步说明免费教育惠及甘孜州的适龄人
口并没有官方估计的那么乐观。为什么甘孜州往往成为藏区群体事件的高
发区,至少有相当数量的事件参与者不在政府视线或者掌控之列。为什么
政府对甘孜州散落于民间的数以万计的枪支提心吊胆,至少他们对掌握这

① 拉巴平措、马丽华:《现代中国藏学文集·任乃强藏学文集》(上),中国藏学出版社,
2009,第 211~212 页。
② 四川省档案馆:中共四川省委,1956 年,第 1358 卷、第 108 号。
③ 国家统计局综合司:《全国各省、自治区、直辖市历史统计资料汇编(1949—1989)》,第
2 页。转引自葛剑雄主编、侯杨方著《中国人口史》,复旦大学出版社,2005,第 281 页。

些武器的人员是难以控制的。为什么本不是边境的甘孜州会有大量的人口在边境线穿梭自如。"隐性王国"无时无刻不在隐性渗透扩张，他们的后代、他们的亲友逐步抛弃户口、抛弃现实社会，给社会稳定和发展带来难以预测的隐患。

这些都是"9 + 3"免费教育所不能解决的。

第八章　民间枪支调查

当代中国是一个严格禁枪的国家,但当前存在"有枪部落"的事实几乎是政府无可奈何的事情。这给予我们很大的研究兴趣和探讨空间。"有枪部落"一词是我们为了对这一特定现象研究方便,给出的一个定义,它是指在特定的区域内拥有国家法律禁止的枪支的特殊群体。它是我们知道其存在,法律不允许其存在,但事实上政府又不能将其禁绝的特殊社会群体。枪支这种东西,不是一般人可以拥有的,但是就有一个地方,不仅人们对它耳熟能详,而且它已经融入了人们的生产生活中,那就是康巴藏区的核心地带——甘孜藏区。我们通过对这一特定区域枪支问题的考察和探讨,结合当代科技和社会发展,得出一个不容忽视的结论:如果政府不采取有效措施加大对特定区域枪支管控,枪支将泛滥成社会公害。为此,建议在特定地区实行釜底抽薪式的办法,彻底改变当地居民的生产生活方式和居住环境,加大社会管控力度,谨防高科技走向歧途。

第一节　枪支的起源与康区枪支来源

一　枪支起源

"公元 9 世纪前后,武器进入了火器时代。火器是利用燃烧的爆炸性能实施杀伤破坏的武器。火器的发明,实现了武器发展史上的第一次重大使命,即从冷兵器时代利用机械转变为近代火器的利用热能和机械能。"[1] 但火

---

[1]　黄甫生等:《武器的悖论——武器装备伦理研究》,中国社会科学出版社,2010,第105页。

器的第一阶段，主要是使用燃烧性火器、爆炸性火器和抛射性火器，枪炮是火器发展的第二个时期的产物，大体经历了从 14 世纪到 19 世纪五个多世纪的发展。其中，1495 年在福尔诺沃会战中法国军队依靠野战炮重创意大利的长纵队，不仅震动了整个意大利，而且使人认为炮兵这一新兵种简直是无敌的。1776 年英国弗格森在后膛枪的基础上发明来复枪，显著提高了步枪的射程，即由原来的 100 米提高到了 200 米。18 世纪蒸汽机发明后，一系列蒸汽动力武器接踵而至。火药从物理制剂到化学制剂转化，迎来了高爆炸药时代，是 19 世纪中期军火工业的最大成就。19 世纪后期，枪炮技术开始向自动化方向发展，从 1867 年到 1907 年先后制造了温彻斯特连发步枪、著名的马克沁重机枪、自动手枪、轻机枪、半自动步枪等，武器进入了自动化时代。

枪支作为生产工具向战争武器演变的历史，在历史文献中有大量记载。康区以枪支大规模替代弓箭作为生产工具可考的历史源于 20 世纪二三十年代。不过这是一个较缓慢的过程。主要原因，一是枪支的成本较高，原始的农牧经济还不能适应近代化生产工具的推广应用；二是枪支的技术含量较高，与落后的农业生产存在不适应性。后来枪支在作为传统农牧业的补充——狩猎经济发展与边界争端及冤家械斗中，得到很快的普及，大致是受抗战爆发后国民政府的大后方的战略引导而加速发展。至藏区民主改革之初，枪支已经有了相当可观的数量。这时枪支以保卫财产（主要是牧场）和狩猎的职能为主。

二 康区枪支来源

"历史上康定县农牧民和藏族商人，由于狩猎生产和自卫需要，多数有自备的明火枪或快枪的习惯。明正、鱼通土司统治时的土兵制度，凡有战事发生，又需自备枪支口粮，应征出征作战，所以藏族人民中，持枪者极为普遍。"同时"西康关外民众，多半是以抢劫为最光荣的英雄事业。玉科土司汪勒便是因抢劫勇敢而受到民众拥护"，为此，"西康关外人民一般都忽略物的所有权，似乎物之所以为你的，并不是你有物的所有权，而是你有威力可以保管它，假使你的威力不足或消失，你的物未尝不可为我的物。所以康人都喜欢出高价买好枪"①。因此，"几乎家家有枪，爱枪如

---

① 王涤瑕：《榆科见闻记》，《康导月刊》1938 第 4 卷第 1 期。

命，宁愿给儿子，不愿给枪支"的情况普遍存在。① 此外，"边民最不好的一个习惯，就是打冤家"，"小有冲突，必然持枪动武，只要持枪动武，必有死亡；一有死亡，必有报复，此支力量不足，必求助于他支。他支乐于助此，又多系以武力报复为条件"，继而造成械斗频繁，枪支需求大增。②

第一阶段：近现代武器装备大量进入甘孜藏区。

一是边疆危机导致的枪支广泛使用。近代以降，作为天府屏障的"川边"，随边疆危机不断而险象环生。1913 年，英国见西藏与中央政府关系有所改善，唯恐边地得以巩固，遂加紧挑拨生事，策划"西姆拉则会议"，企图分割西藏，挑起了川藏纷争，其代表就是"类乌齐事件"。事件中，英指使西藏地方武装攻入川边防区，拘捕当地守将，进而占据川边防区十余县，致使四川内地震动，北洋政府堪忧。为稳定地方、巩固边疆，北洋政府调拨给川边镇守使陈遐龄汉阳枪 3000 支、山炮 3 门、子弹 100 万发。③ 1918 年，在各方磋商下，西藏武装势力与西康地方割据西康部分县份，此事方才告终，但北洋政府支援的武器装备留在了康区。

二是地方纷争导致的枪支泛滥。"类乌齐事件" 12 年后，即 1930 年夏，康北大金寺与白利土司家庙亚拉寺所在村发生所谓"差民纠纷"，史称"大白事件"，西藏地方势力再次卷入，暗中资助大金寺英造步枪 500支，双方武力对峙，"步枪大炮一齐出动"，1933 年夏，以白利武装战败的"岗拖协议"而告终。④ 1931 年下半年，康巴人格桑泽仁受国民党派遣，回到巴安地方组建国民党西康省地方组织，途经云南得到龙云资助，送与他单筒步枪 100 支。他凭借这些武装，缴获了巴安地方驻军的武器装备，宣布成立"西康省防军司令部"，后来战败，武器装备散落民间。1935 年，活佛诺拉凭借他从西藏带来的 200 余人的精良武装袭击了西康地方武装一个团，并组织了寿宁寺等寺庙武装，在与红军交火中，被红军俘获，武装溃散，大部分枪支散落当地民间。资料记载："瞻化土酋自诺拉乱后，拾

① 秦和平：《四川民族地区民主改革资料集》，民族出版社，2008，第 363 页。
② 刘自乾：《建设新西康十讲》，《雅安建康书局》，1943，第 89 页。
③ 冯有志：《西康史拾遗（上）》，中国人民政治协商会议甘孜州委员会编印，1993，第 87页。
④ 冯有志：《西康史拾遗（上）》，中国人民政治协商会议甘孜州委员会编印，1993，第 108页。

遗枪不少,势益庞大。如河西区长巴登夺躲家藏长短枪不下百余支,子弹数十驮,其能掌握运用之民兵又三百余户,头人中亲戚能为之助者,不下五百户,故一有事变,辄能调动人枪千余。"[1] 1937 年,为提升班禅在西藏的实力,国民党政府组建"班禅回藏行辕",拨给大量经费和先进武器装备。班禅在途中圆寂,行辕滞留甘孜县内,并与当地武装发生冲突,史称"班辕事件"。冲突中班禅行辕"到各乡动员群众,自愿参加的,每人发给步枪一支,子弹 100 发,手榴弹 4 颗",这次冲突以行辕失败告终,所带 10000 余支精良枪支、大量弹药,以及其他武器装备或被地方武装截获,或流入民间。这些武器装备,"多是中正式、意大利四环步枪,较驻军的汉阳造枪,要好得多"。[2]

三是红军"博巴政权"解散后的武器流失。1935 年 5 月和 1936 年 7 月,中国工农红军第一、二、四方面军先后进入甘孜藏区。红军进入后,建立"博巴政府",发展地方武装,给予了当地一些武器装备。但那个时候,当地民众已经有部分武器。他们把"自己所有的快枪、土枪、刀、矛,自动地拿出来武装自己"[3](见表 8 - 1)。

表 8 - 1　甘孜藏区枪支的扩散

武装力量	建立时间	人数	拥有武器	武装解散日期	枪支去向
中央博巴自卫军"统战武装力量"	1936 年 5 月	约 10000 人	4000 支枪	当年 7 月红军北上后自动解散	不知去向
中央博巴自卫军"骑兵大队"	1936 年 5 月	300 人	300 支枪	当年 7 月红军北上后自动解散	不知去向
道孚博巴自卫军	1936 年 4 月	800 余人	800 余支枪	红军撤离后解散	散落民间

---

① 欧阳枢北:《瞻化土酋之过去与现在》,《康导月刊》1939 年第 1 卷第 2 期。

② 冯有志:《西康史拾遗(上)》,中国人民政治协商会议甘孜州委员会编印,1993,第 341 页。

③ 中共甘孜州委党史研究室编《红军长征在甘孜》,成都科技大学出版社,1993,第 212 页。

续表

武装力量	建立时间	人数	拥有武器	武装解散日期	枪支去向
炉霍博巴自卫军	1936 年 4 月	不详	不详	红军撤离后解散	不详
甘孜博巴自卫军	1936 年 4 月	70 人	70 支枪	红军撤离后解散	散落民间
瞻化博巴自卫军	1936 年 4 月	两个自卫团	土司翁须多吉和巴登多吉的私人武装	红军撤离后解散	由土司掌握
丹巴藏民独立师独立团[①]	1936 年 4 月	约 800 人	200 余支枪	后师长被"误杀"，部队解散	武器散落民间
丹巴藏民独立师游击队[②]	1936 年 4 月	游击队20 ~ 30 个	不详	后师长被"误杀"，部队解散	武器散落民间
雅江博巴自卫军[③]	1936 年 4 月	不详	不详	红军撤离后解散	武器散落民间

资料来源：①金世柏：《忆丹巴藏民独立师》，1982，第 9 页。参见中共甘孜州委党史研究室《红军长征在甘孜》，成都科技大学出版社，1993，第 196 页。

②Baidu. com. tcexue. net. 2012 年 5 月 2 日。

③ 中共甘孜州委党史研究室编《红军长征在甘孜》，成都科技大学出版社，1993，第 213 页。

由此可见，当时民间已经有了相当多的武器。这些武装在红军撤离后，有的自动解散，有的被国民党势力"包围缴械"。

此外，当地寺庙拥有不少的武器装备。长青春科尔寺拥有枪支 700 余支，由于"该寺特殊地位，不仅可以调动理塘全境僧侣和部分群众，还能在雅江之崇西、西俄洛及乡城、稻城、义敦等县调动部分力量，总计可调动人枪 10000 之众"[①]。

四是地方实力派军事冲突后导致武器大量流失。"民国时期从边军到二十四军都存在军队军官出售枪支弹药的现象，因而流散民间枪支不少。"[②]"二刘大战"结束后，刘文辉部退至西康一带，"冷部被改编后，潘文华准冷寅东带一个营和一个手枪连回成都，后来冷将一个连手枪卖给

---

① 中共甘孜州委党史研究室编《红军长征在甘孜》，成都科技大学出版社，1993，第 172 页。

② 康定县志编纂委员会编《康定县志》，四川辞书出版社，1995，第 377 页。

了谢无圻,一个营手枪卖给了黄鳌,升官不成,总算发了笔横财"①。像这种战败后随意出售大批枪支的情况,在当时是比较普遍的。后来在宁属事件中,有个叫叶萍的人在《大公报》撰文长篇累牍指名道姓攻击刘文辉,其中一段以"三十万支枪"为题,报道了西康的枪支问题。

> 随着烟花的蔓延,在大小凉山中居住的百万倮族同胞,他们是居住在高山,过着艰苦而凄苦的生活。他们的性情受了传统的习染,好勇斗狠。很不幸的,在过去国家没有改善他们的生活环境,让他们孤僻地住在一大片未经开发的土地上,所谓大小凉山,纵横都在千里以上,与外界隔绝,他们也遍种鸦片,于是烟土调换枪支,变成了西康省的最大交易。说来难以相信,在短短数年间,流入倮区的中正式步枪,就在三十万支以上。当然还有数百万,甚至上千万的子弹,以及机关枪迫击炮之类。这当中有一半以上还是从遥远的前线士兵手里来的。而那个时候,也正是国家武器缺乏过于极度之秋,这个对于当时抗战力量的损失有多大,恐怕不是数字可以计算的吧?其危害国家民族又到了怎么样的一种境地!由于倮区五里的增加,当然对于土居在宁属一带的汉族同胞,形成了严重的生命的威胁,不能不购买枪支以自卫,于是交易扩大中,刘文辉氏的政治运用更有力了,因为他的金钱多到可以收买任何党派,任何个人的时候了。②

应该清楚,写这个文章的人是中共党员叶萍,至于为何要在这个时候写文章攻击与中共已经交往很深的刘文辉,背景尚不明了。无论这个数目是不是真实可靠的,但从当时"凡有武器,不拘多寡都可以横行一地,美其名曰合作,只不过是不打仗而已,沟这边河那边各霸一方,各行其政,当时西康成了多政府状态"③ 的情况看,武器已经相当普遍的事实是存在的。

第二阶段:民主改革后枪支泛滥情况。民主改革和平息叛乱很大程度

---

① 肖波、马宣伟:《四川军阀混战》,四川社会科学院出版社,1984,第291页。

② 叶萍:《神秘的西康》,《大公报》1946年2月12日。

③ 陈耀伦:《西康鸦片流毒造成荥经事变的经过》,《文史资料选辑合订本》,中国文史出版社,1964,第102~112页。

上控制了民间武装，一部分枪支在战争中被政府收缴。后在 20 世纪 60 年代的民兵训练中，先后有 75000 余人参加了训练，其中相当一部分人参加了实弹射击，掌握了枪支 7500 余件。① 大规模的使用武器和管理体制问题，导致弹药大量流失。但在十年"文革"中，"造反派"抢夺部队枪支，大搞武斗，武器流失严重。② 从全国大背景看，仅截至 1967 年 8 月 19 日的不完全统计，全国发生 1175 起抢夺部队枪支弹药的事件，被抢枪支弹药有"步枪 2.16 万支、冲锋枪 4600 余支、手枪 2000 余支、轻机枪 1190 余挺、重机枪 350 挺、高射机枪 80 余挺、60 炮 22 门、火箭筒 61 具、无后坐力炮 8 门、子弹 648.7 万发、炮弹 560 余发、弹药 1296 公斤、雷管 4290 余支、手榴弹 16300 枚、喷火器 10 具、高射机枪弹 700 余发"。另外，不但抢劫部队武器装备，还抢夺兵工厂、军车武器弹药，重庆等地兵工厂约 72 万发子弹被抢，中越边境运兵车被抢，等等。③ 在抢枪风潮中，甘孜藏区的十余个省属企事业单位表现活跃。从 1967 年到 1969 年底，八个省属林业局的 50000 余人参加了派性武斗，地方武装部和军队以"三支两军"方式介入，枪支被抢和人员伤亡的情况不断发生。"文革"后期，"遵照毛泽东要准备打仗的指示"，大办民兵师，仅甘孜藏区民兵人数达到 143275 人，④ 由于训练中大搞实弹射击演习，加之管理因素，武器弹药进一步流失。"枪紧弹松"的现实，导致弹药大量流失，又进一步助长枪支泛滥。

改革开放后，随着中越边境战争的平息，越南方面大量枪支从云南边境流向四川藏区。此外，据地方志资料，"改革开放以来机关单位配枪人员增加，民间购枪增多，枪弹管理混乱"⑤ 的事实是存在的。

据不完全统计，2005 年民间各类枪支 13.5 万余条⑥，在边界纠纷等利益冲突中 90% 以上使用了枪支，其中不乏"转盘机枪"、"56"式步枪、

---

① 甘孜州志编纂委员会编《甘孜州志》，四川人民出版社，1997，第 732 页。
② 康定县志编纂委员会：《康定县志》，四川辞书出版社，1995，第 377 页。
③ 郭德宏等：《中华人民共和国专题史稿（3）》，四川出版集团、四川人民出版社，2009，第 137 页。
④ 甘孜州志编纂委员会编《甘孜州志》，四川人民出版社，1997，第 732 页。
⑤ 四川省德格县志编纂委员会编《德格县志》，四川人民出版社，1995，第 326 页。
⑥ 2005 年甘孜州委政法委提供。

冲锋枪等现代武器。① 除了历史上沿用的明火枪外，绝大多数农牧民热衷
购买现代武器，特别是杀伤力特强的"56"式半自动步枪。② 另一种是
"54"式手枪。③ 而 2013 年的调查显示，这种情况并没有得到根本的改变。
政府掌握和收缴的枪支不足 1/10。

第二节　枪支失控带来的问题

枪支失控带来的问题主要表现在社会治安问题、生态问题和经济转型
与产业发展问题等方面。

一　社会治安问题

枪支在民间的积累到一定量的时候，就为它的功能拓展和效用扩大提
供了条件。这也是这种特殊载体的属性所决定的。从枪支的引进和使用历
史看，川西北民间枪支第一属性应该是生产工具，这或许是它的特殊性之
一。当川西北社会发展到一个特定的历史阶段时，对生产工具的性能提出
了更多更高要求，枪支正是为了适应狩猎生产发展而出现的。它是对作为
蓄能工具的弓箭的改进和替代。如果说川西北枪支的生产工具属性是人类
社会一个发展的基本属性的话，那么枪支的武装斗争或战争属性就是应社
会发展而出现的另一个属性，这个属性应该是在前一个属性基础上的延
伸，是第二属性。尽管我们还没有确切考证出枪支究竟是率先出现在川西
北人类间厮杀的战场上还是在艰苦的狩猎环境中，但仅从它与蓄能工具弓
箭的关系上看，已经印证了它首先源于生产需要的推断。川西北枪支的这
种二重性在民间枪支的存在和发展中得到了充分的体现和发挥。在民间，
枪支的二重性体现在个体生产和自卫，以及应征和出租的不确定性上。仅
就个体生产和自卫的属性看，它具有排外性和攻击性；但从应征和出租的

---

① 据笔者 1991 年、1995 年和 2008 年调查，这些枪支构成复杂，一部分是用于生产狩猎的
　明火枪，一部分是现代武器。从来源上看，大部分来自中越边境，近年来一部分来自印
　度和缅甸等地。来源方式也十分复杂，有民间自愿购买，也有一些分裂势力和政治势力
　推动。一段时期，康区客观上存在地下"黑市"军火贸易。

② 1991 年 10 月笔者采访。

③ 2009 年 4 月地方政法部门干部提供。

属性看，又具有明显的社会性和公共性。但问题是，什么情况下枪支在同一个持有者手中发挥排外性和攻击性，什么情况下发挥社会性和公共性，在判断上显得异常复杂。

尽管川西北属于教民社会，佛教信仰与狩猎冲突，致使当地居民长期对狩猎活动谨慎而保守，但是在近代，川西北的特殊区位特征致使它处于多种外部势力的不断影响和冲击中，在外来势力的影响和带动下，狩猎活动作为种养业的经济补充，逐步扩大并一度成为佛教意识薄弱群体中公允现象。这一现象中，枪支起到了十分重要的作用。既然枪支作为生产工具充当了狩猎活动的重要角色，那么它又进一步推动了生产活动的扩大和生产能力的增强，进而加剧了人们对自然资源的占有和争夺，这样，使得枪支的使用进入了随意性的恶性循环中。在农牧区，农牧民同时又是猎户。与其他生产工具一样，一旦枪支在农牧民手中使用得十分方便起来的时候，民间社会关系、民间与官方的关系就出现了前所未有的隐患和紧张。

据不完全统计，从1980年至2008年，甘孜藏区共发生98起持枪械斗事件，其中恶性事件12起，伤亡200余人。①。

二　生态问题

川西北居民在对濒临灭绝野生动物的大量被捕杀行动中，绝大部分采用了枪支，尤其是管制枪支。据不完全统计，从1980年至2013年，仅甘孜藏族自治州就发生猎杀野生动物案件130余件，涉案涉枪人员1700余人，猎杀野生动物8900余只（头）。其中重特大案件89起。② 一些国家级保护动物如麝、白唇鹿、猕猴、水鹿、岩羊、雪豹、金雕、黑熊、西藏野驴、黑颈鹤、中华秋沙鸭等遭到大肆猎杀。一些虽然不属于国家保护动物但属于珍稀动物、食物链重要环节的动物也遭到大肆猎杀，导致动物食物链循环短缺或中断，一些动物濒临灭绝，为物种延续和生态发展带来严重隐患。服饰文化地方民俗文化展览中，当地居民身着大量的珍稀动物皮毛被展出，被当作财富和身份的象征，进一步推动人们对珍稀动物的猎杀。在一些珍稀动物的家园，很难再现"鸢鹭翻飞、百兽奔腾"的生态图景。

---

① 2009年笔者工作调研。
② 根据《甘孜州志》以及甘孜州各县县志记载数据，结合州县林业局、公安局提供数据整理。

三 经济转型与产业发展问题

历史上在传统狩猎和畜牧业生产中，当地居民由对自然和社会的不安全感而产生的对枪支的依赖情结，制约着生产的发展和经济的转型。脱离传统产业，被认为将失去自卫和自立能力。发端于 2009 年的牧民定居行动，涉及牧民 50 余万人，覆盖几乎整个四川藏区。而在甘孜藏区，真正实现定居和经济转型的效果并不理想。2014 年调查数据显示，17 个涉及牧民定居的区域内，定居点的常年入住率不及一半，大部分时候和大部分游牧民依然在草地继续游牧。在公共设施不健全和公共服务不均等的高原雪域和草地中，他们只有用枪支作为后盾，才能抵抗野兽对牛场的侵袭，才能抵御偷猎者或者其他违法犯罪行为的攻击。同样，面对矿山、冬虫夏草、松茸等经济附加值很高的自然资源，基本上也是靠以枪支为核心的武力作为后盾而得以维护，在那里，基本逻辑是有了枪才会有一切。如果失去枪支，这种生产和经济循环就会受到很大的影响。为此，很多牧户不惜重金购买枪支，以获得生产和人身的安全保证。而定居之后，持有枪支将面对合法性挑战，斥巨资购得的家庭重要财产——枪支将面临不合法而被收缴。

第三节 政府对枪支的管理

1950 年，藏区有关部门收缴非法武器。康、泸、丹三县结合登记反动党、特人员，收缴枪支 711 支、子弹 7089 发。1951 年 7 月 7 日，政务院批准颁布《枪支管理暂行办法》，三县结合镇反运动，收缴枪支 114 支、炸药 5 箱。1950～1955 年，共查获私藏贩卖非法枪支案件 11 起。1956 年后，甘孜州开展民主改革、平息叛乱、"四反"运动，通过战场缴获、审讯战俘、管训和集训等工作，收缴叛匪和参判寺庙的枪支。仅 1958 年，色达县一个月就歼灭叛乱武装 3000 余人，收缴枪支 1900 支。[1] 1959 年甘孜州开始了"四清"运动，收缴了各种枪支 7366 支、迫击炮 1 门、机关枪 2 挺。[2]

---

[1] 甘孜州志编撰委员会编《甘孜州志》，四川人民出版社，1997，第 654 页。

[2] 中共甘孜藏族自治州委党史研究室编《甘孜藏族自治州民主改革史》，四川民族出版社，2000，第 89 页。

1963 年全州开始清理、压缩枪支，缩小配发范围，据统计，压缩枪支 1456 支。各县只有少数主要领导配发专用枪，因工作需要的公、检、法、邮电、银行、地质队等单位也配发部分专用枪和公用枪。①

1973 年公安机关恢复后，成立收缴散存武器领导小组，收缴"文化大革命"中被抢的武器。据康、泸、丹三县统计，收缴各种枪支 26 支、子弹 1104 发、八二迫击炮炮弹 77 发、土手榴弹 8 枚。1975 年各地对鸣火枪情况进行调查，发现擅自制造、贩卖、转让、借用枪支普遍，持枪行动、行凶案件和误伤人畜事件时有发生。②

1981 年 4 月 25 日《中华人民共和国枪支管理办法》颁布后，再次对甘孜州公安保卫系统的枪支进行清理，收回不应佩带武器人员的枪支 251 支、子弹 381 发。1984 年，抽调 62 人组成 25 个检查组，深入甘孜州全州 191 个非军事系统有枪单位，全面开展核定枪弹数目、名称、号码和登记造册工作。③

2007 年，甘孜州地方政府称，流散在社会上的非法枪支数量仍然很多，一些牧区和边沿结合部地下贩卖枪支活动突出，直接导致涉枪案件增多，严重影响社会治安稳定。

从 2007 年 8 月 1 日至 10 月 31 日，甘孜州"在全州范围集中开展了声势浩大的缉枪治爆专项整治行动，州财政挤出 3100 多万元资金，实行举报奖励制度和主动上交枪支经济补偿办法，形成了'和谐收枪'的良好局面，共收缴各类枪支 19676 支，其中军用枪支 577 支，各类子弹 37 万余发"④。

事实上，政府对于四川民族地区枪支问题一直保持警惕。开始于 20 世纪 50 年代的民主改革运动，首先关注了民间枪支问题。

《四川省甘孜藏族自治州关于组织清匪治安武装自卫队暂行办法》（草案）中，对枪支问题做了详细规定⑤，这个规定事实上以巧妙的方式对民间枪支做了控制——首先规定参加"自卫队"范围，基本上掌控了精壮劳

---

① 甘孜州志编撰委员会编《甘孜州志》，四川人民出版社，1997，第 655 页。
② 甘孜州志编撰委员会编《甘孜州志》，四川人民出版社，1997，第 655 页。
③ 甘孜州志编撰委员会编《甘孜州志》，四川人民出版社，1997，第 655 页。
④ 据 2007 年甘孜州政府提供数据。
⑤ 秦和平：《四川民族地区民族改革资料》，民族出版社，2008，第 109 页。

动力，然后规定了自带枪支及其保管使用问题，基本上掌握了枪支的数量并控制了枪支的用途。这实际上是一种极为巧妙的武器管理办法。但是，这种办法并没有真正奏效。

枪支在川西北的出现是伴随着游牧活动产生的，千百年来，当地原住民对其具有特殊的情怀，成了他们生产生活的重要成分，这也是政府屡禁不绝的根源之一。但当游牧活动结束后，游牧民是否愿意将其作为历史文物处理或者心甘情愿上缴政府，这是一个值得高度重视的问题。定居工程必须稳妥处理好这个问题。

第四节　结论

枪支问题的存在具有历史惯性，也有现实土壤，是历史与现实结合的产物。枪支问题的存在，使得特定区域的社会管理和经济转型变得更加复杂和困难，为社会安全隐患和重大危机事件爆发提供了可能。政府应该做好的是：加快生产方式的转变，探索多种生产经营，改变目前单一的农牧狩猎方式；加大产业转型探索，促进民族区域小微企业发展的同时，加大国有企业集团的建设，以企业集团带动小微企业发展，促进以单个家庭为主的牧业经济向公司＋合作组织＋农户的方式转变。

加大劳动素质培训，改善并提高人的劳动技能，帮助农牧民逐渐摆脱长期以来对枪支使用的习惯。将劳动力培训教育和有效使用有机结合，从劳动力上阻断传统畜牧业、狩猎业的代际延续。从人口的保育和学前教育着手，设计并管理好义务教育和职业教育全过程，保证新生人口能够进入职业教育和更高级教育，形成职业人才和更高级人才的充分使用。

社会改革方面主要是加大社会公共服务建设，加大社会保障人头经费投入。使持枪者在优厚的福利保障中，改变狩猎致富的传统观念，进而摆脱对枪支使用的依赖。

针对社会治安、科技产品和技术设计制度管控，阻断枪支的代际更替和弹药的补充来源。尤其是加大对两面性科技成果的推广使用的正确引导和监控，特别是类似3D打印机一类工作母机的监控。继续探索政府购买枪支、代管枪支和持枪证管理等有效方式，尽量压缩闲散枪支的社会空间。

第九章　康东定居模式

第一节　康定模式

1. 定居环境

康定县位于四川省西部、甘孜藏族自治州东部，为四川省甘孜藏族自治州首府。康定县地跨 29°08′N ~ 30°46′N、101°02′E ~ 102°30′E，面积 1.16 万平方千米。康定县具有悠久灿烂的历史文化，是川藏咽喉、茶马古道重镇、藏汉交汇中心，自古以来就是康巴藏区政治、经济、文化、商贸、信息中心和交通枢纽。[①]

康定县辖街道办事处 2 个（炉城、榆林）、5 个镇（姑咱、新都桥、金汤、沙德、塔公）、14 个乡（雅拉、时济、鱼通、麦崩、三合、捧塔、吉居、瓦泽、呷巴、普沙绒、甲根坝、朋布西、孔玉、贡嘎山）；共 5 个社区、4 个居民委员会、235 个村。2015 年末，康定县总人口为 133799 人，其中：城镇人口 68773 人，乡村人口 65026 人。[①]公安户籍总户数 33021 户，总人口 110975 人，其中：男性 56783 人，女性 54192 人，男女性别比 104.78∶100。其中非农业人口 37957 人，农业人口 73018 人。其中：藏族 76843 人，占 69.2%；汉族 32404 人，占 29.2%；回族 761 人，占 0.7%；彝族 450 人，占 0.4%；其他民族 517 人，占 0.5%。全年迁入人口 886 人，迁出人口 1117 人，[②]人口自然增长率为 5.1‰，人口密度 11.56 人/平方千米。

国道 318 线是连接外部与康定县的主要通道，省道 211 线连接阿坝州、

---

① 《21 号雅江县、康定县部分乡镇行政区划调整》，四川省民政厅，2015 年 7 月 15 日。

凉山州。雅康高速公路已经于 2014 年开工建设，2017 年 12 月 31 日正式通车。[①] 康定县构建区域性综合交通枢纽，配合抓好国道 318 线东俄洛至海子山段改造、省道 211 线复建、省道 215 线改造等重点项目。此外，川藏铁路也于 2015 年开工，并设康定站，而康定机场是世界海拔最高的机场之一，每天有定期往返成都、重庆的航班，交通十分便利。[②]

康定县境地处四川盆地西缘山地和青藏高原的过渡地带，康定县地势由西向东倾斜。大雪山中段的海子山、折多山、贡嘎山由北向南纵贯县境，将康定县分为东、西两大部分，东部为高山峡谷，多数山峰在 5000 米以上，市境内海拔最高点 7556 米（"天府第一峰"贡嘎山主峰），最低点 1390 米（大渡河）。西部和西北部为丘状高原及高山深谷区。由于地貌气候复杂多样，康定县有"一山有四季，十里不同天"之说。

按地理纬度康定县应属亚热带气候，因地形复杂，出现明显的垂直差异，形成独特的高原型大陆性季风气候。年降水量 800～950 毫米，无霜期150～250 天，属山地凉温带气候。康定县东部为高山峡谷，属亚热带气候，这里物产富饶，有"康巴江南"之誉；西部为山原地貌，属高原型大陆气候，这里牛羊遍野，寺塔林立，是藏区风情的典型代表。

康定县境内蕴藏着丰富的自然资源。县境河流密集，纵横交织，水资源十分富集，是甘孜州水电开发重点和热点区域，境内有大小河流溪涧 140 余条，流域面积 500 平方千米以上河流有 5 条，可开发 34 条，还有大小湖泊184 个，湖泊总面积 11.78 平方千米，蓄水量 2.5 亿立方米，水能理论蕴藏量 1800 万千瓦，技术可开发利用达 1080 万千瓦。[③]

2. 居住习惯与建筑特征

康定县由于地貌气候复杂多样，有"一山有四季，十里不同天"之说。康定的塔公寺坐落在塔公草原上，是藏传佛教萨迦系著名寺庙之一，有"小大昭寺"之称，寺壁挂满唐卡、藏画，藏式浮雕、彩塑、壁画及酥油制品以及造型各异的浮屠古塔林，具有十分独特的民族宗教文化特色。这里是康巴地区藏民朝圣地之一，每年都要举行一次盛大的佛事和跳神

① Badu. com，2018 年 4 月 1 日。

② 《康定市 2015 年国民经济和社会发展统计公报》，中国康定，2015 年 7 月 15 日。

③ 康定县地方志编纂委员会编《康定县志》，巴蜀书社，2000，第 294 页。

活动。

康定县是信仰藏传佛教的地区，境内有宁玛、格鲁、噶举三个教派，康宁寺、竹瓦寺、争则寺（原仁波寺）、土登尼夏林寺、彭吉林寺、降卡寺、牙索寺、措普寺、扎呷寺、却能寺、莫多寺、郎根寺、曾然寺、桑登寺、恶曲寺（山神庙）、日登寺和哈然寺十七座寺庙。因此康定县建筑具有比较明显的藏传佛教特色。

康定群众的住宅普遍为一户一幢、一楼一底外加麦口楼的藏房。农牧民住宅底层为畜圈，二层为住房和灶房，顶层为打场、晒场，麦口楼堆放饲料、农具。外墙大多用红泥浆（有的也用白泥浆）粉饰。

1991 年后，城乡群众修建的住宅得到改进，多为大窗、高楼，而且室内大为改观，一般底楼为厨房、餐厅、客厅，二楼为寝室，墙壁均用涂料粉刷，房间装有隔板、地板和望板，并刷有油漆，房顶铺上水泥以防雨水渗漏。而区乡民宅为土木结构，但住房和畜圈分开，家里的装饰、陈设也逐步趋于城市化。[①]

图 9－1　康定县定居点

3. 新设计方案特点

康定县规划定居点 27 个。其中一个牧民定居点位于江巴村折多山飞机场至塔公乡政府沿线公路。一号地块用地较狭长，呈东西走向，整体地势较平整，南边为一小河，背面靠小山坡，现有十余户定居牧民，并有一寺庙，结合沿河景观的规划打造，用以吸引游客。二号地块场地开阔，呈南

---

① 康定县地方志编纂委员会编《康定县志》，巴蜀书社，2000，第 294 页。

北走势，南低北高，高差不大。西侧为河流，东侧为缓坡，现有居民20余户，建筑以1~2层为主，木石结构，部分围墙等附属部位为土砌。该地有寺院一座，规划在寺院旁边建设村委活动中心，设置帐篷旅游接待区，发展旅游业。

康定县在保留现有建筑的基础上，尊重当地民族风俗，结合牧民建筑特色，建筑布局错落有致，并沿道路形成丰富的藏式民居建筑特色景观，以充分展示藏族文化，并为今后发展旅游经济打下基础。

同时，在建筑朝向上，按照当地习俗，背山面河布置房屋，力求争取最好朝向，以缓解当地气候寒冷、向阳和背阴面温差大的问题。建筑布局依托地形，错落自由。在建筑单体设计上，为1~2层建筑，为了达到良好的保温效果，采用了被动式太阳能设计，能够充分利用自然光产生保温和采光效果。民居单体建筑居住面积分别为85平方米、108平方米与138平方米以及二层的182平方米，均设有约60平方米的暖棚。

另一定居点位于甘孜州康定县塔公乡下马龙村。该定居点用地总面积为69815.12平方米，总建筑面积为9844平方米。该定居点结合藏式民居与新设计的帐篷，合理选址，靠近当地的公路与水系，解决了交通、取暖、用水等生活问题。规划设计包括三个主要部分，分别为藏家院落、村民活动广场以及河滨休闲区。

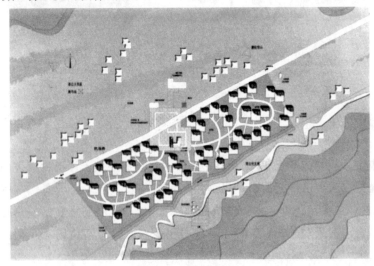

图9-2　康定县定居点

村民活动中心效果图

A户型效果图

B户型效果图

C户型效果图

图 9 – 3　康定县设计方案效果

4. 新设计解决的问题

与其他县区相似，康定县海拔较高，同时由于气候类型导致当地的气温普遍较低，在向阳面和背阴面之间形成较大的温差。因此，这次新设计选址具有针对性，也结合当地的习俗，尽量背山面河，取得最好的采光角度。同时，还采用了被动式的太阳能设计，能够通过利用太阳能满足日常采光和保暖的需要，且节约了牧民的日常生活成本。

康定县藏族群众一般在喇嘛寺或者家庭经堂礼佛拜祭，在房屋之前或屋顶之上，设有熏烟的小窑，主妇晨起第一件事，便是燃柏枝或"学巴"，牧民在空旷处以柏枝、"学巴"烧烟，合"十字"祭拜，口诵六字真言。新设计中保留宗教色彩装饰以及祭祀用物品，保留当地色彩。

康定县作为甘孜藏族自治州首府，在当地具有特殊的集散功能。随着藏传文化旅游的发展和当地旅游资源的开发，康定县必然将承担更多的旅游接待任务，发挥旅游集散的功能。因此这次新设计结合了当地的藏族民俗文化，专门设计帐篷旅游接待区、规划建设沿河景观区。

第二节　丹巴模式

1. 定居环境

丹巴县位于甘孜藏族自治州东部，地处青藏高原东南边缘，地理位置为 30°24′N ~ 31°23′N、101°17′E ~ 102°12′E，东西最宽86.9 千米，南北最长105.7千米，辖区面积5649平方千米。成都平原以西的邛崃山脉是甘孜州的东大门，东与阿坝州小金县接壤，南、东南与康定县交界，西与道孚县毗邻，北、东北与阿坝州金川县相连。丹巴县地势西高东低，海拔1700~5521米，县城位于大渡河畔的章谷镇，海拔1800米，距州府康定137千米，距成都368千米。2011年末，丹巴县总人口为60279人，人口自然增长率2.05‰。2011年，丹巴县辖1个镇（章谷镇）、14个乡（格宗乡、水子乡、边耳乡、梭坡乡、丹东乡、巴底乡、岳扎乡、巴旺乡、太平桥乡、聂呷乡、半扇门乡、中路乡、东谷乡、革什扎乡）。丹巴县以藏族为主，另有汉族、回族、彝族、苗族、满族等民族。①

丹巴县，属岷山邛崃山脉之高山区，大渡河自北向南纵贯全境，切割高山，立体地貌显著，是川西高山峡谷的一部分。境内峰峦叠嶂、峡谷幽深，丹巴县地势西南高、东南低，全县最低海拔1700米，最高海拔5820米，相对高差为4120米，所以又有着"一山有四季，十里不同天"的气候特点。

丹巴县属高山峡谷型地貌，境内地质总体构造形态为一背复斜，由一系列平行排列线状褶皱组成，褶皱主要由春牛场背斜、丹巴向斜等11个褶皱组成，各级褶皱之上有次级褶皱的叠加。断裂活动较强烈，主要断裂为西北向，次为东北向，南北向一般规模较小，影响最大的为玉科—丹巴断裂，贯穿丹巴全境。以高山深切河谷为主，地势呈西高东低、北高南低，西北向东南倾斜。

丹巴县处于长江上游，境内水系发达，河流纵横，溪沟密布，共131条，大金川河、小金川、革什扎河、东谷河在县城附近汇入大渡河，流域面积4721平方千米。

丹巴县属青藏高原型季风气候，呈垂直带分布。山顶与河谷的气温相差24℃以上。年平均气温14.2℃，1月平均温度4.4℃，8月最热，月平均温度22.4℃。每年从12月开始至次年3月，4500米的高山路面会结冰，无霜期316天，年降水量600毫米，日照充足，冬无严寒，夏无酷暑。

2. 居住习惯与建筑特征

丹巴县旅游资源丰富多彩，自然风光神奇美丽，"天然盆景"、党岭风

---

① 《丹巴县》，四川信息网；《丹巴县概况》，中国县市地图网，2014年11月10日。

光，集雪山、森林、海子、温泉、草甸于一体；墨尔多神山，纳山、水、林、崖、洞 108 圣景于一炉，丹巴县房屋建筑也是其独特的风景线，甲居藏寨就尤其突出。① 甲居藏寨位于四川甘孜州丹巴县境内，距县城约 8 千米，藏寨面积约 5 平方千米，居住嘉戎藏族 140 余户，藏寨从大金河谷层层叠叠向上攀缘，一直伸延到卡帕玛群峰脚下。放眼望去，卡帕玛群峰，像一位慈母敞开宽大温柔的胸襟，凭任山寨安然躺在怀中。丹巴县的古碉楼历史，可追溯到秦汉时期，称"邛笼"。秦汉时期，"邛笼"的营建者冉駹部落，主要生活在四川阿坝州和甘孜州地区，分布在岷江上游一带，即茂县、汶川、理县等地。到隋唐时代，这种碉楼在四川西部和整个藏东地区盛行起来。丹巴的碉楼也源自羌碉，但其宏大的规模，非凡的气势，千姿百态，已远非羌碉所能比拟。②

县境内羌族的房屋建筑和居住方式与当地藏族相同。房屋为石泥结构，石料主要取自当地自然块石和片石，砌墙的方法是：把带有一定黏性的泥土用水调成浆，然后砌一块石，糊一层泥，缝隙用片石填补，依此类推。房屋称"展"，呈层递式结构，最底层为猪圈，称"查五"，用来关牲畜；第二层称"锅庄"，羌语称"国"，主要用作接待宾客和娱乐；第三层称"四布"，主要修的是房间，是睡觉休息的地方，一般人家要修耳房，布局呈"7"字形，第三层留有一定的空间做场坝；第四层称"热大古"，只盖一半的敞房，其余为收谷场，主要晾晒粮食等；第五层只修一间房，用来堆放草料，其余为院坝。房屋的四角各修一个尖角，称"热卓"或者"碉"，尖角上放一白色石英石。房屋的大门一般朝东或者朝南，忌朝北。"锅庄"留三个或四个高约 60 厘米、长约 50 厘米的木窗；耳房留一个木窗，其大小稍大于锅庄的窗子，高约 80 厘米、长约 60 厘米，边框及中间木头雕刻成镂空花纹，刷上各种颜色，称"花窗"。房屋的所有屋檐边盖上石板，避免雨水渗透墙体。③

3. 新设计方案特点

丹巴县规划定居点 8 个，涉及 281 户 1336 人。其中一个定居点在边

---

① 《丹巴民俗文化——民族服饰》，新浪网，2014 年 11 月 11 日。

② 《丹巴——中国最美丽的乡村》，丹巴县政府网，2014 年 11 月 11 日。

③ 参见四川省丹巴县志编纂委员会编《丹巴县志 1989－2005（续编）》，四川科学技术出版社，2001，第 322、593 页相关内容。

耳。在设计中，考虑了农牧交错带的立体气候特点，也考虑到了交通干线与牧区纵深的结合。保证农牧兼作，交通便利及新村社会管理等方面问题。其中，也考虑到民俗风情。丹巴县境内羌族除了进寺庙朝拜外，在家都要设神位，大多数设在堂屋一面墙的正中央，有的每年书写一次，有的几年书写一次，一般请德高望重的先生书写，格式大同小异。新设计，在保持传统风格的前提下，空间设置更加合理。

图9-4 丹巴县定居点

第三节 九龙模式

1. 定居环境

九龙县位于四川省西部，甘孜藏族自治州东南部，贡嘎山西南，处在雅安、凉山、甘孜三市州的接合部，地处攀西平原与青藏高原的过渡地带，形成高山、极高山、山地、河谷四大地貌，地势北高南低，高差悬殊，地形复杂，雨量充沛，日照充足，呈典型立体气候，有"一山分四季，十里不同天"之说。2004年，九龙县辖1个镇（呷尔）、10个乡（乃渠、汤古、三岩龙、八窝龙、上团、斜卡、烟袋、魁多、乌拉溪、洪坝）、7个民族乡（子耳彝族、三垭彝族、俄尔彝族、朵洛彝族、踏卡彝族、小金彝族、湾坝彝族）。九龙县是一个以藏、汉、彝为主体，回、苗、白、瑶、羌、土家族等 12 个少数民族聚居县，藏、汉、彝三个主体民族几乎各占 1/3。[①] 长期以来各民族相互交融，共同发展，形成了独具特色的民俗文化，既有藏区特有风貌，又有彝区独有的原始与古朴。根据第五次人口普查数据，全县总人口 50816 人，其中：呷尔镇 9188 人、汤古乡 1564 人、斜卡乡 913 人、三岩龙乡 2629 人、上团乡 739 人、八窝龙乡 1341 人、乃渠乡 2547 人、乌拉溪乡 2871 人、烟袋乡 4852 人、魁多乡 5015 人、子耳彝族乡 3123 人、三垭彝族乡 2399 人、俄尔彝族乡 2110 人、小金彝族乡 1861 人、朵洛彝族乡 1149 人、踏卡彝族乡 3146 人、湾坝彝族乡 4622 人、洪坝乡 747 人。[②]

九龙县地处青藏高原南缘，1971 年前县境内没有一条公路，物资运输全靠马驮人背。1997 年建立了九龙县汽车站。1985 年全县有干线两条，通车里程 162 千米，支线 6 条，通车里程 85.7 千米；到 2002 年，九龙县公路里程达 439 千米，并全面启动了通县油路工程。如今省道 215 线山重四级油路纵贯全境，扼甘孜藏族自治州东南门户，北距康定 234 千米，南距成昆铁路凉山州泸沽火车站 31 千米，距西昌飞机场 280 千米。九龙县是甘孜藏族自治州离铁路和机场最近的县，处于攀西平原经济圈与康巴生态经济圈的接合部，是"川、滇、藏"黄金旅游环线的重要组成部分。

九龙县处于松潘地槽区东南缘，属滇藏"歹"字形构造体系。境内地势起伏，北高南低，高差悬殊。北部山岳海拔高程为 3600～5500 米，最高达 6010 米；谷地一般亦在 2000～3200 米；南部小金乡萝卜丝沟与雅砻江汇合处仅 1440 米。由于河流切割深度大，山势陡峭，坡度多在 30°～60°，主要河流下游大部为悬崖峭壁。全县大体分为高山原和高山峡谷两大地貌区，境内主要山脉为大雪山，山岭均为大雪山支脉，高山占总面积的 65%，海拔 4000～5000 米，主要分布在中、南部；极高山在北部，占总面积的 34%，海拔 5000 米以上，终年冰雪覆盖。全境按东北部、中部、西部分为三个次级山系。其主山脊是大渡河和雅砻江两大水系的分水岭，县境内全长 59 千米。

---

① 《九龙县基本县情》，中国九龙网，2014 年 11 月 22 日。

② 《九龙县——地名由来及历史沿革与行政区划》，中国地名语源词典网，2014 年 11 月 23 日。

九龙河、踏卡河、洪坝河、湾坝河、子耳河、铁厂河等主要河流年径流量155.6亿立方米，水能理论蕴藏量达201.68万千瓦，可开发装机容量174.47万千瓦，开发率达72%，具有极大的开发潜力。其中九龙河开发潜力较大，全长128千米，由北向南至文家坪注入雅砻江，落差2500米，最高流量200立方米/秒，理论蕴藏发电量103.9万千瓦。踏卡河自北而南，在乌拉溪偏桥流入九龙河，全长73千米，铁厂河、湾坝河、三岩龙河、洪坝河均属常年性河流，河床纵跌比降大，具有发展电力的良好前景。雅砻江自北向南流经上团、八窝龙、三岩龙三乡后，绕经木里县复转向北从子耳、魁多、烟袋、朵洛、小金等乡流过，流长86千米。[①]

　　2. 居住习惯与建筑特征

　　贡嘎山周围的康定、道孚、九龙、雅江等部分地区有一小部分人群操木雅语，他们被称为木雅人。由于受藏族文化的影响，木雅人的婚事、丧葬等风俗习惯以及信仰方面，与藏族大同小异。木雅人死后的丧葬仪式有天葬、水葬和土葬。在装饰方面，男性与藏族相同，妇女与藏族有别。藏族女性装饰一般放在头上，而木雅女性则放在颈上或腰上。木雅人虽留长辫，但不后垂，而是盘在头上，用一块黑布或蓝布叠成瓦形，盖在头顶。有时在头上稍加点缀，放上小巧玲珑的头饰，但不太多，佩有腰饰和腰刀。有的还穿宽大的折裙和用牦牛毛织成的斗篷，黑色白领，领上用红羊毛线织成吉祥图案。木雅人的房屋以"黑石为室"高数丈，一般三层，下层为养畜，中层住人，上层晒放柴草。住人的地方设有经堂、茶房、卧室、凉台、敞房和厕所。他们很少依山而居，房屋一般筑在平地上。

　　除此之外，九龙县内民房均为藏式建筑。农民居住的楼房、古寺庙和高层石碉，都是片石结构或木石结构，墙体砌顺得当，稳固牢固，美观大方，取材方便，造价低廉。

　　藏族聚居区和藏汉杂居区，多为藏式房屋。片石结构，两楼一底，木楼板，屋面盖木瓦板。底层养畜，二楼住人，顶楼为经堂，经堂外是二楼屋面兼作晒场，以小径原木为檩，逐层上铺竹笆，面上铺泥土。牧区在轮牧点修盖简易牛场棚子，以乱石砌墙，屋面盖木瓦板，供四季轮牧居住。

---

　　① 参见四川省九龙县志编纂委员会编《九龙县志》，四川人民出版社，1997，第258、259页相关内容。

彝族聚居区，有片石墙的石木结构、土墙的泥木结构、篾笆墙的竹木结构三种，多为平房，设有竹楼，篾笆隔墙，屋面盖木瓦板或屋脊部分盖篾笆，檐口部分盖木瓦板，有少数盖石板。

汉族聚居区，建房形式不一，一般就地取材，木结构及实木结构，或土墙尼姆结构，多平房，或设竹楼储藏粮食杂物，屋面多为木瓦板或石板，青瓦屋面少。①

3. 新设计方案特点

九龙县定居点规划为 24 个，建成 24 个，涉及 985 户、3902 人。其中一个定居点位于九龙河谷中段。在设计中，结合地理、人文、交通、经济等多重因素，做到科学性和实用性的统一。一是考虑到九龙县传统民房多为藏式建筑的特点，采取传统建筑设计方案，就地取材，美观大方，造价低廉。

图 9-5　九龙县定居点

二是采用传统的片石结构，多采用两楼一底，分别满足养畜、住人、经堂、晒场等功能，以原木为檩，逐层上铺竹笆，面上铺泥土。轮牧点一改过去修盖简易牛场棚子，采用现代帐篷，供四季轮牧居住。

---

① 参见四川省九龙县志编纂委员会编《九龙县志》，四川人民出版社，1997，第 258、259 页相关内容。

三是考虑到民族差异，在彝族聚居区，有片石墙的石木结构、土墙的泥木结构、篾笆墙的竹木结构三种，多从彝族生活习俗和现代生活方便的角度进行综合设计，既体现了民族特色，又照顾到现代化的新农村建设。

4. 新设计解决的问题

九龙县住房多散布在地势险要的山腰向阳的地方。建造简易住房时，先备好木桩木柱、木板瓦、竹篾笆等，择定吉日，请来邻居帮忙，必须在一天之内建成。室内正上方供祖宗灵牌，火塘边铺竹篾笆，供全家饮食起居，接待来客。新设计定居点对选址也有相似的要求，以满足对于采光的需要。

第四节　木里藏族自治县模式

1. 定居环境

木里藏族自治县坐落于四川省西南边缘，位居凉山彝族自治州的西北，地理坐标为 27°40′N ~ 29°10′N、100°03′E ~ 101°40′E，面积 13252 平方千米。县境东南与州内的冕宁、盐源县接壤，行政区域界线 217.75 千米；西北与甘孜州稻城、理塘、雅江、康定、九龙县相连，行政区域界线 520.7 千米；西南分别与云南省的香格里拉县、玉龙纳西族自治县、宁蒗彝族自治县相邻，行政区域界线 134.81 千米。东跨雅砻江，西抵贡嘎山，南临金沙江，北靠甘孜州，东西宽约 160 千米，南北长约 170 千米。县府所在地乔瓦镇，距凉山州首府西昌 254 千米。2011 年末辖区总人口 137262 人，其中常住人口 12.9 万人，城镇化率 12.02%。总人口中，男性 70077 人，占 51.05%；女性 67185 人，占 48.95%。18 岁以下 39961 人，占 29.11%；18 ~ 60 岁 83420 人，占 60.77%；60 岁以上 13881 人，占 10.11%。木里藏族自治县境内有藏、彝、汉、蒙古、回、苗、纳西、布依、傈僳等 22 个民族；超过千人的有藏、彝、汉、蒙古、苗、纳西、布依 7 个民族；截至 2013 年，藏族 45056 人，占 32.82%；彝族 41520 人，占 30.25%；汉族 26280 人，占 19.15%；蒙古族 8869 人，占 6.46%；苗族 8813 人，占 6.42%。此次定居中，木里地区共有定居点 308 个，覆盖游牧民的 98%。

木里地处青藏高原东南缘，横断山脉终端，是云贵高原与青藏高原的过渡地带。由于河流深切，岭谷相对高差很大，木里藏族自治县北部海拔在 2000 米以下，中部和南部下切更深，海拔多在 2000 米以上。西部与稻城交界处的恰朗多吉峰海拔 5958 米。最低处三江口海拔 1530 米，相对高差达 4428 米。全县形成三个大地貌，即西北部的山原地貌、东南部的中山深切割山地貌和西南部的高山深切割山貌。全县整个地势南倾，主要河流沿断层由北而南，流入金沙江，并与四条南北向的山脉相间排列，构成了木里藏族自治县地貌的主体。属于典型的高山、山原、峡谷地貌。①

木里藏族自治县境内气候特点为冷热两季交替、干湿两季分明，年温差小、日温差大、辐射强烈，无四季区分的气候特征。多年平均气温 14.0℃，1 月平均气温 7.5℃，极端最低气温 -5.4℃（2011 年 1 月 18 日）；7 月平均气温 18.9℃，极端最高气温 33.6℃（2012 年 5 月 21 日），最低月平均气温 7.4℃，最高月平均气温 19.0℃，平均气温年较差 39.0℃，最大日较差 23.3℃（2010 年 4 月 8 日）。生长期年平均 271 天，无霜期年平均 238 天，最长 271 天，最短 206 天。年平均日照时数 2164.9 小时。0℃以上持续期是 272.7 天。

境内天然径流量 58.13 亿立方米，人均 58150 立方米。多年平均天然径流深度为 439 毫米；多年平均降水量为 124.81 亿立方米（深度为 9421 毫米）。境内水域面积 9.75 万亩，占全境幅员的 0.50%，其中河流面积 8.85 万亩，湖泊面积 0.90 万亩。②

2. 居住习惯与建筑特征

木里是以藏族为主体的多民族自治县，各个民族的建筑风格不同。

藏族住宅：藏族住房多为古堡式的三楼土木、石砌建筑，一楼为畜圈，二楼是起居室，设有做餐的三锅庄火塘，供奉"藏巴拉"的神龛，设酥油灯、敬水碗。另辟一间为储藏室。上下楼多半为半圆木砍出的独木梯。三楼有的是土掌平顶，设香炉供早晚烧香用；有的在土掌上修一半边小屋做杂物间，富有人家则装修为富丽堂皇的家用小经堂，也有完全用小圆木垒砌成为墙壁再立木屋架，上盖木房板的"木愣子"房。在牧区尚有极少数以牦牛毛织成的毛毡帐篷。③

———————

① 地理位置·中国木里，2014.11.25。

② 《木里自然资源》，新华网，2014.12.01。

③ 《历史沿革》，木里藏族自治县人民政府门户网站，2014.12.02。

木里藏族的生活起居、建筑、出行无不充满浓郁的藏传佛教色彩。房顶设有辟邪三角铁叉"卡钟";门口悬一大旗,上挂嘛尼旗;年节喜庆或平时,房前屋后横七竖八牵有许多小绳,上悬多面"陇打"。老年男女平时手持小转经筒摇转不止,口念"嗡嘛呢叭咪吽"佛教秘密莲花部之"六字真言"。出行在外要绕行修于显要道路、山口的嘛尼堆。

彝族住宅:旧时木里彝族经常搬迁,住房多低矮,周围有竹篾相围,只有门框和门较牢固,房屋多为一大间,设一火塘,两旁铺篾席,全家除外出劳作之外,平时的起居、待客都在此。房内设一偏僻小房为堆放粮食的储存室。房顶盖木板后加压石头以防大风吹走。藏区民主改革后,尤其是党的十一届三中全以后,彝族生活发生了巨大变化,现大多以夯土为墙,青瓦屋顶,白粉墙,人畜分居,有了多间卧室、客房等。

3. 新设计方案特点

木里县定居点规划为9个,涉及512户2169人。其中一个牧民定居点位于乔瓦镇双碉堡,规模为38户,包括原有的9户和新安置的29户。共计安置牧民142人。目标是将定居点规划建设成为亲民宜居、景观丰富、生活方便、藏族特色浓郁的小型牧民定居点,远期可以发展为双碉堡城郊公园配套的农家乐集中区。

安置点位于一个双碉堡山山腰的坡地稍平缓处,距县城约2.5千米,南北长约220米,东西宽约100米,用地面积约19247.8平方米,场地最大高差为11米。有一条宽度为4米的碎石盘山道路穿过场地中间,并与县城相联系。现有9户住户散布于场内,均为木结构或土木结构的一层房屋。

该安置点主要安置的是康坞牧场和鸭嘴牧场的牧民家庭中的老人和小孩,故该安置点的住房不设牲口暖棚和草料堆房。每户住户用地按250~350平方米不等安排,除建筑基地面积之外,每户还有100余平方米的院坝,可用于绿化、庭院经济等,同时也增加了绿地面积,美化了环境。民居的建筑采用当地丰富的木材为主要建筑材料,外观风格为当地的传统藏式建筑。村民活动中心采用砖混结构,外观仍然采用藏式建筑风格,形成风格统一又错落变化的和谐的藏式建筑群。

住宅建筑单体采用当地群众普遍接受的"木摞子"建筑形式,并在门窗、檐口等做法上采用了传统的藏式建筑符号。建筑单体建筑面积设计了80平方米、100平方米和120平方米三种户型,每户均有独立的院落,户均占地约 300 平方米。村民活动中心为局部二层的砖混建筑，采用藏族传统建筑风格。

图 9-6　木里藏族自治县定居点效果图

4. 新设计解决的问题

木里境内各民族在长期的历史发展中，在一定的范围里形成了大杂居小聚居相互交错的格局。以杂居为主，全县除东郎、麦日、水洛三个乡和九个国有牧场属藏族聚居区外，其余乡镇都有三个以上民族共同居住，因此在定居设计中充分考虑各民族需求。

设计方案考虑到当地农村家庭不同的人口构成特点，同时满足农村家庭发展养殖业等农副业的需要；结合当地藏、羌、彝族等少数民族居住特点和生产生活方式的现实和发展趋势，并符合当地乡土风格的前提下，设计了接近 12 种藏、羌、彝族民居。

由于当地农村少数民族生产、生活的习惯，很多民居布局形式欠妥，大多房屋布局不合理，人畜生活界线不明，严重影响居民的生活水平和环境。在此次的设计中，此类问题得到很好的解决。

（1）庭院划分前、后院。前院作为居民进出、休憩、晾晒的主要场所，后院作为居民劳作而归的次入口，以及牛、羊、猪等牲畜和家禽的圈养处。在经过这种处理之后，人畜界线明显，有利于改善居民生活的环境。

（2）后院合并设计沼气池。由于当今能源匮乏，根据节约能源的方针，对再生能源的利用要求，这次设计在后院位置设置埋地沼气池，将畜圈、禽舍等用房以及废弃物堆积场地围绕沼气池环形布置，方便将牲畜粪

175

便以及麦秸秆等引入池中，以便对再生能源的利用。

此外，根据当地气候环境，这次设计在外门窗上均采用断热铝合金中空玻璃门窗、屋面采用40厘米厚挤塑聚苯板保温，确保建筑内部达到较好的热环境。同时，考虑在屋面设置太阳能集热板以提供生活热水。

第十章　康北定居模式

第一节　甘孜县模式

1. 定居环境

甘孜县位于四川西部，甘孜州北部，长江支流——雅砻江上游，东与炉霍县接壤，西与德格县毗邻，南与新龙县、白玉县交界，北与石渠县、色达县、青海省相依。县境介于 31°24′N~32°53′N，99°08′E~100°25′E，南北长 164 千米，东西宽 117 千米，面积 7358 平方千米，县城距省会成都 752 千米，距州府康定 385 千米。至 2006 年底，甘孜县总人口 5.8 万人。甘孜县境内居住有藏、汉、回、苗、彝、壮、布依、满、白、土家等 11 个民族，藏族人口占 95% 以上。①

甘孜县山峦起伏，地处横断山脉东北边缘，是丘原向山原的过渡地带，属青藏高原的一部分，北有巴颜喀拉山，东有果拉狼山，沙鲁里山屹立西南，形成一个大大的"川"字。全县最高海拔 5688 米，最低海拔 3325 米，县城海拔 3410 米，属高山寒温带气候，冬长夏短。县城一带属高原河谷气候，寒冷干燥，澄澈晴朗，地势开阔，日照多，辐射强，年日照时数 2640 小时，有"小太阳城"之称，年平均气温 5.6℃，最高气温 31.7℃，最低气温 -28.9℃，年平均降水量 636.5 毫米，含氧量相当于平原的 67%。甘孜县有雅砻江、达曲、泥曲三条主要河流。另有 50 余条河流，构成树枝状水域。三条主河在甘孜县境内分别流长为 92 千米、154 千

---

① 《区划人口》，甘孜在线，2014 年 12 月 5 日。

米、42 千米，河流总长 3131.8 千米，水面面积 36.34 平方千米。①

2. 居住习惯与建筑特征

"甘孜"为寺庙名称，意为洁白美丽的地方，有 1300 年建制史。甘孜县是川西北高原康巴文化生态旅游重要目的地，无论是神山、圣水、牧区文化、藏传佛教寺庙文化，还是多姿多彩的民间建筑、藏画、手工艺品及独具古朴风韵的民间舞蹈、文学艺术等民俗风情，都是康巴文化不可分割的一部分。②

甘孜农区住房普遍为一户一幢，依地形条件坐北朝南或坐西朝东，造型以四方形、长方形、"7"字形为多。当地藏族把修建住房列为人生四件大事之一，甚为慎重。建房普遍是两层，片石砌墙脚，再打土墙，也有少数砌片石墙，无论砌土墙还是片石墙，墙的一面都要装进"洗切蹦巴"，"蹦巴"中装上五谷、珠宝等，或嵌上石刻的"朗切吾得"，意为日后五谷丰登、人畜兴旺。底层一般无窗无地板，不住人，圈养马、牛等其他牲畜。人住楼上的房间，上层左右设有"棒康"敞房，"棒康"以圆木剖半四方相扣垒，小圆木辅顶，这种房屋既保暖又防震，向阳面开门和 2~4 个窗，采光面宽。留有较宽的阳台，边缘有半人高的围墙，上面横放有一层或二层小方木用泥土盖成平顶，有 1~1.6 米宽，可放花盆或其他小物件。阳台可晒青稞或玩耍。藏区民主改革后，房屋由土木结构变成钢筋水泥结构，城区普遍改平泥顶为青瓦顶，少数还用上了琉璃瓦。窗楣、门楣房檐和室内柱头、房梁、墙柜板、墙望板均涂漆绘画，十分华丽，有的还雕梁画栋，可与寺庙装饰媲美。

牧民居住帐篷，用黑色牛毛织成宽 16~18 厘米、长数米的毡子，裁剪后缝成长方形帐篷，一般帐篷约 20 平方米，高 1.7~1.8 米，当中用 2~3 根木杆支撑，帐外用牛毛绳向四周拉开，拴在数米外的木桩上。一方设门，左右拉开，即可出入。藏区民主改革后，牧民逐渐进入定居点，作为冬季住房和老人小孩久居的地方。定居点为土木结构，近似农区住房，但多为一层平顶房，房屋装饰简单。③

① 《自然资源》，甘孜在线，2014.12.05。

② 《旅游风光》，甘孜在线，2014.12.05。

③ 参见甘孜县地方志编纂委员会编《甘孜县志》，四川科学技术出版社，1999，第 209、417 页相关内容。

3. 新设计方案特点

甘孜县规划定居点 62 个，涉及 3965 户 17971 人。新设计方案主要针对的是非城区的建筑。设计方案均为水泥砖木结构建筑，建筑楼层单层高3.9 米，外部墙体设有民族装饰线，充分表现出当地的藏族文化，屋顶设有散水屋檐，墙体采用红色刷漆，保持纯铜特色。方案之一：建设面积为 122.28 平方米，房间数 6 个，设有餐厅、客厅、厨房和 3 个卧室。方案之二：建设面积为 94.31 平方米，房间数 5 个，其中卧室有 2 个。每个房间均有开窗，门窗边框均为藏式。此外，定居点前有较为空旷的空地，可以满足生活生产需要，室内配备和基础设施现代化。

图 10 - 1　甘孜县定居点

4. 新设计解决的问题

甘孜县的建筑设计方案较为现代化，同时融合了甘孜当地的藏族文化。设计方案主要为了满足当地居民的日常生活需要，这与当地的主要生产方式有关。相比较原来的传统住宅，新设计住宅现代感更强，水泥砖木结构也提升了房屋的坚固程度与稳定性，能够更好地保障当地农民的生命财产安全。与定居前比，原来大多数的牧民居住的帐篷虽然便于移动，但是具有不稳定性、火灾隐患等问题，定居建筑能够更好地在生活品质方面提升居住水平。

此外，定居点也能够为当地孩子的教育带来便利。甘孜县教育得到重视，设备不断完善，桌椅配备齐全，满足教育要求。大部分设备仪器由州教育局分发配置。定居前，当地孩子居住地较为分散，部分离学校较远。定居后大部分孩子聚集在一定区域内，孩子获得教育更为便利。

第二节　色达模式

1. 定居环境

色达县位于甘孜藏族自治州东北部，地处四川省西北部、青藏高原东南缘、川西丘状高原地区，位于巴颜喀拉山脉东南分支牟尼芒起山东北侧，是全国五大牧区之一——川西北牧区的重要组成部分，位于 31°38′N ~ 33°20′N、98°48′E ~ 101°00′E。东邻阿坝州的壤塘县，北与青海省的班玛、达日两县接壤，西部和南部分别与甘孜州的甘孜、炉霍两县毗邻。总面积 9338.98 平方千米，其中至 2010 年底有草场面积 6654 平方千米，林地 1714 平方千米；辖 2 个镇、15 个乡，134 个村。至 2011 年底，色达县总人口 45661 人，藏族人口占 95% 以上，是四川省的五个纯牧业县之一。色达县人民政府驻地色塘，海拔 3893.9 米，距甘孜州府驻地康定 444 千米。①

色达县境内地形复杂，地处巴颜喀拉山东南麓，大地构造属川西地槽系巴颜喀拉山褶皱带，全境海拔在 4000 米以上，整个地势由西北向东南倾斜，西北高，东南低。总面积中高原面积约占 84%，山原占 15%，平坝占 1%。色达县有四条大河流，河谷宽浅，多支岔，一级阶地发育，形成高原平坝；多年平均径流总量为 49.36 亿立方米，水能蕴藏 63.479 万千瓦，仅色曲河、泥曲河水能蕴藏量就在 26 万千瓦以上。流域面积 100 平方千米的支流达 18 条。色达县气候属大陆性高原季风型，年平均气温 -0.16℃，长冬无夏，四季均可出现霜、雪，大气含氧量不足内地的 60%，每年均有不同程度的霜冻、低温、寒潮和冰雹、洪涝等灾害，对牧草、农作物、人畜安全有一定影响。②

2. 居住习惯与建筑特征

色达县属典型高寒牧区县，地广人稀，居住分散，是自然条件较差的以藏民族为主的民族聚居区。色达县牧区牧民长期过着逐水草、居帐篷的游牧生活。

色达县城区建筑用地 1.215 平方千米，人均建设用地 303.8 平方千米。

---

① 《甘孜藏族自治州色达县》，四川信息网，2014.12.10。
② 《色达县地图》，中国交通地图网，2014.12.10。

图 10－2 实施定居之前牧民居住的土饼房

城区房屋建筑多以 1~3 层的低密度、超大院落传统藏居和现代低层民用建筑为主，形成宽松、素雅、闲适的草原城市特有空间环境。2002 年，色达县开始实施对旧城区改造和新城区即牧民新村建设，建成牧民住宅小区房屋 100 套。

色达县是个藏传佛教寺庙比较集中的地方，全部为藏传佛教宁玛系寺庙，建筑以土、石、木结构为主，或依山而建，或平地而起，或呈散状分布，或呈四合院落，具有现代宗教色彩。色达县高原风光秀丽，是藏传佛教寺庙比较集中的地方，著名景点有五明佛学院、吉祥藏经院、甲学乡的拉则寺、纳折贡巴寺以及打龙寺、色拉寺等，除此之外还有霍西野生动物保护区、色达五色海、泥拉湖、色达县色尔坝藏寨等。①

色达县历史悠久，民族民间宗教文化博大精深，加之是《格萨尔王传》的发祥地之一，以格萨尔文化、寺庙宗教文化为代表的民族民间文化占有极为重要的地位。但是色达县文化建设投入较少，发展缓慢，全县没有一所大

---

① 《资源开发》，四川省人民政府，2014.12.15。

型的综合文化娱乐场馆，电影业名存实亡，电视普及率不到20%。[1]

3. 新设计方案特点

色达县规划定居点134个，涉及6919户29472人。其中一个定居点位于色柯镇约若村的志邛沟，场地较为开阔，呈东西走势。现有建筑以1～2层为主，为石木结构，部分围墙等附属部位为土砌。

设计上保留现状格局，规划对现行院落进行梳理——村民互动中心设置临主要道路，在村民活动中心旁规划商业及旅游服务点和多功能广场，适当考虑停车场。村民活动中心设置医疗卫生等公共服务设施。

村落布局具有地域特色、民族文化特色、民风民俗的景观特色。

场地总用地面积115270平方米，总建筑面积14988.76平方米。住宅总建筑面积14746.6平方米，色达县的住宅设计均为石木结构建筑，总共设计了三种方案包括一种单层设计以及两种二层设计，单层高均为3米（不包括屋顶高度）。根据各户家庭的实际定居情况，牧民可以自主选择其类型，面积大小分别为83.13平方米（16户）、103.6平方米（51户）和123.7平方米（14户）。村民活动中心建筑面积242.16平方米。房屋进深大约为8米，外侧墙体均有设计民族装饰线，窗户与门的边框风格也均为藏式。

二层小楼均设有窗户。一楼主要为厨房、储物间，二楼为牧民居住的卧室，同时也可作为念经场地。整体设计较为封闭，但很好地解决了居民的起居空间与生产储存空间的合理安排。由于草原潮湿，许多房屋在建设过程中都设计和安排了隔水层，充分体现了以人为本的建设理念。其藏族外观落实在建设中，深受牧民群众的喜爱。[2]

A户型效果图　　　　B户型效果图　　　　C户型效果图

图10-3　色达县牧民定居点效果图

---

① 四川省色达县志地方志编纂委员会编《色达县志（1991—2005）》，四川出版社、四川科学技术出版社，2009，第293页。
② 《色达县实施牧民定居行动计划掠影》，色达县定居办公室，2010年。

定居房都建有盥洗间，配备太阳能热水器，三种户型的建设成本按照当地1000元/平方米（新建定居房）的标准进行设计，建筑成本的范围为8.31万元/户至12.6万元/户。

此外，如今的牧区新村，最漂亮的建筑是功能齐备的村民活动中心、农家书院和惠民超市，村民中心的建筑风格与居民建筑风格一致。

图10-4　功能齐备的村民活动中心

4. 新设计解决的问题

色达县居民的生活有着浓厚的藏传佛教色彩，建筑也深受其影响。因此，在建筑设计方面充分考虑当地居民的信仰与民族特色，在内部和外部装饰等方面以民族装饰风格为主。此外，色达交通条件并不发达，牧民定居有利于当地集中修建交通设施，提高当地居民的生活品质，也有利于他们的子女获得当地更好的教育。

色达县境内藏传佛教宁玛系盛行，崇尚红色，几乎全民信教，随处透露出浓厚的宗教文化。色达县的房子基本是红色小木屋，依山而建，越往上红色越深，据说是一层一层刷上去的。因此当地的民居设计也保留了此传统色彩。

色达县民间宗教文化具有很高的价值，但是由于投入有限，并没有得到很好的保护和开发。近年来色达县的旅游人数越来越多，促进了当地的经济发展，增加了当地的财政税收，也为当地的第三产业发展带来了更多动力。在这样的发展情况下，定居有利于牧民转型第三产业，从而促进当地加大对文化建设的投入，为保护和开发当地丰富的宗教和寺庙文化带来更多的力量。

第三节 石渠模式

1. 定居环境

石渠县隶属四川省西北部甘孜州，位于青藏高原东南缘的川、青、藏三省区接合部，是四川省最偏远、交通最不方便的县之一，位于 32°19′N ~ 34°20′N、97°20′E ~ 99°15′E。石渠县北起巴颜喀拉山南麓，南抵沙鲁里山脉的莫拉山段，西北部与青海玉树藏族自治州接壤，西南面与西藏江达县隔江相望，东南面与色达县、德格县毗邻，县人民政府驻尼呷镇，距康定696 千米，距成都 1070 千米，境内平均海拔 4000 米[①]。2011 年底，石渠县辖区面积 25191 平方千米，辖 23 个乡镇，2011 年末总人口 8.68 万人，其中农业人口 83152 人，非农人口 3648 人；藏族 58115 人，汉族 1487 人。[②]

石渠属青藏高原主体的一部分，境内主要有巴颜喀拉山、沙鲁里山脉，地势由西北向东南倾斜，呈高原宽谷剥蚀地貌，其特征为由中山宽谷向低丘宽谷过渡，逐渐走向开阔平坦，形成巨大的宽谷地貌。境内西北部为丘状高原，高平原区，地表和缓起伏，古夷平面保存完整，为主要的牧业区；南部多中山、高山，属干旱河谷，为农牧林业区。据 2011 年统计，石渠县土地总面积 25191 平方千米，拥有可利用草地 1908342.8 公顷；石渠县属大陆性季风高原气候，气温低，日照长，昼夜温差大，无绝对无霜期。光热水资源组合配套性差为境内气候显著特点。[③]

2. 居住习惯与建筑特征

石渠县存在很多游牧部落，他们逐草而居，在 25000 多平方千米的土地上自由迁徙，过着自给自足的生活。

迁徙过程中也不能忘却与神的对话和交流，于是，在转场的浩荡大军之中，多了一群僧人，他们平日里劳作，做法事时便进入移动的帐篷寺

---

① 《四川甘孜石渠地图》，中国交通地图网，2014.12.17。
② 《石渠县概况》（2011 年），甘孜地情网，2014.12.17。
③ 《石渠县旅游概述》，甘孜旅游信息网，2014.12.17。

庙，100多平方米的帐篷寺庙中放有佛像、法器和五颜六色的经幢，其氛围与固定的寺庙并无两样。这个移动的寺庙始建于1791年，由却支·仁切布创建，称查加寺，属藏传佛教宁玛系。

有人说，不到石渠，不知草原之大。逐水草而居的游牧生产和生活方式，使石渠的住所均以帐篷为主。帐篷样式多样，特色各异，但以牛毛帐篷为主。石渠帐篷在藏区享有较高的美誉。

长期以来境内牧区人民住所以帐篷为主，有多种样式，以牛毛帐篷为主。牛毛帐篷主要是用牛毛加工而成，把剪下的牛毛捻成线，编织成一块一块的牛毛毡再经缝制而成。帐篷颜色多为褐色，形状为平顶状。帐篷的大小一般以柱数来表达，有8根、10根、12根、16根不等，最大的帐篷为16根。帐篷门一般朝东。吊有布帷，篷顶留有天窗，便于通气。帐篷中间置有简易的土灶或钢炉，正上方供佛像，四周放置有箱笼、皮口袋、床垫，可以说帐篷是集饮食、住宿、仓储为一"室"的综合体。现在牧民帐篷内的陈设，已拥有汽灯、收音机、太阳能灯等现代生活用品。

除了牛毛帐篷外，草原牧区最多的是红、蓝、绿、白、黑五色相间的布帐篷，还有独具特色的白色三角帐篷。最有气势的是又高又大的平顶礼仪帐篷，大的可以容下上百人举办大型藏式宴席。[①] 这些帐篷多以白色为底，上面用五颜六色的布条画上八瑞像、四合图以及六长寿等吉祥图案，帐篷的两边画上狮子。牧区住所除帐篷外，少数地区也有住房。过去牧区住房全是土木或石木结构，除寺庙经堂外，全是单层建筑，其特点是壁厚、矮小，便于御寒，没有任何装饰。现在，除乡下和偏远地区仍保留这种较原始的建筑方式外，在城镇一带出现两层楼房，一层一般作为牛圈，二层住人，并把室内分割成套间，其中有厨房、客厅、卧室、神堂等。墙壁上悬挂和张贴各种吉祥画，客厅或厨房壁上有八瑞像、四合图、六长寿图；圣僧像供奉在神堂内。房屋全是坐西向东，在房屋的东面普遍用木头做房壁，并在壁外面涂上绛红色颜料，顶部涂上白、黄、绿相间的颜色。

农区住房一般也是土木结构，二层平顶楼房，二层住人，楼顶放冬麦、青稞等未脱粒农作物，底层关牛羊，院坝宽大，可做打场（农作物脱

---

① 参见石渠县地方志编纂委员会编《石渠县志》，四川科技出版社，1992，第204、489页，又见《甘孜藏族自治州石渠县》，四川信息网，2014.12.18。

粒、晾晒的地方)。

3. 新设计方案特点

石渠县规划定居点 119 个，涉及 13756 户、57116 人，是川西北定居规模最大的县。其中的一个定居点位于呷依乡俄青村，总建筑面积为22400.9 平方米，总户数为 186 户，包括 80 平方米的 18 户、100 平方米的90 户以及 120 平方米的 78 户。①

图 10-5 石渠县牧民定居点

石渠县的新设计定居点方案有 80 平方米、90 平方米以及 120 平方米三种户型，均为一层砖混结构，层高为 3.62 米，抗震设防烈度为 7，耐火等级为 2 级。在底部垫脚层铺设黑色散水，窗户采用双层塑钢结构，外侧加设防护栏，门窗采用现代化的材质与风格，门为镶嵌的板门。屋顶为平顶，外侧设有民族特色装饰线，体现出现代化的同时保留了当地的民族特色。屋内设有卧室、厨房、燃料间、储藏室、客厅等。新设计方案在电力、管道等铺设上更加合理，且更加现代化，内部墙体铺设瓷砖，大部分房间铺设木地板，墙体外侧涂上米黄色颜料，与传统建筑色调保持一致。

三种户型的建设成本按照当地 1000 元/平方米（新建定居房）的标准

---

① 数据由四川省委、省政府富民安康办提供。

进行计算，分别为：8.0 万元/户、9.5 万元/户与 12.1 万元/户。

村民活动中心效果图　　　　　　　　　夏季效果图

图 10 - 6　石渠县定居点效果图

4. 新设计解决的问题

石渠县农牧民过去主要的居住场所为帐篷和不牢固的土木、石木结构住宅，传统且具有十足的民族色彩，但是在安全性和稳定性方面存在着许多的不足。新设计主要在安全性和牢固性上有很大的改善，同时完善了基础设施的配套，与现代化家居相一致，装饰现代化。此外，与传统的大通间相比，房间之间的隔离也能够给牧民带来更好的生活体验。

石渠县在过去有很多牧民选择扎帐篷居住，且帐篷的大小尺寸不一，存在用火隐患。定居点的设计有利于牧民将居住环境固定下来，形成比以前的寨子更加高密度的群落聚集体，向县域中心靠拢，且与主要的交通干道接近，便于出行。

石渠县境内半农半牧区，主要粮食作物有青稞、小麦、豌豆和玉米，经济作物有蔬菜、油菜，多为一年一熟。耕作方式为秋收后翻耕，入冬歇地，接受阳光雪水，以保肥力，春耕前再翻耕。运回的麦穗成垛码放在房背上或倒挂于晾架上，一个院子数架，一架多层，架高过房，有的晾晒于屋顶。因此新建成的定居点充分满足生产晾晒需要，有足够的屋顶空间与院落空间。

第四节　德格模式

1. 定居环境

德格县隶属四川省甘孜藏族自治州，位于甘孜藏族自治州西北部，地处 31°24′N ~ 32°43′N、98°12′E ~ 98°41′E，东与甘孜县毗邻，南与白玉县相接，西与西藏江达县隔金沙江相望，北与石渠县接壤，地处金沙、雅砻江上游。德格县境属青藏高原东南缘，横断山系沙鲁里山脉。地形复杂，最高点为绒麦峨扎山峰，海拔6168米；最低点是和白玉县交界处的丁都桥麦曲河口，海拔2980米，全县相对高度3188米，平均海拔4235米。县境总面积11025.24平方千米，川藏公路国道317线贯穿县城及部分区乡，雀儿山山口海拔5050千米，有"川藏第一高、川藏第一险"之称。① 2011年，德格县辖25个乡，1个镇，共171个行政村。截至2011年，全县户籍人口83495人，其中藏族约占96%，汉族、彝族、土家族、苗族等约占4%。政府驻地更庆镇，县城距州府康定588千米，距省会成都954千米。②

全境以雀儿山为标志，将全县分为东北、西南两大部分。东北部高，河谷宽阔平坦，土壤肥沃，古夷平面保存完整，属川西北丘状高原地貌，农作物以青稞、小麦为主；西南部低，河谷深切，地势高差悬殊较大，属于高山峡谷地貌。③ 德格县境内河流以雀儿山为分水岭，形成东部的雅砻江水系，主要河流有雅砻江水系的巴曲、玉曲等12条支流，雅砻江干流德格境内流程165千米，流域面积6500平方千米，径流总量15.8亿立方米，水能蕴藏量丰富。德格县属大陆性高原季风气候，空气干燥，气温较低，冬长夏短，常年平均气温6.7℃。

2. 居住习惯与建筑特征

德格县是一个以牧业为主的县，著名景点有中国三大藏传佛教印经院之首的全国重点文物保护单位德格印经院、格萨尔王故里阿须草原。④

县内分牧区和农区两类。牧区因其逐水草而居的生产特点所致，居住难以固定，部分牧民在冬季牧场筑有简易藏式平顶房，冬季居住较稳定，夏季则四处迁徙，以帐篷为居住地；部分牧民常年居住帐篷，其帐篷为牛毛自织而成，帐篷面积大小以"幅"计算，常见的牛毛黑帐篷有24幅、32幅、48幅数种。帐篷内垒简易灶，置箱笼、床垫、皮袋，正上方供佛像。集饮食、住宿于一"室"。藏区民主改革前，广大贫苦牧民的帐篷又

① 《川藏线》，德格·四川旅游，2014.12.22。
② 《德格概况》，德格县人民政府网，2014.12.22。
③ 《历史沿革》，德格县人民政府网，2014.12.22。
④ 《世界藏文化宝库——德格印经院》，德格县人民政府网，2014.12.23。

小又简陋，生活用具极其简单，不少牧民连帐篷也没有，夏季靠搭棚子避雨，冬季靠岩穴遮风。藏区民主改革后，牧民大多有了大帐篷。汽灯、收录机、电视机、太阳能灯、家用发电机等现代生活用品日渐进入牧民家中。在政府的帮助下，马尼干戈、玉隆、错阿等地部分牧民建起了较集中的冬季定居藏房。

农区住房较讲究，民房为长方体平顶土木结构藏式建筑，或一楼一底，或二楼半，或三楼半不等。藏房底层四壁均为泥土夯筑，光线昏暗，用于堆放农具、木材使用，二楼为住人居室，中间一室宽大，窗面亦大，光线明亮，通常做客厅使用，藏语称"崩空"。大部分民房正前方筑围墙，形成面积不等的院坝，一侧修畜圈，另一侧配"高角楼"式厕所，有的在正房一侧或前方做口楼，夏季在楼上支布幔遮阳。

藏式民宅极其注重装饰，崩空外壁涂抹成褐红色，窗边、窗头涂以白色或湖蓝色油漆，客厅窗户外部，或雕或镂，花样颇多并以各色油漆上光。

藏区民主改革以后，不仅藏式民宅出现了较大的变化，机关企事业建筑也发生了一些变化，20 世纪 50 年代，风行"苏式"砖木结构建筑；六七十年代，流行木结构架梁房；80 年代盛行砖混结构楼房；改革开放后，出现了将砖混结构西式楼房与藏式建筑结合的德格印经院综合大楼、汉藏式藏医院门诊大楼、宿舍大楼等别具一格的建筑，为创新藏式建筑做出了有益探索。[①]

3. 新设计特点

德格县规划定居点 125 个，涉及 6413 户 28776 人。其中一个牧民定居点位于新路海，新民居建筑均采用木材＋土坯的梁架结构方式，三面为土坯、一面为木材，平顶屋，一般为一层；建筑尺度适宜，布局有自身的特点和秩序；建筑与建筑之间有适当距离，考虑到采光、通风；外立面多处理为材料的本色或白色和深红色，保持其单纯性，没有过多的修饰，只是在女儿墙檐口、窗楣、门楣上注重装饰与色彩反差。

此次定居中，共有四种户型设计被选用，均为一层建筑，面积分别为

---

① 参见四川省德格县地方志编纂委员会编《德格县志（1989—2005）》，四川科学技术出版社，2010，第 70、456、467 页相关内容。

85 平方米、100 平方米、105 平方米以及 125 平方米，内设卧室、客厅、储藏间、卫生间、储水池等，功能齐全。

德格县民居充分体现出就地取材的特点，注意吸收汉地和其他民族的建筑艺术和技术，又保持本民族建筑特色与风格的传统性。

传统装饰采用金属、棉毛丝织品、植物等作为装饰材料，并发展成为专门的工艺技术：镏金、镶嵌、编织等。特殊材料的巧妙运用，使建筑更具表现力，同时也由于装饰题材含有的多种意义的渲染，加强了建筑文化气息。

图 10 - 7　德格县定居点

4. 新设计解决的问题

德格县定居点设计的理念为改善牧民居住条件、拓宽牧民创富途径、增强景区服务能力、打造冰湖外围屏障。

聚居点选在平坦的山间平地，具有较好的地势条件，更加安全，同时在交通和基础设施、教育获得方面更加有利于当地群众。此外，定居点的建设，能够使当地形成聚居环境，发挥旅游功能，提高旅游接待能力，还能够在景区外围人为地形成一个保护景区的屏障。

德格县藏族人民崇尚白色，楼顶四壁竖白石，道口，山顶也堆放白石块。这是德格县人民富于同情心、助人为乐、施善的表现。同时境内农牧区还普遍存在一些宗教与民族文化并存，宗教色彩较浓厚但约定俗成的民间传统习俗。家家户户都有佛龛，供奉佛像，同时在佛像前供奉切玛、酥油灯和各类食品。有经济条件的，家里还要供奉宗教故事题材的唐卡和经书。

第五节　炉霍模式

1. 定居环境

炉霍县属四川省甘孜州，位于甘孜藏族自治州中北部，东接道孚县，西北与甘孜县相邻，西南与新龙县接壤，北面毗邻色达县，东北则与阿坝州的壤塘、金川两县相邻。[①] 川藏 317 公路从东南至西北贯通全境，为进藏抵青之要衢和茶马古道之重镇。炉霍县是康北中心、交通要地，属半农半牧区。炉霍县地处川西高原与山原的接触地带，地理坐标为 31°00′N ~ 31°51′N、100°10′E ~ 101°13′E。距成都 654 千米，距康定 291 千米。据 2011 年统计，炉霍县辖区面积 5796.64 平方千米，其中有耕地 9.5 万亩，天然草场 33.07 万公顷，辖 16 个乡镇 171 个村民小组，年末总人口为 45960 人，是一个以藏族为主的多民族聚居县。

炉霍地处川西高原与山原的过渡地带，炉霍县地势西北高、东南低，山脉河流走向多是由西北向东南，牟尼芒起山自北部伸延入境，鲜水河西北向穿流全县。县内平均海拔 3860 米，最高点为西部的旦都喀雪山，海拔 5484 米。气候方面，炉霍县属青藏高原亚湿润气候区，夏季温暖，冬春寒冷，空气干燥，风沙较大，年平均气温 7.4℃。[②] 全县境内有雅砻江和大渡河两大水系，三级以上支流 103 条，多年平均径流量 189078 万立方米。境内大小湖泊 17 个，温泉四处密布，最高水温 90℃；境内有沙金、泥炭、汞等矿和一定量的石灰石等。

2. 居住习惯与建筑特征

炉霍农区村寨一般少则十余户、多则上百户聚居成一个寨子。寨子多数建在河谷两岸台地上。牧民逐水草而居，户与户之间相隔较远，实现定居后，也像农区一样组成寨子。[③]

1973 年大地震，展示出"棚科"这种建筑物的抗震性。自此以后，炉霍农牧区住房修建以"棚科"为主，一户一幢。早期修建的"棚科"一般

---

① 《行政区划》，炉霍县人民政府，2015 年 1 月 8 日。

② 《地理气候》，炉霍县人民政府，2015 年 1 月 8 日。

③ 《甘孜藏族自治州炉霍县》，四川信息网，2015 年 1 月 8 日。

比较低矮，开间小，以木条镶成网状为窗子，糊一层白纸，光线和空气都比较差，房顶以泥土覆盖，平坦的房顶可堆放草料、晒粮等。但这类平顶房久雨易漏，冬季积雪必须及时清理，否则容易渗水，比较麻烦。农区"棚科"多为两层，楼下关牲畜，楼上住人。也有只修一层的，在房屋附近另修牲畜棚圈。为节约资金，城区单位用房多采用泥夹壁汉房，房顶为"人"字形，覆当地烧造的灰色瓦，留玻璃窗子，不及"棚科"保暖抗震，但光线好，透气性强，一幢汉房中可住多户人家或者容纳多个单位上班。至20世纪末，炉霍居民"棚科"逐渐摆脱原来只考虑抗震而低矮、光线差等特点，更加注重外形美观、内部明亮宽敞及整体适用性等兼容性特点。建房在设计上一般先垫脚基，提升高度，用料比较考究，保证整个"棚科"内都比较宽敞明亮，窗子采用的是玻璃窗，代替之前的木状网格款式。许多有条件的人家还设置两个客厅，一个是按照藏式传统布置，雕梁画栋，全部采用藏式家具，另一个则按汉族风格装修，摆放沙发、茶几等汉式家具。信仰佛教的地方还要设经堂，建有煨桑塔。院内铺混凝土地面，用于堆放粮草，既整洁卫生又便于打扫。有些人家还在藏房旁边修建框架式厨房、卫生间等。[①]

3. 新设计特点

炉霍县规划定居点24个、涉及12116户、24767人。其中一个定居点选址在宗麦乡多郎康都村，该定居点的规划设计考虑当地实际情况就地取材，利用当地较为容易取得的建筑材料（石材、木材）作为主要建筑材料，同时尊重当地民族特色和民族生活习惯，保留当地原有建筑风格。考虑到当地高海拔、低气温的气候条件，在建筑布局上，力争通过良好的朝向改善居室温度。新建居民点位于现有乡镇边，且河流交汇，自然景观十分优越。

在此次的定居设计中，炉霍县的定居点设计方案有单层建筑和二层小楼建筑两类，均采用八级抗震指标。建筑面积规格有79.83平方米、99.49平方米与130.38平方米（二层），单层楼高均为3米，且垫有0.45米的脚基，因此整体房屋较地面略微高出。设计均采用土木结构，有多根承重

---

① 参见炉霍县地方志编纂委员会编《炉霍县志》，四川科学技术出版社，2000；炉霍县地方志编纂委员会编《炉霍县志（1991—2005）》，方志出版社，2010，第112页。

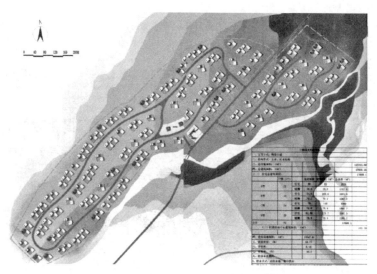

图 10 - 8　炉霍县宗麦乡多郎康都村定居点

村民活动中心效果图　　　　　　　　　　　　A户型效果图

B户型效果图　　　　　　　　　　　　　　　C户型效果图

图 10 - 9　炉霍县定居点设计方案效果图

柱，设置卧室、客厅、厨房、卫生间等，二层还设计有屋顶晒台以供农户晾晒粮食作物等。屋顶均为平顶，四周浇筑女儿墙，四角设计有挑檐。

　　在传统的炉霍县民俗中群众建房，在盖瓦（藏式棚壳盖泥土）时亲朋好友和邻居都要去帮忙上瓦、背土。无论上宾或下客，主人家均热情招待。乔迁新居要请喇嘛择吉日良辰，亲朋好友主动前来庆贺、帮忙，搬迁工作一般在天明之前结束。

　　定居点采用的是藏汉族装饰，外侧墙体装有民族风格装饰线，窗户和

193

图 10 – 10　炉霍县定居点

门框都为具有明显当地民族色彩的藏式式样。每个房间都有开窗，以保证每一个房间的采光与通风。单层定居点为"凹"字形建筑，中间通道可以通向多个房间。二层定居点为直角形建筑，增加了房屋可利用面积。

4. 新设计解决的问题

炉霍县传统民居注重防震，但在屋顶和窗户的处理上不够科学完善，因此常造成屋顶逢雨雪天气容易发生渗漏等问题。同时窗户为木条构成的网状窗户，通风和采光都较差。

新设计中，首先在房屋下垫了脚基，并在屋顶进行石板压顶，在建筑材料的选择上也选择了稳固性高的石料，能够很好地应对当地多震的自然条件，同时解决了屋顶雨雪天气的渗漏问题。其次，充分满足住宅的采光和通风需求，增加了房屋的空气流动性。二层建筑中，一楼可以用作储物，也可以圈养少量的牲畜，降低牧民的管理成本且不影响生活品质。

第六节　道孚模式

1. 定居环境

道孚县隶属四川甘孜州，位于四川省西北部，甘孜州东北部。地理坐标 32°21′N ~ 30°32′N、100°32′E ~ 101°44′E。地处青藏高原东南缘的鲜水河断裂带，东与丹巴，西同新龙县，南和康定县、雅江县相连，北与炉霍及阿坝州的金川、壤塘县接壤。据 2011 年统计，道孚县辖区面积 7053 平方千米，辖 2 个镇、20 个乡，共 158 个行政村和 2 个居民委员会，户籍人口 55290 人，其中以藏民族为主体，约占总人口的 89%。①

道孚县地处青藏高原的边缘，境内地形复杂，峰峦起伏，东北高，东南略低，地形大体分为：东部八美山原宽谷区，西南部尼措、瓦日山原河谷区，南部扎坝高山峡谷区，北部玉科为高原高山区。道孚县属寒温带大陆性季风气候区，其特点是春夏不分明，冬长夏短，冬寒干燥。道孚县属大渡河水系，主要河流有玉曲河、却瓦鲁科、五重柯、干尔隆、沙冲河等 114 条，流域面积 2452.2 平方千米，水资源总量为 11.97 亿立方米，2011 年道孚县水域总流量为 41.44 亿立方米，水能理论蕴藏量 153.8 万千瓦。②

2. 居住习惯与建筑特征

从丹巴前往道孚，在离县城几千米的格西乡，便能将道孚城尽收眼底。这座海拔近 3000 米的高原城市，首先呈现给人们的是鳞次栉比的藏式民居，它们从平坝向着低缓的山坡上蔓延，构成一道别具一格的风景线，使整个城市熠熠生辉。这些民居外表主要由棕、白两色构成，白色的屋顶，白色的主墙，木结构处多用棕色颜料染涂，其间配以红、蓝图案，在蓝天、白云、青山、绿水的映衬下，幻化成妙不可言的积木图案。白色的房顶上与宽敞的院坝里，身着艳丽藏装的少女或身着绛红色衣衫的喇嘛飘拂其间，给人一种"世外桃源"的感觉。③

道孚民居以其独特的建筑风格和奇绝的建筑艺术著称于世，它有纯藏式和藏汉结合式两种，前者居多。不论哪种结构，都是白墙红（棕）壁花窗，"品"字滴水檐，一楼一底或二楼一底，排列有序。道孚民居的房屋总结构，上为穿头木架通柱、双梁双檩双挂条，地扦锁脚"井"字形屋架，极为严密，防震抗震性特强。房屋的大小以"空"为单位计数，四柱之间为一"空"，小者十余"空"，大者达八十余"空"。在一楼二楼安装

① 《道孚资讯概况》，中国城镇地图网，2015 年 1 月 9 日。
② 《甘孜藏族自治州道孚县》，四川信息网，2015 年 1 月 9 日。
③ 《红草地》，天涯旅游户外俱乐部网，2015 年 1 月 9 日。

"棒柯" 3～5个, 既稳固又气派。整座房屋用"棒柯""棒勒"装修成主人或客人卧室、储藏室、经堂、客厅(有的还分设汉式和藏式两厅)、厨房、走廊、阳台、厕所。

道孚在民主改革前还有大型锅庄、普通住房、平房、汉式瓦房(仅限圣谕庙、官话学堂、天主堂和县长办公室)。锅庄是三层正方"回"字形土木平顶建筑, 中为天井。底层关畜, 二层为环形走廊, 向阳开窗, 客厅、客房、寝室、储藏室、厨房等尽在其中。厕所修在拐角处, 伸出一米多, 男女通用。三层称"咱", 一般修有南北西三面敞房, 隔置一两间为经堂, 其余为堆放麦秆处。四柱间为一空, 少有41空, 多有81空。"大锅庄"洛绒仁青住房共81间, 为县城最大的锅庄。锅庄门前留有大小不等的一方院坝, 修平房若干间, 供过往商贾关骒马之用, 有的临街锅庄, 靠街的一面修成铺面, 有的出租, 有的自己经商。普通藏房有4空的、8空的、十余空的, 多为农商生产兼住宅, 临街的底层做铺面, 铺面之后为畜圈, 也是厕所, 在通道上搭一锯齿状的独木梯上楼, 无阳台, 多房间, 靠里面的房间比较黑暗。

图 10-11 道孚县银恩乡牧民定居前住宅

穷苦百姓多住在低矮的平房中, 底层住人, 间关牲畜, 房顶堆放禾粮。农村住房多为正方形楼房, 部分为平房, 由住房、储藏室、经堂、厨房、阳台、走廊、厕所等组成, 尚有小型熏柏枝烟小塔、屋顶经幡塔、楼梯、花格窗等。部分农村还有碉楼式住房，多建在地形险要的高山陡坡上，有单家独户的，也有三五家或者十余家为寨的。每户占地120平方米左右，呈长方形，均为4~5层，高十余米，墙用片石砌成，多数为4根柱子，在房正中"一"字形竖立，柱顶放一横担，上架木椽，两头砌入墙中，置片石上盖土。下面三层每层高约2.5米，上面两层每层高约2.3米，各层用锯齿形独木梯相通，底层关牲口，二屋堆放草和木材，三层、四层住人，五层为经堂。房外有一吊脚楼式厕所。牧区牧民主要住帐篷。用料为牛毛，缝织成宽22厘米左右的粗毯子后拼块缝织而成。小帐篷一般由两大幅组成，大帐篷由四大幅组成，帐篷门向阳，并挖好排水沟，中支撑杆，上留一天窗，既可通风，又为烟囱，无雨打开，逢雨关闭。[①]

图 10－12　道孚县定居点

3. 新设计特点

道孚县规划定居点35个，涉及2491户11687人，其中一个定居点位于龙灯乡拉日村。场地西面为南北走向的山体，高差约有8米。较为平缓。在保留现有建筑的基础上，尊重当地民族风俗，结合牧民建筑特色，建筑布局错落有致，并沿道路形成丰富的藏式民居特色景观界面，以充分展示

---

① 参见四川省道孚县志编纂委员会编《道孚县志》，四川人民出版社，1998，第218、517页相关内容。

藏族文化，并为今后发展旅游经济打下基础。

图 10 - 13　道孚县牧民定居点

　　场地总用地面积 125745.08 平方米，总建筑面积 13300.1 平方米，安置方式为统筹自建，建筑结构为土木、石木结构。住宅总建筑面积为 13110.1 平方米，共有四种户型，分别为 83 平方米（16 户）、103.6 平方米（21 户）、123.7 平方米（18 户）、127.7 平方米（15 户），村民活动中心建筑面积 190 平方米。

太阳能办公楼建筑效果图

A户型建筑效果图

B户型建筑效果图

C户型建筑效果图

图 10 - 14　道孚县定居点效果图

　　4. 新设计解决的问题

　　在建筑朝向上，按照当地习俗，背山面河布置房屋，力求争取最好朝向，以缓解当地气候寒冷、向阳和背阴面温差大的问题。建筑布局上，依托地形，错落有致，自然、自由，但不失有序。

第七节　新龙模式

1. 定居环境

新龙县隶属四川省甘孜藏族自治州，位于四川甘孜州中部，青藏高原东南边缘，四川盆地西部，地处雅砻江中游高山峡谷地带，雅砻江从北至南纵贯全境，属川西山原和横断山脉地接触带。新龙县东与炉霍县、道孚县相连，南与雅江县、理塘县接壤，西与白玉县毗邻，北与甘孜县分界，西北与德格县相接，地跨 30°23′N～31°32′N、99°37′E～100°54′E。新龙县地势北高南低。最高海拔 5992 米，最低海拔 2760 米。新龙县境以北甘孜新龙公路与国道 317 线相连。县治如龙镇，海拔 3050 米，距康定 485 千米，距成都 845 千米。据 2013 年统计，新龙县辖区面积 9182.74 平方千米，辖 1 镇、18 乡、1 街道办，总人口 49833 人，藏族人口占全县总人口的 88.11%。①

新龙县处川西北丘状高原山区，属沙鲁里山北段，北部最高点卡洼洛日，海拔 5992 米，南部最低点子拖西乡雅砻江河谷，海拔 2760 米，全境由高山峡谷、高山低谷、高原低山丘陵、现代冰川冰蚀地貌组成，雅砻江从北向南纵贯全境，长达 175 千米，有大小河流 121 条，水资源蕴藏总量为 54.6 万千瓦，其中可利用 21 万千瓦。新龙县属青藏高原亚湿润气候区，年平均气温 7.4℃，垂直气候变化显著，含山地温带、山地寒带、高山亚寒带、高山冰冻四种主要气候带。

2. 居住习惯与建筑特征

新龙县境内有各种宗教教派与寺庙，新龙县传统房屋也受到传统宗教的影响，多以砖木结构瓦房式"棚科"为主，② 公房多为土墙之上置"棚科"的二层青瓦屋顶，集藏汉建筑风格于一体；民房以土墙为主，一般为三层，规模以柱计算，每户住房根据经济情况，一般选择建 12 柱、16 柱、20 柱住房。底层，高 2.5～3 米，一般不住人，作堆放杂物或作牲畜栖息之用。二层，高 3～4 米，作灶房、卧室、保管室，有地板、天花板，有的

① 《甘孜藏族自治州新龙县》，四川信息网，2015 年 2 月 5 日。
② 《拉日马景区》，新龙县人民政府，2015 年 2 月 5 日。

还有护墙隔板，采光充足，制作及装饰甚佳。唯灶房甚大，既是会客厅又是全家人生活起居汇集处，在采光好的一面沿壁置高 0.8~0.9 米的长方形木台，专供坐卧。三层，高 4~5 米，后半边是泥顶敞房，现今多以木板隔成房间，前半边左边或右边置一二间"棚科"，土墙外为悬挑厕所，其余部分为晒坝。在房屋的正面和侧面开 5~8 窗不等，门窗框做工精美，以 3~5 层方木叠成，参差错落，每层以各种雕花饰边。其原本为寺庙建筑工艺，已经移植到居家，之后也更加注重房屋外观，并彰显民族特色，将顶楼棚科处原露坝天台改成铝合金玻璃窗，房顶加盖彩瓦或青瓦，屋内按照"五通四改"的标准，以经济、适用、舒适、现代化的方向建设并购置家用物品，客厅按照藏式风格、汉式装饰分为两个，集民族特色与现代气息于一体。①

3. 新设计特点

新龙县规划定居点 25 个，涉及 1697 户 8606 人。其中一个位于友谊乡。针对新龙县牧民的实际居住情况以及地理位置、生产活动条件，设计了四种建筑方案。其中有三个是单层建筑设计，一个二层建筑设计，单层楼高设计均为 3 米，屋顶高 0.3 米，面积从 77.78 平方米到 113.6 平方米，均为土木结构。

单层建筑均设计不少于 2 个卧室、1 个储物间、1 个客厅配以晒台，房间之间以土墙或者石墙相隔。二层建筑单层面积不大，一层为库房、厨房和楼梯间，楼梯间可以灵活使用。二层有两间卧室与晒台，可以用来晾晒作物。一层、二层均有开窗，保证室内采光与空气流通。

建筑顶部均以石板压顶，边缘以藏式巴酥块作为材料，刷油漆与下部的土块石墙面进行区分。外侧墙体刷为红色的木质棚壳，晒台门口两侧竖立木质车花栏杆，门窗均为藏式，设白马、蜂窝等。建筑风格仍用当地典型的传统藏汉式风格，空间使用合理，能够基本满足当地牧民定居的生活需要。

四种户型的建设成本按照当地 1000 元/平方米（新建定居房）的标准

---

① 参见四川省甘孜藏族自治州新龙县地方志编纂委员会编《新龙县志》，四川人民出版社，1992，第 345~346 页；又见四川省甘孜藏族自治州新龙县志编纂委员会编《新龙县志（1988—2006）》，九州出版社，2010，第 509、626 页相关内容。

进行计算，大致范围为 8.8 万元/户至 11.36 万元/户。

图 10 - 15　新龙县定居点

4. 新设计解决的问题

新龙县当地经济主要依靠第一产业。2010 年，新龙县培育农业产业，建成干果基地 5 个，青稞、小麦示范点 16 个，蔬菜示范基地 10 个；畜牧业在过去一度成为当地的支柱产业，但是由于传统的放牧方式，导致当地草地退化比较严重。在定居之后，传统的放牧形式在一定程度上得到改变，圈养方式将会更多地替代传统的放牧形式，有利于当地草场的恢复与保持。

新龙县在厨房靠墙处有榻床，宽 2.5～3 尺，藏语称为"火尺"，垫藏毯，既可坐又可卧。还有专门的榻床，窄而狭长，铺上垫子，内装獐子毛，外用细帆布包皮，再铺上藏毯。过去普遍用藏装作被盖，少数有钱人家才有专门的藏被，即把羊毛作絮，用毯子包制而成，或用羊毛作被等。

新的定居点较以前牧民所居住的房屋，结构更加合理，且用材料更加牢固，同时保留原有合理必要的功能。聚居的生活方式能够让牧民享受到更多的当地配套的基础设施。

第十一章　康南定居模式

第一节　巴塘模式

1. 定居环境

巴塘县位于四川西部青藏高原东南缘，金沙江中游东岸的川、滇、藏三省接合部，位于28°46′N～30°38′N、98°58′E～99°45′E，南北长约260千米，东西宽约45千米。面积8186平方千米，与理塘、乡城县接壤，南与得荣县毗邻，西与西藏自治区的贡觉、芒康和云南省的德钦等县隔金沙江相望，北与白玉县紧连。县治夏邛镇，海拔2580米，境内国道318线纵贯8乡1镇，全长175.042千米。巴白公路巴塘段为30千米。巴塘县城至西藏芒康104千米，距离州府康定483千米，距离成都851千米，至理塘198千米。巴塘县辖18乡、1镇。一个镇是夏邛镇，18个乡是拉哇乡、竹巴龙乡、党巴乡、措拉乡、茶洛乡、列衣乡、德达乡、莫多乡、甲英乡、波戈溪乡、松多乡、中心绒乡、地巫乡、苏哇龙乡、昌波乡、中咱乡、亚日贡乡、波密乡。

巴塘县由于受海拔高度、南北走向的山脉和大气环流的影响，属高山高原气候。巴塘县内春季气温回升快。夏季最高气温可达35℃以上，雨季主要集中在6～9月，秋季由于冷热气流交替，小气候频繁。冬季天气变冷，最低气温可达−10℃以下，雨雪天气较少。总体呈现冬暖、春干、夏凉、秋淋的气候特征。[①]

巴塘县地处横断山脉北端金沙江东岸河谷地带，横断山脉纵贯全境，其地形随金沙江走向由北向南倾斜，并呈现北高南低、东高西低之状。地

---

① 《巴塘县·气候》，巴塘政府网站，2015年2月5日。

势走向在昌波河口以上为北东南西向，在昌波河口以下为北南向。境内地貌属"川西高山、高原区"中的"金沙江东岸极高山亚区"，按照其特征分为北部极高山区，中南部高山峡谷区和中东部半高山区、山原区。北部极高山区平均海拔3300米，中南部高山峡谷区一般海拔在2800米以下，中东部半高山区、山原区海拔一般在2800～3300米。①

巴塘县河流均属金沙江水系，境内江河主要有金沙江及其支流巴曲、莫曲和定曲。金沙江由北向南贯穿县境西部，在巴塘县内全长167.1千米，平均流量为943立方米/秒，年总径流量为297.19亿立方米。巴曲发源于扎金甲博冰川之下，定曲发源于波密乡哈日拉西侧，巴塘县内流长116.19千米。巴塘县还有大小湖泊107个、小河溪流50余条，其中集水面积在100平方千米的有19条；可利用河川年径流量达19.6亿立方米。

2. 居住习惯与建筑特征

巴塘县境内有藏传佛教宁玛系、藏传佛教格鲁系、藏传佛教噶举系三个教派，有康宁寺、竹瓦寺、争则寺（原仁波寺）、土登尼夏林寺、彭吉林寺、降卡寺、牙索寺、措普寺、扎呷寺、却能寺、莫多寺、郎根寺、曾然寺、桑登寺、恶曲寺（山神庙）、日登寺和哈然寺等17座寺庙，因此巴塘县建筑具有比较明显的藏传佛教特色。②

巴塘县历史悠久，古为部落之地，从东汉末年到三国、魏、晋、南北朝，属白狼国，唐朝年间，被西藏吐蕃王朝所灭，巴塘受吐蕃统治，直至清代被收归中央，划入四川。因此，巴塘县受到藏族文化的深远影响，在建筑特色上，也有古代藏文化的痕迹。巴塘县是以藏民族为主的少数民族聚居县。据2006年统计，在巴塘县总人口中，藏族达44726人，占96.61%；汉族1543人，占3.33%；其他为彝族、回族、纳西族、蒙古族、苗族。③巴塘群众的住宅普遍为一户一幢、一楼一底外加爹口楼的藏房。农牧民住宅底层为畜圈，二层为住房和灶房，顶层为打场、晒场，爹口楼堆放饲料、农具。外墙大多用红泥浆（有的也用白泥浆）粉饰。

---

① 《巴塘县·地理环境》，巴塘政府网站，2015年2月5日。
② 《巴塘县·历史文化沿革》，巴塘县政府网站，2015年2月5日。
③ 《巴塘县·人口民族》，巴塘县政府网站，2015年2月5日。

图 11-1　巴塘县定居点

　　1991 年后，城乡群众修建的住宅得到改进，大窗、楼高为显著特点，而且室内面貌大为改观，一般底楼为厨房、餐厅、客厅，二楼为寝室，墙壁均用涂料粉刷，房间装有隔板、地板和望板，并刷有油漆，房顶铺有水泥以防雨水渗漏。而区乡民宅为土木结构，但住房和畜圈分开，家里的装饰、陈设也逐步趋于城市化。[①]

　　3. 新设计特点

　　巴塘县规划定居点 24 个，涉及 1551 户，9301 人。其中部分定居点主要集中在县区域附近。定居点所处地带地势平坦，处于两山之间的山谷，并且它与主要的交通要道沪聂线较为接近，方便农民出行，通达性较好，为赶集、子女教育、获得当地卫生医疗等公共服务等提供了很大的便利。

---

① 参见巴塘县地方志编纂委员会编《巴塘县志》，四川人民出版社，1993，第 186、164 页相关内容；四川巴塘县地方志编纂委员会编《巴塘县志（续编）》，方志出版社，2001，第 216 页。

第二节　理塘模式

1. 定居环境

理塘县隶属四川省甘孜藏族自治州，位于四川省西部，甘孜藏族自治州西南部，金沙江与雅砻江之间，横断山脉中段，沙鲁里山纵贯南北。理塘县距离州府康定285千米，距成都654千米，地处28°57′N～30°43′N、99°19′E～100°56′E，县政府驻地高城镇，海拔4014.187米。理塘县东毗雅江县，南邻木里县、稻城县、乡城县，西接巴塘县，北连白玉县、新龙县，理塘县版图南北长215千米；东西宽155千米，面积14351.8平方千米。县城海拔4014米。[①]

至2010年底，理塘县已有18个乡镇通公路，累计投入资金3.58亿元，共建成通乡公路8条174.4千米，通村公路223条1239.6千米，牧民定居点道路111条266.7千米，并支持国道318线、省道217线改扩建工程建设。全县公路通车里程达1912.6千米，实现了全县5个片区24个乡镇191个村通公路。[②]

据2011年统计，理塘县总面积14352平方千米，辖5个片区24个乡镇231个村282个村民小组，常住人口70420人，人口自然增长率为7.63‰。有藏族、汉族、蒙古族、回族、纳西族、土家族、彝族、苗族、羌族9个民族，其中藏族47918人，占总人口的68%。

理塘县以丘状高原和山原地貌为主，兼有部分高山峡谷，西部中部因造山运动的抬升，地势起伏较大，向东南和东北倾斜，境内山脉和水系呈南北走向，东西排列，山川河流相间，山地垂直分布明显。

理塘县内部地貌日趋复杂化，地形呈显著的垂直分带，由低到高依次出现中山、高山、极高山等类型，在山地窄谷、宽谷和高山顶部夷平面又出现台地、多平坝、高山原类型。理塘县主要山脉有格聂山峰，海拔6204米；肖扎山，海拔5807米；克麦弄山，海拔5780米；库尔岗中山，海拔5601米。

---

① 《县情概况·中国理塘》，理塘县政府网站，2015年2月7日。
② 《民生工程》，四川省人民政府网站，2015年2月7日。

理塘县属高原气候区，基本特征为：气温低、冬季长、日照多、辐射强、风力大、水热同期、蒸发量大、干湿季节分明。

理塘县河流较多，分为雅砻江与金沙江两大水系，主要有无量河、热依河、君坝河、桑多河、呷柯河、霍曲河、白拖河、那曲河、拉波河、章纳河等11条支流，有8条注入雅砻江、3条注入金沙江，总长度1534千米。

理塘县河流面积786930亩，占水域面积的96.39%，大小河流遍布全县，县境内河流总长达52462千米，年径流量76亿立方米。

2. 居住习惯与建筑特征

理塘藏族人民由于受生存条件和自然环境等多方面因素的影响，对自身的穿衣打扮和建筑装扮都有着独特的风格，其服饰最贴近大自然，妇女装束衬托朴素凝重、温柔贤淑、风情万种的柔美。尤其是理塘妇女的发饰，相传为格萨尔王妃子"珠姆"路经理塘时流传，妇女们发辫皆为若干条弧形披于背后，间用彩色丝线相连并以金银饰饼装饰。① 藏族群众住宅，普遍为每户一幢一楼或二楼一底的平顶房，通称"藏房"。其结构为土石、木石。藏房的大小是以柱头的多少决定的，通常以10根、12根、16根、24根、25根、35根、45根等若干根柱头来定（柱与柱的中心距离一般为2.67米），柱子越多，房子越大。农牧民住宅底层为畜圈，牛马羊均关在底层，二楼作厨房或者住房，顶层作打场或晒场。侧边用直径20厘米左右的圆木横排状，藏语叫"棒柯"。"棒柯"用作储藏室或者经堂。住宅大门一般开在向阳一方，多为双扇门。底层为防盗，开设的窗户少而小，光线极差。二楼开设的窗户较多，光线较好，窗子上方有小木枋重叠突出窗外，既美观又能遮挡雨水飘进室内。二楼房内用木板隔成若干小间，分别作食、宿之用，部分藏房有较大型壁橱，施以精致雕刻，二楼四周都以刨光的木板遮住石墙壁。顶楼的经堂设置华丽讲究，屋顶先用木板铺严，再用斧劈之木块铺垫二层，木块上用树枝铺一层，然后用较细之黏土夯实，作为避雨、晒场之用；一旦雨季来临，久雨不晴，多有漏雨之忧。

此外，牧区藏民逐水草而牧、逐水草而居，帐篷多用牦牛毛织成黑色块料，缝制成棱长台形或正棱台形，篷顶留1~2米长的一道口子。下置灶

---

① 《独一无二的习俗，古朴庄重的藏地文化》，中国网，2015年2月9日。

台，以此窗口透气和排放炊烟，一般一顶帐篷占地 10～30 平方米，帐篷内用木杆支撑，四周配以牛毛绳子，拴在钉进泥土的木桩上，以拉抻帐篷，达到抗风、遮雨、抵挡霜雪的目的。①

图 11 - 2　定居计划前牧民帐篷

3. 新设计特点

理塘县规划定居点 88 个，涉及 7498 户 32120 人。理塘县素有"康巴屋脊"之称，县城海拔在 4000 米以上。这次新设计，针对理塘县的情况设计了五种方案，均为单层砖混结构。方案之间的差异主要为户型和面积的不同。其中分别有建筑面积为 116.79 平方米、103.52 平方米、81.35 平方米、100.28 平方米以及 84.95 平方米五种方案，用以满足不同家庭的需要。

方案中，屋面均采用 1∶2 水泥砂浆找平，上做一布两油氯丁胶隔离防水层，面做 40 厘米厚细石混凝土、刚性层，并布钢筋网。墙面工程中，内墙面采用水泥砂浆打底，面刮仿瓷涂料。外墙面刷白色涂料，女儿墙设民族特色装饰线。外墙勒脚设 1.1 米高墨绿色仿石砖。女儿墙采用水泥砂浆

---

①　四川省理塘县地方志编纂委员会编《理塘县志》（续编），四川出版集团、四川科学技术出版社，2009，第 621～622 页。

打底，刷铁红面漆，装饰线条采用白色墙砖。夯填土上做厚混凝土垫层，采用1:3水泥砂浆找平。卧室铺普通木地板；厨房、卫生间贴防滑地砖。附属工程有：所有窗安装防护栏带横向钢筋。散水采用硅酸盐砌块砌筑，墙面采用水泥砂浆抹面。在建筑物正面、山墙和建筑物背面设置混凝土、明沟。所有卫生间背面均设计化粪池。

几种户型的建设成本按照当地1000元/平方米计算，大致为81350元/户至116790元/户。

图 11-3　理塘县定居点

4. 新设计解决的问题

理塘县基础产业薄弱，自然灾害频繁，财政拮据，农牧区贫困面大，经济、社会发展滞后，至今仍为集"老少边穷"为一体的国家重点扶持县，还有待于全县人民与时俱进、扬长避短、发挥优势，为理塘的崛起贡献自己的聪明才智和全部力量。

在此次定居中，定居点集中，聚落形式较以前的零散式分布更加便利与安全，同时定居点选址也更加合理与安全，在地形上处于地震影响较小的地区，交通和获得教育资源更加方便。相比较传统逐水草而居的帐篷生活，大大提高了对外来自然环境变化的应对能力。

理塘县由于地高天寒，热量严重不足，农作物品种比较单一，主要粮食作物有青稞、冬小麦、春小麦，其次是豌豆、马铃薯、玉米及小量的荞麦、胡豆、二季豆和黄豆等，而当地第二、第三产业比重很低，自然条件独特，水资源较为丰富，因此考虑到理塘县水文资源与耕作条件，在新方案的设计中更加注重了定居点与农业畜牧之间的关系。为了方便作物的晾晒，在屋顶做较大面积的晒场，同时女儿墙的设置伴随着当地独特的民族特色装饰线，更加显示出当地民族文化特点。室内设计了专门的储藏室，用以保存粮食作物。还设计了现代化厕所，更加方便卫生地满足牧民生活需求。

同时，在防震加固方面，以八度抗震作为设计标准，更加充分地保证了当地居民的生命安全、财产安全。

第三节　白玉模式

1. 定居环境

白玉县地处青藏高原向云贵高原的过渡地带，属横断山脉北段，金沙江上游东岸，沙鲁里山西坡，地貌类型复杂多样。位于31°40′N～33°22′N、98°36′E～99°56′E。东与新龙县接壤，南与巴塘、理塘两县毗邻，西隔金沙江与西藏贡觉、江达县相望，北与德格县交界。县域东西宽128.8千米，南北长134.4千米，总面积10591平方千米。第五次人口普查数据显示：2000年白玉县总人口为42013人，占甘孜州总人口的4.68%，是一个人口小县，受地理环境和生活方式的影响，农区人口密度高于牧区人口密度；其中极高山占13%，高山占35%，宽谷和阶地占7%，山原和丘原占45%。县城驻建设镇麻通村，东距康定622千米，距成都991千米[①]。

白玉县河流均属金沙江水系，水源丰富，主要河流有金沙江、偶曲、赠曲、降曲、登曲等，沿江河谷地带气候温和，适宜种植业，局部还可两年三熟；河流落差大，约10米/千米；水能蕴藏量124.45万千瓦，可开发利用能为70万千瓦；气候方面，白玉县地处高原气候带，半湿润气候区，属独特的大陆性季风高原型气候，垂直气候特点明显，半干旱河谷温带，是全县主要经济林木、经济作物、家畜养殖的主要效益带；山地凉温带是

---

① 《甘孜藏族自治州白玉县》，四川信息网，2015年2月16日。

全县主要的林业用地和耕地；高山亚寒带则以牧业为主。①

2. 居住习惯与建筑特征

白玉县通过综合发展一、二、三产业，2015 年实现地区生产总值 10 亿元以上。建立禽养殖示范村 6 个、"燎原计划"示范村 53 个，发展农村经纪人 15 人，牦牛产业化发展成效显著；白玉县河坡乡相传是格萨尔兵器生产基地，其民族手工艺历史悠久，技艺精湛，在唐朝时藏王就为战争所需铸造刀、矛、弓、箭等，岭·格萨尔兴起之后，更是广集工匠，制造兵器。同时嘎拖寺在河波的建成，使该县民族手工艺有所发展，白玉县境内主要景点有白玉寺、亚青寺、嘎拖寺、滴水寺等。嘎拖寺是藏传佛教宁玛系六大寺院之一。"嘎拖"为藏语译音，意为"上面"。② 这些独特的地方文化也不断地融入当地民居的构造之中，而经济增长带来的住房变化也能够以一种更加新型的住房方式满足游牧与定居之间的自由切换。

白玉县传统民房建筑，从结构和类型上分为帐房、泥墙平顶房、棒瓦平顶房、青瓦屋面棒瓦房、复合式碉房。帐房主要为放牧群众使用，可分为三种：一是全封闭式，设有门窗；二是半封闭式，先用石头、泥块或牛粪垒砌 1~2 米高的挡风墙，留一门进出，然后将牛毛编制的帐篷撑盖于墙上；三是暴露式，只将帐布拴在树干上，人即卧于帐下。泥墙平顶房是用泥土筑成 4 米左右高的墙壁，前后开窗。房顶用圆木平遮后，铺上柴枝，再盖上细泥夯实，保温效能佳。棒瓦平顶房（"棒瓦"是用实圆木或者把圆木劈成两半四角榫头连接，架成的房）一般是一户一幢，为二至三层的"棒瓦"平顶房。青瓦屋面棒瓦房则主要是靠近县治附近的群众受汉式建筑的影响，在棒瓦平顶房的格局上，顶层加抬梁式木结构，钉角板，盖青瓦。在造型上，既是棒瓦排列，又按汉式结构，有阳台、过道、栏杆，下层也多砖砌，楼层为木质材料。复合式碉房是山岩乡民建筑的一大特点，与其独特的历史和风俗息息相关，以聚落为主要形式，通常大的十余户，小的三五户，一幢一幢紧相连接，组成复合式碉楼。碉房墙身高耸，一门进出，上层相互连接，户户相通，顶层延伸外出，多不封死。

在现代与传统的结合上，白玉县经过不断的发展，由单一的砖木结

---

① 《白玉城市介绍》，中国天气网，2015 年 2 月 16 日。

② 《白玉嘎拖寺传说》，中国甘孜，2015 年 2 月 16 日。

构、土木结构的小青瓦建筑，历经砖混结构、预制构件等，发展到全框架结构建筑；由白灰墙面发展为具有民族特色和现代特色的新兴建筑。2000年后，白玉县新建了一大批公用建筑，其装饰风格大都采用民间建筑装饰和寺庙建筑风格，如县委政协办公大楼采用金色油瓦作房面女儿墙装饰，窗套采用民间泥格，门厅由彩绘柱和绘画组成；县教育体育局职工住宅楼集现代建筑与民族地方建筑风格为一体，女儿墙采用金黄色瓦作压顶，每层之间采用白玛曲扎作线条，窗边采用石膏线条，正面采用全玻璃墙。①

3. 新设计特点

白玉县规划定居点 58 个，涉及 2887 户 14378 人。此次定居项目中涉及两种户型，均为砖混（砖木）结构的四室一厅两卫两储藏一晒台的二层建筑结构，层高三米，其中客厅厨房合一，充分利用楼梯间作储藏室和卫生间；利用一层屋面作晒台；二层屋面堆草料；二层缩进立面有变化；藏式巴酥线有民族特色。在安全防震方面多设构造柱。

由于藏区地广人稀，考虑到减小牧民的管理成本，方便饲养活动，因此定居方案充分将畜牧业生产工作纳入设计之中，在白玉县的定居设计中根据牧民的实际情况进行了两种方案的设计。两种户型的核心区别是分别适合于已建暖棚（牛棚）与未建暖棚（牛棚）的牧民，两种户型的住房面积部分均为 120 平方米。后者增加了暖棚（牛圈）和大储藏室 84.74 平方米，共计 204.74 平方米，也增加了一层屋面晒台，更加适用于未建暖棚（牛圈）的牧民。

两种户型的建设成本按照当地 1000 元/平方米（新建定居房）和 400 元/平方米（新建暖棚）的标准进行计算，分别为：12 万元/户与 15.4 万元/户。

4. 新设计解决的问题

白玉县藏族几乎全民信教，故敬神求佛祭祀十分普遍。住房中也设有佛堂，堂内设佛龛，供神像，放经书。因此，新设计尽量满足当地牧民需要，保留原有的传统。

在稳固性方面，新设计的定居建筑采用砖混结构，具有更好的稳固性

---

① 四川白玉县地方志编纂委员会编《白玉县志（1995—2005）》，方志出版社，2010，第190 页。

图 11 - 4 白玉县定居点

与更高的安全性能，在青藏高原这一地震多发地带能够更好地保障安全。
同时在水电配备等方面较之前更加容易铺设相应的线路管道。

新的定居设计选址布局更加科学，靠近县乡公路、集镇，且处在地理
位置相对更加平坦的地带，减小因为自然地理条件而导致的生命财产损失
风险。此外，相对集中的居住能够更好地享受到基础配套设施和医疗卫生
等公共服务，孩子获得教育的成本下降，同时也能够形成相对更加集中的
聚落，邻里之间更加容易互相提供帮助。

此外，新设计还能够很好地解决居住和畜牧生产之间的关系，有利于
更加安全方便地进行畜牧管理。

第四节 乡城模式

1. 房屋环境

乡城县隶属四川省甘孜藏族自治州，位于四川省西部，青藏高原东南
缘，地处四川省甘孜州西南陲，横断山脉中北段，金沙江东岸纵谷地区，
地跨 28°34′N ~ 29°39′N、99°22′E ~ 100°04′E，属大香格里拉旅游圈腹心地
带，东邻稻城县，北接理塘县，西与巴塘县、得荣县毗邻，南与云南省香
格里拉市接壤。全县东西宽 68.6 千米，南北长 120.7 千米。距州府康定

488 千米，距成都 860 千米，距云南昆明 930 千米。[①]

乡城县在藏区民主改革前交通闭塞，只有驿道；藏区民主改革后，1958 年修通了第一条公路中（云南省中甸县）乡（乡城）公路，后又修通了理塘乡城公路。到 1990 年，全县 12 个乡镇都通了公路，通车里程 314 千米。[②] 并实现乡乡通邮路、通电话，基本改变了交通闭塞和信息不灵的状况。"十二五"期间，乡城县开工建设洞松出境公路与二得公路、国道 214 线相接，开工建设亚金桥至稻城亚丁与省道 216 线和亚丁景区相连；力争改扩建省道 217 线桑堆至大小雪山段公路。2010 年乡城县投资 1900 万元，建设通乡柏油路 15 千米，建设重点项目进场公路 47 千米，新建和改造通村公路 26.5 千米。[③]

乡城县地势东北高、西南低，属高原型季风气候。最高海拔为县城东南面的萨苟峰 5336 米，最低海拔为南部洞松乡的仲达村 2560 米，相对高差悬殊，构成东北高西南低的坡状倾斜面。县域境内依山势走向的硕曲、定曲、玛依三条河流由北向南并列纵贯全境，把该县地貌切割为三谷、四山、六面坡。三条河流在县境内总流长 300 千米，总流量 23.92 亿立方米，一级支流 21 条，有 72 条支沟和众多冲沟，大小海 44 个。定曲河以西及其上游和玛依河上游、硕曲河以东广大地区为山原地表，约占总面积的 68%，中部和南部主要为高山峡谷地带，占 29%，平坝分布零散，仅占 3%。

2. 居住习惯与建筑特征

乡城县人口分散，以游牧业为主，据 2011 年统计，乡城县辖区面积 5016 平方千米，辖 3 个片区 12 个乡镇 89 个村，总人口 29826 人，有藏族、彝族、羌族、苗族、回族、蒙古族、土家族、傈僳族、满族、瑶族、侗族、纳西族、布依族、白族、壮族、傣族等民族分布，其中藏族占 94%。

乡城群众的住宅普遍为一户一幢，俗称"藏房"。藏房的大小以柱头来定，多为 35 个柱至 118 个柱。柱头越多，房子越大。一般为三层，底层作畜圈，中层为住房、灶房、经堂，上层为打场、晒场，有的设为客房。每层除立柱外，还有通往楼层的楼梯。二层的居房均用木板装隔，开设的

---

① 《甘孜藏族自治州乡城县》，四川百科信息网，2015 年 2 月 19 日。
② 《行政区划》，中国乡城，2015 年 2 月 19 日。
③ 《政府工作报告》（2012 年 12 月 30 日在乡城县第十三届人民代表大会第二次会议上）乡城县人民政府，2015 年 2 月 19 日。

窗户较多、比较大，光线充足。灶房均装有藏式大橱柜，里面放置常用的碗、盆及糌粑、奶制品等，水柜内安置水缸，各种柜子作工精细，绘以彩绘，引人注目。经堂内有反映藏传佛教内容的雕梁画栋，工艺精湛，能体现出本地人高超的民族艺术。整个建筑上虚下实，给人一种稳重感，四周墙壁上涂以白色黏土，平整光滑，外墙均用有色泥浆粉饰，显得朴实端庄，美观典雅。藏房周围一般有矮墙围栏，门前有庭院，院里种有各种鲜花、蔬菜，栽有苹果、桃、李子等多种果树。①

随着生活水平的提高，住宅柱头增多，还安装了玻璃窗，屋内隔房布局合理，同时顶上装有望板，底楼和楼顶都开始使用三合土或者水泥地面。

3. 新设计特点

乡城县规划定居点为45个，涉及1273户7808人。其中一个定居点位于正斗镇正斗村正斗坝子，距离县城约22千米，南北长约1500米，东西宽约1000米，规划面积约为273740平方米，场地最大高差为60米。定居点规模为165户，包括原有的151户和新安置的14户。规划建设的发展目标为明确用地功能，合理布局人居环境，完善基础设施配套，提高环境质量，将其建设成为温馨宜居、景观丰富、生活方便、藏族特色浓郁的新型牧民定居村寨。

根据用地的特点，在场地内布置三个相对集中的组，村民活动中心位于场地的中心，并在场地内零星布置小型中心广场和绿地。组外的居民住房则沿路分布，大部分建筑沿等高线布置，以减少挖填土方量，同时能够争取到最好的朝向。

安置点每户住户用地按80~120平方米不等安排，除建筑基底面积之外，每户还有100余平方米的院坝，可作绿化、庭院经济等使用，同时也增加了绿地面积。

民居的建筑材料以当地的木材和黏土为主，外观风格为当地的传统藏式建筑。村民互动中心采用砖混结构，外观仍然采用藏式建筑风格，形成风格统一又错落变化的和谐的藏式建筑群。

---

① 乡城县志编纂委员会编《乡城县志》，四川大学出版社，1997，第378页。

住房尊重本地老百姓风俗习惯，采用具有浓郁民族特色的藏式土木结构，白色外墙面，窗为木制，上口采用木制巴苏，点缀藏式图案。其余隔墙均为木制隔板墙。房屋建设规模按照每人 15～20 平方米计算，有 80 平方米、100 平方米、120 平方米三种户型。牧户可根据家庭人口数量进行选择，每户均有独立的院落，户均占地约 300 平方米。

村民活动中心为局部二层的砖混建筑，采用藏族传统建筑风格。

图 11 - 5　乡城县定居设计方案效果图

4. 新设计解决的问题

旧时乡城百姓以游牧业为主，而随着当地经济和旅游业的发展，从业模式多元化起来，因此固定且安全舒适的居住点就成为当地人民的重要需求。乡城人家的楼顶上普遍设有一座塑有日月图案的祭坛。祭坛上竖有五颜六色的经幡，并将松柏或者长青的青杠树丫枝置于坛内，遇到吉日时烧松柏树丫，撒上酥油糌粑，使之浓烟升起，祭礼之人提壶斟净水或鲜牛奶，口中诵经，以示祭天。新设计方案采用的为平顶，以供农户保留原有的具有特点的祭祀方式。

新设计方案将牧民聚集在相对集中的区域内，划分为三个组，各户之间能够保持良好的联系，应对突发事件时有更好的处理方式。同时考虑美观、便捷、安全等方面，相比较原先的民居，在建筑材质上能够更好地保证房屋的安全性，同时也考虑到基本的生产活动，每户住宅均灵活设计了庭院，可供居民做晾晒作物以及其他的生产活动的场所。

第五节　稻城模式

1. 定居环境

稻城位于四川省甘孜藏族自治州南部，青藏高原东南缘，横断山脉东侧。东南与木里县接壤，西界甘孜州乡城县，南与云南省迪庆藏族自治州中甸（香格里拉）县毗邻，北连甘孜州理塘县。区域范围为 27°58′N ~ 29°42′N、99°58′E ~ 100°38′E，面积7323平方千米，呈长条形。境内地形复杂，西北高、东南低，群峰连绵，峰峦叠嶂。自西北向东南，山脊河谷相间，天然划分为北部丘状高原区、中部山原区与南部高山峡谷区。境内横断山系大雪山脉中的海子山、波瓦山、俄初山横亘境内的北部、中部和南部。稻城有着独特的水文资源，发源于北部海子山西北麓的稻城河、发源于波瓦山西北麓的赤土河以及发源于俄初山西北麓的东义河是县域内三条主要的河流。①

稻城地处亚热气候带，受青藏高原复杂地形影响，整体呈现青藏高原型气候和大陆性气候特点，属大陆性季风高原型气候。境内海拔高差大，横断山脉特征明显，河谷亚热带、温带、寒温带、寒带气候并存，自古就有"一山有四季，十里不同天"之说。

稻城共有14个乡镇，分别为：金珠镇、桑堆乡、省母乡、傍河乡、色拉乡、巨龙乡、邓坡乡、蒙自乡、木拉乡、赤土乡、日瓦乡、各卡乡、吉呷乡与俄牙同乡。②

稻城人口分布很不均衡。耕地多，水源好，交通便利，自然条件较优地区人口相对集中，反之则人烟稀少。2005年，金珠镇人口密度最大为37.13人/平方千米，其次是赤土、色拉和傍河乡。

稻城交通较为便利，有稻城亚丁机场作为联通内外的重要交通枢纽。此外境内 S217 省道南北分布，贯穿县域。③

---

① 四川稻城县地方志编纂委员会《稻城县志（1991—2005）》，四川出版社、四川科学技术出版社，2009，第172~173页。

② 《亚丁风景区》，中国甘孜，2015年2月19日。

③ 《2013年九月份最佳自驾游目的地推荐》，四川道路交通安全网，2015年2月19日。

2. 居住习惯与建筑特征

稻城主要民族是藏族，占96%以上，属少数民族欠发达地区，经济不发达，工业基础差，目前，旅游业带来大部分收入。而阿西土成功申报为国家非物质文化遗产，实施各类民生工程200余个，建成牧民定居点22个，1012户5776名牧民群众实现定居，"五通"工程全面覆盖定居点，新建廉租住房108套5400平方米，完成棚户区改造160户。

稻城藏居通常为一户一栋、二楼一底的木石结构房屋。屋顶一般夯黏土层，每年雨季来临前根据补充加固，可有效防止雨水渗透，也有的用水泥、沥青辅设。石料一般为河滩乱石或花岗条石，墙体一般厚70~110厘米不等，墙体向内微倾。在稻城一带，屋顶多为平顶。藏房的大小以房中柱头数来定，柱头越多，房子面积也越大。

农牧民住宅一般有一小院，底层常作畜圈，第二层为住房和灶房，第三层为打场和晒场，用来堆放饲草、农具等。楼底设较宽的木板楼梯直通二楼，二楼竖有圆木楼梯通往楼顶。楼梯一般为双数，第一阶为"苦"，最后一阶为"喜"，意为先苦后甜，平安幸福。藏房一般坐西向东，窗口朝东、南，宅门一般开在向阳一方，有吉祥之意，且多为双扇门。楼底一般不开门，只有前墙上开洞。二楼房屋开设的窗户较多较大，光线充足，并用木板将房隔成若干小间，分作食宿或其他之用。①

3. 新设计特点

稻城县规划定居点22个，涉及993户5585人。位于赤土德萨村的定居点规模为42户，共计安置牧民158人，根据用地特点，在场地内平行于原有的道路布置了一条新路，每个组都有道路与原有道路连接，都有小型广场供村民活动，村民活动中心位于中心广场附近，方便所有组的居民活动，大部分建筑沿等高线布置，以减少施工量，同时能够争取到最好的朝向。该安置点主要安置的是附近的牧民，因此住房设牲口暖房和草料堆房。

民居的建筑采用土木结合的方式，外观风格为当地的传统藏式建筑，白色外墙面，门窗均为木制藏式，点缀藏式图案。屋面女儿墙上均为木质巴苏，点缀藏式花团。其余隔墙均为木质隔板墙。村民活动中心采用砖混

---

① 四川稻城县地方志编纂委员会编《稻城县志（1991—2005）》，四川出版社、四川科学技术出版社，2009，第173页。

图 11-6　稻城县牧民定居点鸟瞰图

结构，外观仍然采用藏式建筑风格，形成风格统一又错落变化的和谐的藏式建筑群。① 此次定居项目中涉及七种户型。房屋面积从 80 平方米至 300 平方米不等，主要分为普通住宅与带接待功能住宅两种类型。

设计方案中，普通住宅均设有藏式房屋、牲畜暖棚、庭院和入道。带接待功能住宅相对建筑面积较大，隔间多，主要的设计初衷为以提供住宿而获取经济收益，因此单个住宅面积较小，但室内装饰具有明显的当地民族特色。

根据藏区的人地关系，为了减小牧民的管理成本，方便饲养活动，定居方案充分将畜牧业生产工作纳入设计方案之中。在普通住宅的设计方案中均规划建设不小于 60 平方米的牲畜暖棚。此外，根据当地的民族特点，对建筑外观进行民族特色装饰。建筑单层楼高 3～3.9 米。带接待功能的住宅均为三层建筑，一楼设有庭院，二楼设有平台，但不设牲畜暖棚，且布局多隔间，内部装饰以藏族特色为主。

图 11-7　稻城县定居点效果图

---

① 省委省政府富民安康办提供。

4. 新设计解决的问题

稻城定居点地处山间盆地,地势平坦具有良好的稳定性。同时稻城拥有良好的旅游开发价值,因此在对民居的设计过程中考虑到了以提供住宿为手段获得经济利益的带接待式住宅。在交通方面,定居点紧接 217 省道,具有方便的出行条件。

相比传统的居住方式,新定居点,能带来很好的人口集聚效应,以利于推动旅游业的发展。近年来稻城的第三产业得到一定的发展,稻城的旅游资源也得到开发,吸引了很多中外游客前来游玩。第三产业的发展自然而然为当地提供了一定的服务行业岗位。传统的居住方式使得牧民只能保持原有的生产方式,而新的定居方式不仅在生活上为农民提供了稳定与便捷,也为当地经济的进一步发展提供了机会。

稻城藏族,大都信奉藏传佛教,各家各户均设有佛龛,大部分家中设有经堂,壁上画有佛像或挂有唐卡佛像,并放有经书。正堂摆有香炉以及净水铜碗七个、铜灯数个,灯碗摆列整齐,洁净明亮。在定居住宅设计中,将传统的畜圈与住宅结合,降低农民管理成本。同时,也更好地做到居住与畜牧的分隔,提高生活品质。另外,接待式住宅的设计,充分体现了当地民族的特色与风格,也充分考虑了如何使当地居民在旅游业的发展下得到真正的经济收益。

第六节　得荣模式

1. 定居环境

得荣县,属四川省甘孜州。位于四川省西南部,地处川滇交界处大香格里拉旅游环线中部,地理位置 28°09′N ～ 29°10′N、99°07′E ～ 99°34′E。得荣县地理位置重要,位于四川西南隅的川滇藏三省区的接合部,横断山脉南麓,是甘孜州南路出川入滇的一条重要通道,是滇藏茶马古道上的一个重要渡口。得荣县属金沙江干旱河谷区,北部与甘孜州巴塘、乡城县相连,东南与云南省迪庆州香格里拉县相邻,西南与云南省迪庆州德钦县毗邻。县城松麦镇距成都 1024 千米。县境东西最大距离 44 千米,南北最大距离 112 千米。总面积 2916 平方千米,下辖 1 镇、11 乡,共 127 个村 2 个社区 245 个自然村。① 据 2010 年统计，得荣县总人口 26209 人，其中农业人口 24244 人，非农业人口 1965 人；藏族 14134 人，汉族 699 人，藏族人口占得荣县总人口数的 54%。②

得荣县地貌复杂，全境属青藏高原东南边缘地带，北高南低，北部山脊线一般在 5000 米左右，土地类型多样，以耕地、林地、旱地、牧草地为主；得荣县境内均为金沙江水系，金沙江段各支流大多发源于北部高山，多为顺向河。金沙江从北向南切过县境西南部，有定曲河、玛依河、硕曲河、岗曲河四条主河流。均属金沙江水系，湖泊有九个，总面积约 32.5 万平方米，总储水量约 0.1 亿立方米。得荣县属亚热带干旱河谷气候，是西南干旱河谷中心。日照充足，大气干燥，降水稀少，气温年较差小，日较差大，年均气温 14.6℃。③ 同时，得荣县是四川省三个土地荒漠化最严重的地区之一，土壤多为砂质类型，稳水性能差。

2. 居住习惯与建筑特征

得荣县属康巴地区，流行康巴文化。

康巴藏族是一个具有悠久历史和灿烂文化的民族。他们在长期的历史发展过程中，以勤劳和勇敢创造了赖以生存的物质文明，又以智慧和心灵创造了自己特有的精神文明，在人类发展史上占有极为重要的地位。从 7 世纪中叶吐蕃赞普松赞干布时期开始，他们就用藏文撰写有关语言文字、文学艺术、文物古迹、历史文献、宗教典籍、藏医藏药、天文历算、建筑艺术、雕刻绘画、民间习俗、民族体育等方面的文献。

得荣民居，一户一幢，多属三层楼房。每幢楼房大小不一。楼房的大小，以柱头的多少计算。柱头的间隔距离一般在 3 米左右。因此，4 根柱头之间，面积大约 9 平方米。据实地查看和访问，家庭的楼房均为 64 根柱头左右。有的小于此数，有的大于此数。底层关牲畜，不开窗。二层一般只开两个窗，分别开在火塘两边。每窗多在一平方米左右，楼房的墙壁全是泥土打就。柱头立在墙壁内侧，以防木料腐烂。楼房修建完毕，用白色黏土粉饰之后，再在屋檐下突出在外的木料上绘制各种五

---

① 《行政区划》，甘孜州得荣政府信息网，2015 年 3 月 2 日。

② 《甘孜州 2010 年第六次全国人口普查主要数据公报（第 2 号）》，中国统计信息网，2015 年 3 月 2 日。

③ 《地理气候》，甘孜州得荣政府信息网，2015 年 3 月 2 日。

彩花纹。县城多为砖混结构和框架结构的钢筋现代楼房，一般为六层。得荣很多居民住房，采用寺庙装修艺术，如在房屋外面进行木雕，即在木板上雕刻出各种图案，木雕的图形也多为法轮、宝幢、海螺、吉祥结、玉瓶、人物和生肖等，也有各种花卉和游鱼、飞禽等，有的采用泥塑。由于得荣县离云南纳西族比较近，所以建筑风格上也会带有纳西族建筑的色彩。

目前得荣建设廉租房 144 套，特困群众住房改造 790 户，农村危房改造 593 户。①

3. 新设计特点

得荣县规划定居点 12 个，涉及 681 户 3405 人。其中一个牧民定居点位于古学村古学乡，定居点规模为 50 户，包括原有的 40 户和新安置的 10 户。设计发展目标是将定居点规划建设成温馨宜居、景观丰富、生活方便、藏族特色浓郁的小型牧民定居点，远期可发展为和古学乡城郊公园配套的农家乐集中区。

安置点位于一个古学乡山腰的坡地稍平缓处，距县城约 2.5 千米，南北长约 2116 米，东西宽约 5000 米，用地面积约 589007.82 平方米。有一条宽度约 7 米的碎石盘山道路穿过场地中间，并与国道相遇。现有 40 户住户散布于场地内，均为土木结构或木结构的一层房屋。

此安置点主要安置对象为牧民，故住房均设有牲口暖房和草料堆房。每户用地按照 250 ~ 350 平方米不等安排，除建筑基底面积之外，每户还有100 余平方米的院坝，可用于绿化、庭院经济等，同时也增加了绿地面积，美化了环境。

住宅建筑单体采用当地群众普遍接受的"木摞子"建筑形式，并在门窗、檐口等处采用传统的藏式建筑符号。住宅单体建筑面积设计了 80 平方米、100 平方米和 120 平方米三种户型，每户均有独立的院落，户均占地约 300 平方米。村民活动中心为局部二层的砖混建筑，采用藏族传统建筑风格。

4. 新设计解决的问题

得荣县以农业人口为主，同时由于当地自然地理条件较为苛刻，因此

---

① 参见四川省得荣县地方志编纂委员会编《得荣县志》，四川出版集团、四川科学技术出版社，2009，第 139 ~ 141 页、第 420 页相关内容。

图 11 - 8   得荣县定居设计方案效果图

在设计定居点时充分考虑了农业生产因素。

此次得荣县定居点选择了当地的古学乡的一个坡地上，相比较之下这个位置地基更加稳定，对自然灾害的抵抗力更强，地势平坦也有利于定居点的建设。得荣人有焚松枝的传统，俗称"丘烟烟"。信教群众在自家楼房屋顶的土墙上修有专供焚烧新鲜松枝的炉堂，当地藏语谓之"松咱"。

针对此次安置对象的特点，定居点均设计了牲口暖棚和草料堆房，能够满足牧民在日常生活中对于畜牧生产的需要。同时，由原先分散的居住转变为相对集中的居住，有利于形成牧民之间更加牢固的社会联系，增强聚落应对能力。

第七节   雅江模式

1. 定居环境

雅江县位于青藏高原东南麓，甘孜藏族自治州南部，位于 29°03′N ~ 30°30′N、100°19′E ~ 101°20′E，东西宽 107.4 千米，南北长 160.4 千米。东临康定，南接木里，西连理塘，北与新龙、道孚接壤，全县面积 7681.50 平方千米。据 2005 年统计，全县辖江东、江南、江西、江北 4 个片区工委，1 镇 16 乡，1 个居民委员会、113 个行政村 128 个村民小组，[1]

---

① 《雅江行政区划》，雅江县人民政府，2015 年 3 月 5 日。

总人口 43034 人，藏族 40400 人，占总人口的 93.88%；农牧民 37359 人，占总人口的 86.81%。县政府驻地河口镇本达宗村，县城东距甘孜州首府 147 千米，西到理塘县城 137 千米，北去道孚县城 143 千米，西北距新龙县城 212 千米，距康定 147 千米，离成都 513 千米。①

雅砻江由北向南纵贯雅江县全境，把全县深切为东西两半，县境内地势东西高，中间低，北部高，南部低，岭谷高差 2500 米以上，河流落差大。气候方面，雅江县地处高原山地气候带，雨季、旱季分明，雨季集中在每年的 5~10 月，垂直气候特征明显，山地暖温带以种植业为主，高山寒带以牧业为主。

2. 居住习惯与建筑特征

雅江是藏族聚居区，具有丰厚的文化底蕴。雅江人人能歌善舞，锅庄、弦子、山歌、酒歌、箍箍卦等藏区流行的五大歌舞形式在雅江的村寨、牧场广为流传。境内的"跶踢卓"是独具特色的"鸳鸯舞"，舞者男女默契、若即若离。

雅江的宗教文化具有很强的包容性，藏传佛教的五大流派境内均有流传。藏文化在建筑中充分体现，片石砌成的古碉式的民居，由藏式门窗装点得十分壮观。走进堂屋，金碧辉煌，壁柜上绘有十二生肖图、龙凤呈祥图、虎豹镇邪图、日月星辰图，连放锅盆碗盏的橱柜上也绘有花草鱼虫等。人们盘坐在藏床上，面对藏桌上的酥油茶、糌粑、奶酪、青稞酒、砣砣肉，狂欢大嚼，其乐融融。②

雅江县地处青藏高原的高山峡谷与草原的过渡带，受其复杂地形的影响，形成了独特而神奇的自然景观，又因雅江县位于康巴地区腹地，立于茶马古道上，积淀下了丰富的康巴人文景观。因而，享有"中国香格里拉文化旅游大环线第一县"和"茶马古道第一渡"之称。③

雅江县牧民藏房帐中设有可安置三口锅的笔架形灶，以入门面灶为向，灶的右方为男人喝茶、歇息睡觉之处，左方为女人活动场所；灶的正上方为供放经书、佛像、佛器、燃点酥油灯的神位，平时女人不能随意在

---

① 《雅江概况》，雅江县人民政府网，2015 年 3 月 5 日。
② 《木雅文化》，雅江县人民政府，2015 年 3 月 5 日。
③ 《雅江·四川成都》，中国青年旅行社（总社）官网，2015 年 3 月 5 日。

神位处活动，男女活动一般不能混位。

在 1991 年前，雅江县农民普遍居住在片石砌墙或泥土夯墙、用泥巴盖顶的平顶碉房内，窗户小，人畜共居一座碉房（底楼关牛羊，二楼住人，人经牛圈上楼），中空 2 立柱或 4 立柱。20 世纪 90 年代后，除少数地区因受石材限制而出现土木结构的房屋外，余者多以花岗石条或墩石砌墙，有的修砖木结构或砖混结构的住房；外墙用涂料或贴瓷砖；屋顶用防漏材料处理或浇铸钢筋混凝土层；实行人畜分居（人不再经过牛圈上楼），楼梯改独木梯为钢架焊接或用木板制作加扶手的楼梯；中空 6 立柱或 8 立柱甚至 12 立柱；窗户开得大、采光好，多数改松明子照明为用电照明或油灯照明，室内墙上绘有壁画，金碧辉煌。1991 年前牧民住帐篷，1991年后逐步开展"人草畜三配套"建设，修建牧民定居点，逐水草而居的牧民住进藏式平房或楼房。人们在修建新房时，大多配置了简易厕所，有少数地区的农户还用上了冲水式厕所。有的农牧民在县城或城郊购买商品房居住。①

图 11 - 9 雅江县定居点

3. 新设计解决的问题

雅江规划定居点 34 个，涉及 1952 户 10273 人。其中一个定居点位于红龙乡。在设计的建设实施中，注意到牧民生产、生活、交通、通信的配套建设。将生态、生产发展相结合，基本生活与人的发展相结合。如雅江

---

① 四川省甘孜藏族自治州雅江县志编纂委员会编《雅江县志（1991—2005）》，四川出版集团、四川美术出版社，2009，第 411~414 页。

的文化、教育因素被纳入了定居点设计重点之中。雅江教育在近年来有大幅度发展，2002 年，投资 10 万元，为呷拉、维和地、红龙三所完全小学安装水管、建压力池和蓄水池、打水井等，解决了三所学校的吃水难问题。2003 年后陆续投资，完成了许多完全小学的生活用房建设。

第十二章　综合模式

第一节　安多模式

安多模式包括黑水县、若尔盖县、红原县、松潘县与九寨沟县。这些县呈现为多种文化现象交汇交融的状态。因其受定居文化影响较大，为了表达方便起见，归为"安多模式"。五县共规划定居点 217 个，涉及 26378户 141181 人。

1. 黑水县

（1）定居环境

黑水县地处青藏高原东部，阿坝藏族羌族自治州中部，介于 31°35′N～32°38′N、102°35′E～103°30′E，北与松潘相接，东西与红原、茂县相邻，南和西南与理县、马尔康相连，距离成都 284 千米，县城海拔 2350 米。黑水藏名为"措曲"，是"生铁之水"之意。黑水河属岷江上游支流。有小黑水河、毛尔盖河及溪沟 99 条。根据第六次全国人口普查数据显示。黑水县常住人口为 60704 人，人口密度为 15 人/平方千米；藏族人口为 53815 人，占 88.65%。[①]

黑水县境内自然风光俊秀、奇特，人文风光独具特色。主要有三奥雪山，喀斯特景观，全球同纬度海拔最低、面积最大、年纪最轻的达古冰川，有八十里画廊之称的奶子沟彩林、色尔古藏寨等独特的藏式民居、雅克夏国家森林公园等。黑水县是红军长征路过的地方，其红色文化厚重，有著名的"芦花会议"会址，红军翻越的三座大雪山，即达古雪山、昌德

---

① 黑水县概况，黑水县政府门户网站，2015 年 3 月 7 日。

雪山和雅克夏雪山。①

黑水县属季风高原型气候，旱季、雨季分明，日照充足，气温全年相差较小，日差较大，并随海拔高度不同差别较大，高山与河谷年均气温差值达 20℃，县城芦花平均气温 9℃，年极端最高气温 33.5℃，极端最低气温 −14.4℃。境内降雨分布不均，夏季集中，秋季阴雨连绵，年平均降雨量 620.06 毫米，无霜期平均 166.1 天。受青藏高原气候影响，常有干旱、暴雨、冰雹、洪水、泥石流、霜冻等自然灾害发生。

（2）居住习惯与建筑特征

黑水县人口以藏民为主，占总人口的 88.65%；其他为羌族、汉族、回族等。因此当地的居住与生活均含有较明显的藏民文化特点。②

黑水县藏民大多居住在高山或半山一带，十余户或几十户相聚为一个村寨。藏族住房以石砌式建筑为主，一般三层为多，也有二层、四层。除下层外，每层均铺有地板，由木板梯或独木梯连接上下。各层留有 3~4 个两尺见方的窗洞，内大外小，用石板或木板镶成，不加窗格，室内无厕所。现在基本改变了这种做法，窗子以汉式为主，二、三楼都设有吊厕。随着人民生活水平的提高，藏式民居不断发生变化。居住地由高山或半山向交通便利的河坝、平坝迁移。房屋建筑材料大多改石木为石（头）钢（筋）、钢筋水泥。窗户外观和室内装饰变化甚大，趋于汉式，现代家具及电器覆盖率日益增加。卫生意识提高，单独设立卫生间或吊厕，牧畜单独建圈饲养。黑水县还建立了七彩斑斓的藏式民居，该村户与户之间主体颜色不重复，充分运用藏民族大胆的色彩搭配，形成了一道亮丽的风景线。③

2. 若尔盖县

（1）定居环境

若尔盖县隶属阿坝藏族羌族自治州，地处青藏高原东北边缘，位于四川省北部，系四川通往西北省区的北大门，地理坐标 32°56′N~34°19′N、102°08′E~103°39′E，分别与甘肃省玛曲县、碌曲县、卓尼县、迭部县和阿坝州内阿坝县、红原县、松潘县、九寨沟县接壤，黄河与长江分水岭将

---

① 《基本县情》，黑水县人民政府网，2015 年 3 月 7 日。

② 《2009 年 BMW 中国文化之旅项目介绍》，腾讯网，2015 年 3 月 7 日。

③ 参见黑水县志编纂委员会编《黑水县志（1989—2005）》，方志出版社，2013，第 478、600 页。

图 12 - 1　黑水县定居点

其划为东、西两部。东西与南北最大距离约 150 千米。距兰州 475.3 千米，离州府驻地马尔康 322.4 千米，南距成都 469.2 千米，县城海拔 3406 米。若尔盖县辖区面积 10436.58 平方千米，2010 年底，若尔盖县总人口 75791 人。县城达扎寺镇是全县政治中心、经济中心、文化中心。[①]

若尔盖县境内地形复杂，黄河与长江流域的分水岭将全县划分为两个截然不同的地理单元和自然经济区。中西部和南部为典型丘状高原，占全县总面积的 69%，地势由南向北倾斜，平均海拔 3500 米；北部和东南部山地系秦岭西部迭山余脉和岷山北部尾端，这里山高谷深，地势陡峭，海拔 2400~4200 米，属高原寒温带湿润季风气候，常年无夏，年平均气温 1.1℃，年降水量 648.5 毫米。无绝对无霜期。降雨多集中于 5 月下旬至 7 月中旬，年降雨量 656.8 毫米。年均相对湿度 69%。每年 9 月下旬土地开始冻结，次年 5 月中旬完全解冻，冻土最深达 72 厘米。若尔盖县主要河流有白龙江、包座河和巴西河，另有嘎曲河、墨曲河和热曲河，从南往北汇入黄河。[②]

（2）居住习惯与建筑特征

牧民夏秋逐水草而牧，居住于牛毛织品缝制的帐篷中。冬春季节居住

---

① 《2010 年度若尔盖县情概况》，中国若尔盖，2015 年 3 月 9 日。
② 《若尔盖资讯概况》，中国城镇地图，2015 年 3 月 9 日。

在土木结构房的"冬房"里。其结构由膳房、鞍具库、马厩、草棚、栅院构成。主体建筑由边柱、主柱、中梁、边梁、椽木组成，屋板上用泥土覆盖，开有天窗和副窗。四周用切成方块的草坯（土饼子）垒砌成土墙。牧区土木结构房屋改造周期一般为 30 年左右。20 世纪七十年代至八十年代末，牧区合作社用房多为砖石结构平房。从 20 世纪 90 年代初至 2000 年，草坯垒墙式牧民住房开始改建为板壁住房。白河、黄河、黑河流域的牧民率先建砖瓦结构住房。

半农半牧区传统房舍由膳房、仓库（保险库）、畜圈、草棚、庭院和大门组成。大部分人家有寝（楼）房。整个建筑为土木结构，由土墙、木柱、板壁、泥盖板、杉板顶棚等组成。铁布地区的麦杠、则隆等地，房舍为平顶，无杉板顶棚。境内两个半农半牧区房舍结构差异较大。巴西地区，膳房和寝楼属"偏正"组合，铁布地区则为上、下楼结构，楼上为寝室，底楼为膳房。

房屋基本构造，铁布地区为 12 柱 8 梁或 15 柱 10 梁，高度 11 尺。巴西地区为"仲康"（村舍）式膳房构造，小则 16 柱 10 梁，大则 18 柱，甚至有 21 柱的，高度 11～13 尺。两个半农半牧区，帐篷一般用于临时野外作业或旅游野餐，房舍、庐帐一般是坐西北向东南，背风向阳，十分注重"龙脉风水"。

农区的房屋可住百余年。至 2005 年尚有居住上百年的土木结构房屋。牧区房舍建造变化比较缓慢，大都较低矮、狭窄、柱细、檩少，房盖板为木板，碗柜经架（神龛）构造简易古朴。改革开放后，牧区草场分到户，农区土地分到户。农牧区住房由低矮、狭窄、柱细、"仲康"式不断改造为舒适宽敞的砖瓦结构平房或楼房，装置拼花门窗，经架和碗柜造型复杂、装饰精美的越来越多，居住条件越来越好。①

3. 红原县

（1）定居环境

红原县，地处青藏高原东部，阿坝藏族羌族自治州中部，北与若尔盖县相接，东西与松潘、阿坝、黑水县相邻，南与马尔康市、理县相连，地

① 参见若尔盖县地方志编纂委员会编《若尔盖县志（1989—2005）》，九州出版社，2011，第218、612页。

图 12 - 2 若尔盖县定居点

理坐标 31°50′N ~ 33°22′N、101°51′E ~ 103°23′E，南距成都 450 千米，北距兰州 640 千米，县城海拔 3504 米。据 2013 年统计，红原县常住人口为 44964 人；总户数为 14112 户，户籍人口为 45866 人。户籍人口中，男性 22966 人，女性 22900 人；农牧业人口 35816 人，非农业人口 10050 人。藏族人口 38453 人，占总人口的 83.8%。[①]

　　红原县地势为东南向西北倾斜，地貌具有山原向丘状高原过渡的典型特征。县境中部海拔 4345 米的查真梁子是县境南北山原与丘状高原的天然分界线，是长江、黄河流域分水岭。南部为山原，北部为丘状高原。红原县境内珠串状盆地和小盆地广泛分布，周边有鹧鸪山、羊拱山、哲波山、海子山等高山。红原县为大陆性高原寒温带季风气候。无明显四季界线，气候偏冷，春秋短促，长冬无夏，热量低。年平均气温 1.4℃，极端最低气温 -36℃，极端最高气温 26.0℃，气温日较差 16.3℃；年均日照时数 2158.7 小时；年平均降水量 749.1 毫米，80% 集中在 5 ~ 8 月；年均降雪日数 76 天。红原县境域分属长江、黄河两大水系。以查真梁子为分水岭，东南为长江水系大渡河流域，占红原县流域的 21%，北部为黄河水系白河、黑河流域，占红原县流域面积的 79%。红原县境内沼泽面积 240 万亩，占红原县总面积的 20%，水色呈茶褐色，不能饮用，多为软水。

---

① 《红原县基本情况》，红原县政府门户网站，2015 年 3 月 11 日。

（2）居住习惯与建筑特征

旧时游牧民追逐水草，居无常所，严冬入山沟背风向阳处，面东南方以木杆搭成长方形架子，四周以柳条编墙，糊以牛粪后避风，上盖柳枝草泥土挡雪，少数富人有土木构造的冬房。春夏季节逐水草而居，住帐篷，帐篷有黑白之分。黑帐篷，大型帐篷建造时用牛毛毡缝为两块长方形，中用扣连接，内立柱两根，横梁一根，四周以绳斜拉撑杆，前后垂毯子。帐篷正方码衣服口袋，男住右女居左，门朝东南方。为大型帐篷增大帐篷横梁和立柱悬拉绳撑杆，四周帐裙边亦可上可脱。[①] 白帐篷一般以白布制，缝花边，较小，可住两人，建造时用横梁一根，立柱两根，帐篷边用木楔子揳住，似"人"字形，侧面为梯形。另有六角白帐篷，建造时亦横梁一根立柱两根，六角斜拉绳，帐篷脚边以木楔插地。两种皆小型便携，流动性较强。

图 12 - 3　红原县刷经寺乡亚休村老房子

和尚土官住房，一般为土木结构藏式房子，庙堂厅廊、立柱、斗拱、门檐，佛龛雕饰绘画精美，流金溢彩，屋顶饰镀金法轮、宝瓶等。1958 年藏区民主改革后，始建固定居民点。现在各村已建定居点，老少定居，青

———————————

① 《红原旅游景点介绍》，红原旅游网，2015 年 3 月 11 日。

壮年在草场游牧，有土木石、砖木结构房或钢筋水泥小楼，青瓦或机制瓦覆盖，釉面砖也开始使用。①

图 12 - 4　红原定居点效果图

图 12 - 5　红原县安曲乡夏哈拉玛牧民定居点

---

① 参见红原县地方志编纂委员会编《红原县志（1992—2005）》，方志出版社，2011，第695~660页相关内容。

4. 松潘县

（1）定居环境

松潘县位于青藏高原东缘，阿坝藏族羌族自治州东北部，地理坐标介于 32°06′N～33°09′N、102°38′E～104°15′E。[①] 东接平武县，南依茂县，东南与北川县相邻，西及西南紧靠红原县、黑水县，北与九寨沟县、若尔盖县接壤，县城海拔 2850 米，全县面积 8339 平方千米。县城南距成都 300千米。2010 年第六次人口普查，松潘县常住总人口 72309 人。[②]

松潘县地貌东西差异明显，以中山为主；地形起伏显著，相对高差比较大，最低处白羊乡棱子口海拔为 1080 米，最高处岷山主峰雪宝顶海拔5588 米，县城海拔 2850 米。松潘县由于地形复杂，海拔悬殊，导致松潘的气候具有按流域呈明显变化的特点，小气候多样且灾害性天气活动频繁。涪江流域湿润多雨、四季分明；岷江流域少部分地区干旱少雨，大部分地区则寒冷潮湿，冬长无夏、春秋相连、四季不明。各地降水分布不均，但干旱、雨季分明，雨季降水量占全年降水量的 72% 以上，年平均气温 5.7℃，年极端最低气温为 –21.1℃，年平均降水量 720 毫米。[③]

（2）居住习惯与建筑特征

根据居住环境不同，松潘藏族传统民居有帐篷、冬房、穿斗房等几种形式。20 世纪 90 年代后，随着生活水平的提高，居住条件不断改善，特别是传统的穿斗结构房屋建设，更加科学、合理，民族风格更加突出。[④]

帐篷，在草地游牧的牧民主要采用这种形式，便于迁徙。一顶帐篷就是牧民临时的家。帐篷一般为黑色，用牛毛纺织而成。

冬房，牧民冬季居住房，故称冬房。土木结构平房，一般规模为四至五间。用细木柱，柳树条编扎为墙，墙壁外表用泥土或牛粪抹糊。

穿斗房，半农半牧区或农区的藏族主要采用穿木结构这种建筑形式。房屋一般为三层，底层关牲畜。堆放柴火或其他杂物，中层住人，设有客厅、经堂、厨房、卧房、库房。上层储放杂物和牧草料。正房附有晾晒庄

---

① 《地理位置》，松潘县人民政府，2015 年 3 月 16 日。

② 《县情概况》，松潘县人民政府，2015 年 3 月 16 日。

③ 《气候》，松潘县人民政府，2015 年 3 月 16 日。

④ 《历史沿革》，松潘县人民政府，2015 年 3 月 16 日。

稼、衣服的阳台。①

图 12 - 6　松潘县定居点效果图

5. 九寨沟县

（1）定居环境

九寨沟县，隶属于四川省阿坝藏族羌族自治州，位于青藏高原东部边缘，阿坝州东北部。东、北与甘肃省文县、舟曲县、迭部县交界，西、南与四川省若尔盖县、平武县、松潘县接壤。介于 32°53′N ~ 33°43′N、103°27′E ~ 104°26′E，总面积 5290 平方千米。截至 2016 年，九寨沟下辖 2个镇：南坪镇、漳扎镇；13 个乡：永和乡、白河乡、陵江乡、黑河乡、玉瓦乡、大录乡、双河乡、保华乡、罗依乡、勿角乡、马家乡、郭元乡、草地乡；10 个社区；120 个行政村。九寨沟县政府驻南坪镇。据 2016 年统计，九寨沟县户籍人口 67945 人，藏族人口最多。

九寨沟县内河谷纵横，地势西北高东南低，以高山为主，另有部分山原和平坝，地形呈阶次变化，海拔落差达 2000 米。九寨沟主沟呈 "Y"形，总长 50 余千米。沟中分布多处湖泊、瀑布群和钙化滩流等。原始森林覆盖了九寨沟一半以上的面积。九寨沟以高原钙化湖群、钙化瀑群和钙化滩流等水景为主体构成奇特风貌。九寨沟地处青藏高原向四川盆地过渡地带，地质背景复杂，碳酸盐分布广泛，褶皱断裂发育，新构造运动强烈，地壳抬升幅度大，多种营力交错复合，造就了多种多样的地貌，发育了大规模喀斯特作用的钙化沉积，以植物喀斯特钙化沉积为主导。九寨沟槽谷

---

① 参见松潘县地方志编纂委员会编《松潘县志》，民族出版社，1992，第 823 ~ 824 页；松潘县地方志编纂委员会编《松潘县志（1991 ~ 2005）》，方志出版社，2013，第 451 页。

伸至海拔 2800 米的地方。地下水富含大量的碳酸钙质,湖底、湖堤、湖畔水边均可见乳白色碳酸钙形成的结晶体,属高山深谷碳酸盐堰塞地貌。九寨沟海拔 1900~3100 米,属高原湿润气候,山顶终年积雪。气候冬长夏短,夏无酷暑,冬无严寒,春秋温凉;按海拔高度分为暖温带半干旱、中温带和寒温带季风气候;年平均气温 12.7℃,年平均降水量 550 毫米,年平均日照 1600 小时,年平均相对湿度 65%。春天气温较低而且变化较大,平均气温多为 9℃~18℃。夏季气温回升稳定,平均气温 19℃~22℃。秋季气候宜人,但昼夜温差很大,特别是 10 月后的深秋(10 月下旬即有冻土出现)。冬季较寒冷,气温多在 0℃ 以下。九寨沟降雨较少且多集中在 7~8 月。[①]

（2）居住习惯与建筑特征

藏区民主改革前九寨沟县的民居,除极个别富裕人家,一般为土木结构的榻板房。建筑格式上一般为横三间或横五间土墙木架结构的一楼一底的楼房。房屋以原木为架构,以土筑墙,榻板盖顶,上下两层,底层用以住人,上层用来堆放粮食等杂物。底层中间为厅房,两边为寝室。厅房用以供奉祖先或接待客人。厨房一般无灶,置以火塘,架一铁三角为灶,做饭取暖,一举两得。

1980 年后,随着农村经济的发展,农户新修住房,多为土木结构或砖木结构,习惯还是横三间或五间形式,多为一楼一底,也有二楼一底的,以青瓦盖顶代替了榻板房,门窗饰有雕花纹样,以示美观,屋内水泥地面,玻璃窗。随着农村经济的发展、农民收入的增加,许多城镇的农户陆续建起钢筋混凝土楼房,除用来自住外,或开办旅馆、饭馆、杂货店,或用来出租,不仅改善了居住条件,还增加了收入。

县级机关各单位的职工住房多为楼房,过去一般由各单位修建分配给本单位职工。近年来随着住房改革的深入,集资建房、商品房发展迅速,新旧城区相继建成九寨、九旅、九乐、清平等花园住宅小区,改善了职工的住宿条件。城乡新居普遍讲究装修、装饰,新型家具和各种家用电器已进入普通家庭。

回族喜欢在交通方便、水源丰富的地方居住,房屋避风向阳,多为一

---

① 《九寨沟县概况》,中共九寨沟县委县人民政府,2015 年 3 月 13 日。

楼一底的土木结构，有天楼地板防风保暖，屋内整体相同又各自开门，男女老幼互不影响。老年人多睡炕床，炕床宽大，上有炕桌，可在炕上就餐、娱乐或喝茶，做针线活，等等。上炕时要脱鞋，盘腿而坐，长辈在上方，晚辈坐两边，靠床沿是端茶送水的地方。屋前屋后喜种花草、果树、蔬菜等。1980年后，回族和汉族居住习惯和房屋装饰大同小异。①

图 12 - 7 九寨沟定居点

6. 新设计特点

就设计，根据各个县区的地理位置、藏域文化差别以及传统的区域划分，将黑水、若尔盖、红原、松潘、九寨沟归为安多模式。安多又被称为"阿垛"，安多藏族的中心在阿尼玛卿雪山到青海湖一带。安多藏族是唐朝吐谷浑、党项等羌系部落演化而来。由于安多地区受蒙古族和汉族影响极大，所以在习俗等特征方面，也有这两个民族的明显特点。安多一带是辽阔的草原，牛羊成群，是藏地最重要的牧区，多出良马，因而被称为"马域"，因此此区域牧民数量较多，在定居计划中相似度高，故将其合并讨论。

与其他地区定居选址相似，黑水、若尔盖、红原、松潘和九寨沟地区进行牧民定居选择的主要地点应是平坦区域且尽量保证交通便捷、便于出行，如靠近交通要道的山间平原地区等。定居住宅设计包含单层式和二层

---

① 九寨沟县地方志编纂委员会编《九寨沟县志（1986—2005）》，方志出版社，2011，第558、571页相关内容。

式建筑，均设计有牲畜暖棚、储物间等生产性房间，且按照基本要求配备用电与饮用水设施，同时每处定居住宅周围均有一定的空间供晾晒作物等用，建筑面积为80~130平方米不等，牧民可以按照家庭规模大小以及生产条件自行选择合适的定居住宅。

黑水县近年来旅游发展迅速，较为有名的有三奥雪山、色尔古藏寨、松坪沟风景区等，但是整体来讲发展仍旧较为缓慢，牧民生活方式简单并且农牧气息浓厚。

若尔盖县享有"中国最美的高寒湿地草原"和"中国黑颈鹤之乡"的美誉，素有"川西北高原的绿洲"和"云端天空"之称，县内农牧业人口占86%，藏族人口占91%，但是由于当地发展的历史问题，基础设施建设并不发达，直至2011年才完成乡道黑色化与通村通达改建工程，通信网络建设逐步发展。但是仍旧存在用电、饮水问题。黑水人十分好客，对客人热情款待，只要客人到家，不管认识不认识，都要请吃饭和留宿，客人进屋后，主人按客人的辈分和社会地位安座。火塘进柴处为下位，进柴的对面为上位，老人坐上位，妇女、小孩坐下位，男的坐左位，女的坐右位。就坐后，用茶盘奉上青稞酒和食品，吃饭也如此，并由女主人添饭或送菜。此次定居点设计，在保障日常用水用电方面下功夫，规划性地进行水电配备设计，同时在建筑风格上保证传统与现代的结合，保留当地文化特色。若尔盖县按照规划和要求，在2012年完成三个精品村工程。试点建设定居点冬季给排水防冻措施，完成定居点路、水、电、环卫、景观等各项公共基础设施。新设计比较突出一点为防冻试点的设计，切实解决了牧区群众冬季取水难题。根据"提升土办法、引进洋办法"的综合治理技术，采取"电伴热管道保温、传统深埋取水点、安装防冻水龙头"三套方案，完成试点安装工作。①

若尔盖的一个定居点位于班佑乡班佑村。定居点西部边缘有热曲河蜿蜒流过，形成独特的湿地资源。地势南高北低，沿省道约1400米范围内高差仅6米，地势较平坦，属于典型的高原平坝地形。定居点为纯居住点，在定居点北侧将建成牲畜冬季圈养区。现在每户建筑面积约80平方米，民居大部分为砖结构的平房，双坡屋顶，红瓦白墙，户与户之间院落用木栅

① 《若尔盖2012年定居报告》，若尔盖县政府，2013年10月。

237

栏划分，院落大小形状不规则，相互交错，呈明显的自发状态。定居点采用自然、灵活、顺其自然的总体布局。充分利用班佑村地理位置优势、红色文化资源及自然生态环境资源优势，依托现状建成区和已建道路网络，新建的和以前固有的建筑有机融合在一起，使建筑群落有机生长。定居点国道东侧为开阔的草原保护区，禁止进行任何建设。规划用地沿省道带状发展，分为北、中、南三大板块，分别为北部的牲畜集中圈养区、中部的居住游览区和南部的帐篷旅游区。

图 12-8 若尔盖牧民定居点

图 12-9 若尔盖牧民定居点设计效果图

红原县无明显四季界线，气候偏冷，春秋短促，长冬无夏，热量低。年平均气温1.4℃，极端最低气温-36℃，极端最高气温26.0℃，气温日较差16.3℃。因此在定居设计过程中房屋朝向问题上尽量保证采光充足，同时在墙体设计上采用砖木结构加厚墙体，内部设计牲畜暖棚，保证房屋内部温度。

　　红原县在2000年后得到了国家的大力扶持，红原实施草场承包，人、草、畜"三配套"建设，畜种改良，草场围栏、退耕还林、退牧还草、草场沙化治理、牧民新村建设、联户牧场建设、大骨节病区异地搬迁等项目。广大牧民群众生活条件不断改善，全县广大牧区基本实现人有住房、草场有围栏、牲畜有棚圈。

图12-10　红原县牧民定居点

　　红原县现在每户建筑面积约70平方米，民居大部分为砖结构的平房，双坡屋顶，红瓦白墙，户与户之间院落用木栅栏划分，种有高原红柳。本次设计户型包括80平方米、90平方米、100平方米的商住楼，均有院落。院落形状不拘于方形，而是根据场地和道路情况划分为不规则形状，但基本保证每户占地1亩左右。住宅建筑的布置尽可能地考虑南北朝向，但是也结合道路和周边关系进行布置，保证规划区总面积的自然肌理。

图12-11　红原县牧民定居点设计效果图

　　松潘县是一个半农半牧区。这里的藏族主要居住在适宜游牧生产的牧区，羌族县大量聚居在与黑水县、茂县、北川县接壤的小姓乡、镇坪乡、镇江关乡、白羊乡一带。松潘县交通便利，位于四川西部旅游黄金路线的中心位置，"九环线"西线沿岷江纵贯全县。九寨黄龙机场南距县城仅25千米，成兰高铁松潘站也正在建设中，因此当地定居点设计更多地与周边景区建设风格相一致，同时充分考虑增强旅游接待能力，为未来旅游业的持续发展做准备。由于地形复杂，海拔悬殊，松潘的气候具有按流域呈明显变化的特点，小气候多样且灾害性天气活动频繁。涪江流域湿润多雨、四季分明；岷江流域少部分地区干旱少雨，大部地区则寒冷潮湿，冬长无夏、春秋相连、四季不明。因此，当地定居点通过地基垫高等方法，同时采用砖混结构尽量保证屋内干燥。

松潘的一个定居点选址南邻郎川公路和东北河，东靠无名溪河，北面深处是大草原，西面是一条进入牧场的土路。定居点地貌属于平谷洼地，地形较为开阔，现全为耕地。此次定居行动为国营牧场牧民全村整体搬迁，共安置71户291人，均为高原游牧藏族。

图 12 – 12　松潘牧民定居点

该安置点设计了两个村委会方案，其中方案 B 为推荐方案，A 为备选方案。方案 B 建筑 290 平方米，方案 A 建筑 274 平方米。同时共推荐了三种住宅户型，面积区间为 100～200 平方米。户型 A、B、C 为主要推荐户型，两层石木结构，三个户型均拥有独立的前庭后院，独立的畜圈、柴房。整体风貌以传承该地区民居特色为设计原则，同时结合牧民新时期生活、生产方式变化的需要，在平面上布置了所需要的功能房间。立面上既与当地建筑风格协调，同时也体现建筑的地域性与差异性。[①]

村民活动中心效果图　　A户型效果图　　B户型效果图　　C户型效果图

图 12 – 13　松潘牧民定居点设计效果图

较为不同的是九寨沟县，由于当地独特的旅游资源以及近年来的开发，九寨沟县经济较其他县域发达，城市基础设施更为完善，而需要进行定居的牧民数量相对较少，因此定居规模较小。九寨沟县藏族民间的禁忌繁多：白马藏族认为神柜是祖先灵位所在，因此不能从神柜前横过，只能面对神柜退出，因此牧民定居设计在内部空间中考虑了当地习俗禁忌，给牧民留出必要的区域和空间以供其祭祀活动。

安多模式新住宅设计保留了当地的藏族建筑风格，在门框和窗框上有明显的藏族装饰，同时色彩搭配也与当地传统建筑保持一致。同时，对于村委会办公楼也进行了相关设计，风格与定居住宅相似，但主要功能为接待和办公。总的来说此种设计方案能够为牧民协调生产生活关系、提高生活水平，同时与旅游发展相对应，便于牧民通过第三产业提高收入。

第二节　嘉戎模式

嘉戎模式包括小金、金川、马尔康、阿坝、壤塘、理县。该区共规划定居点 317 个，涉及 18497 户 98357 人。

1. 小金

（1）定居环境

小金县位于四川省西北部，在阿坝藏族羌族自治州南端。地理坐标为 30°35′N ~ 31°43′N、102°01′E ~ 102°59′E。东邻汶川县，西毗甘孜州丹巴县，南连雅安市宝兴县，北接马尔康县。[②] 南北长 116.4 千米，东西宽 77.6 千米，面积 5582 平方千米。县城美兴镇距成都 286 千米，距马尔康

---

① 省委省政府富民安康办提供。
② 《小金县行政区划图（新）》，国家测绘地理信息局，2015 年 3 月 19 日。

143 千米。截至 2017 年，小金县下辖 3 镇、18 乡，共 134 个行政村和 2 个社区。据 2013 年统计，小金县有户籍人口 8.2 万人，其中藏族占总人口的 52%，汉、回、羌等其他民族占 48%，属主要嘉戎藏区之一。

小金县地形狭长，地势东北高、西南低。县境北部虹桥山海拔 5200 米，东部四姑娘山高达 6250 米，一般高山脊达 4500 米。河谷地区多在 3000 米以下，垂直距离 1500～2500 米。小金县属亚热带季风气候。冬寒夏凉，常年干燥，雨量稀少，气温变化剧烈，四季不甚明显。年均降雨量 613.9 毫米；无霜期 220 天，年平均气温 12.2℃；全年光照 2214 小时。小金县境内河流为长江流域大渡河上游水系，主要河流有抚边河、沃日河、小金川、汗牛河。

（2）居住习惯与建筑特征

小金县藏族多居于高山和深沟，居住较为集中，片石墙体砌筑工艺与质量对藏羌民居的抗震性能影响最大。传统藏羌民居或碉楼抗震性能较好。传统民居多为 2～4 层，系石木结构。房间面积较小，光线不足，有保暖和防御作用。一般房屋建筑格局为：一楼为圈房，关牛羊等牧畜；二楼为锅庄房，系全家人生活、活动的主要场所，呈长方形，在前方开门中间置火塘，在火塘内安放铁三脚架，以便放锅煮饭，故又称锅庄。[①] 锅庄进门的靠墙处安放碗橱和水缸，右侧靠墙安放老人睡觉的床。火塘内火种不灭，火塘边既是全家人休息之所，也是接待客人的地方。晚上亦可围火而卧。火塘右方置放的方形黄泥柱称"卡普"（即上方之意，又称锅庄菩萨），男的坐在"卡普"的右方，叫"卡石枯"，女的坐在"卡普"的左方，叫"卡石梯"，下方烧柴的地方叫"加升达"。"卡普"的左右，都有泥塑或石凿的碗，主要用于敬祖，吃饭时要放入食物。右边为已故的男性祖先，左边为已故的女性祖先。靠"卡普"的地方，只有尊贵的客人和老者才能坐，一般客人坐右边，主人坐左边。锅庄房的旁边还有一间储藏室，用于保管衣物和粮食，锅庄房右边为成年姑娘的卧室，左边的房间为接待客人的住宿之地。比较富裕的人家房屋第三层是经堂。经堂开着明亮的窗户，地面镶有地板，靠窗户的一边吊有两个直径二尺左右的大鼓，鼓面上用五色油漆绘有图案花纹，靠里边的墙壁上画有壁画或挂有唐卡，正

---

① 《小金县嘉戎藏族锅庄舞》，共青团小金县委，2015 年 3 月 19 日。

中供奉泥塑或陶制佛像。佛像的面前是盛清水的铜净水碗，以及若干铜酥油灯。神像两侧各有一个六七尺高的木架，上面放有经书和法器等。贫穷的人家第三层没有经堂，只有一个堆草的简易棚。

小金县汉民居住沿袭旧宅，回族居住同此一样。

穿斗架子长三间（横排三间），堂屋居正中，左右为房间，木板结构，一楼一底，横断面装木板，房顶全用瓦盖，有"万瓦三间屋"之说。屋顶四角以最高工艺精造，有"鳌头""象吉"等木刻壁雕。中梁上画有吉祥图，中堂正方靠墙，安有"神龛"，神龛上有香炉钵、铜磬，龛下设有土地堂。正中安放平床。

这种房子呈石木结构除门窗和梁用木料外，全部用片石砌成。多数农民习惯设长三间，中间一大间为堂屋，两边作卧室。厨房为横房，有烧火房间，客人或主人都围坐在火炉旁。火炉上吊以铁链，链头挂一铁钩，可挂壶烧开水、挂锅煮饭等。

由于土、石、木三结合，这种房屋构造简单，造价低廉。修建时，先用石头砌墙脚，至二三尺高后筑土墙到八九尺高，就可以放梁木，盖成房子。

图 12 - 14　小金县定居点

随着经济社会的发展，到21世纪初，小金县境内的藏族、回族、汉族等各民族所居房屋大多为现代楼房建筑，在高山及边远地区仍有少量传统民居。①

---

① 小金县地方志编纂委员会编《小金县志》，方志出版社，2013，第461、562页。

2. 金川

（1）定居环境

金川县隶属四川省藏族自治州，1953 年更名为大金县。1959 年 6 月，将大金川与绰斯甲县的观音桥、周山两区合并，后更名为金川县。

金川县位于川西北高原，阿坝藏族羌族自治州西南部，地处青藏高原东部边缘，大渡河上游，隶属四川省阿坝州。金川县因境内河流大金川（大渡河上游）得名，而大金川因沿河诸山有金矿而得名。地理位置介于 30°04′N～31°58′N、101°13′E～102°19′E，面积 5432 平方千米。东邻小金县，西南与甘孜州的道孚县、丹巴县接壤，西北与壤塘县毗邻，东北与马尔康县相连。[①]

西北部地区山势平缓、水草丰茂，是天然草场畜牧区。东南部高山峡谷地区河谷两岸的冲积阶梯状台地为农耕地，半山缓坡亦有耕地分布，为农业区。金川县属大陆性高原季风气候，多晴朗天气，昼夜温差较大。常有冬干、春旱和伏旱。年均气温 12.7℃，年均日照 2129.7 小时，无霜期 184 天。年均降水量 616.2 毫米，蒸发量 1500 毫米，河谷地带气候干燥。[②] 金川县拥有可开发水电装机 410 万千瓦，居阿坝州第一位。其中，国家在金川境内规划的双江口、金川、马奈三个电站，总装机超过 350 万千瓦；州管河流绰斯甲河流域可开发水电装机 20 万千瓦，金川县管 32 条溪沟河流可开发水电装机 40 万千瓦。[③]

（2）居住习惯与建筑特征

藏区民主改革前，住房主要分为小青瓦屋面和泥顶土房，开间极其狭小，进深较长，普通人家普遍以三间土房为舍，称灶房、堂屋、歇房。20 世纪 60 年代，新街建房增多，一楼一底大面积建筑形成，其间私人建房兴起，仍旧是土房，但讲究大门大窗。之后，私人建房多为一楼一底，瓦顶或平顶屋面，室内装修也更为讲究。[④]

---

① 《金川县观音桥镇特色魅力乡镇规划方案》，中国阿坝州门户网站，2015 年 3 月 22 日。

② 《金川介绍》，中国天气网，2015 年 3 月 22 日。

③ 《自然资源》，金川，2015 年 3 月 22 日。

④ 金川县地方志编纂委员会编《金川县志（1989－2005）》，方志出版社，2013，第 491、631 页。

图 12 - 15 金川县定居点

3. 马尔康

（1）定居环境

马尔康县位于青藏高原南缘，在四川盆地西北部，北靠阿坝、红原大草原，南与卧龙大熊猫自然保护区、小金四姑娘山紧邻，距离成都 365 千米。截至 2012 年，马尔康县面积 6633 平方千米，辖 3 镇、11 乡，分别为马尔康镇、卓克基镇、松岗镇；梭磨乡、白湾乡、党坝乡、木尔宗乡、脚木足乡、沙尔宗乡、龙尔甲乡、大藏乡、康山乡、草登乡、日部乡。总人口 56021 人。共有 105 个行政村 238 个村民小组。[①]

马尔康县地处川西北高原南端，属高原峡谷区，地势由东北向西南逐渐降低，地面海拔为 2180 ~ 5301 米。马尔康县属低纬度、高海拔的特殊地理与高山峡谷立体气候，冬干夏湿、雨热同季、日照充足、昼夜温差大。年均气温 8℃ ~ 9℃，年降水量 753 毫米，年均日照 2000 小时以上，绝对无霜期 120 天。空气质量达到中国 I 级标准。[②]

（2）居住习惯与建筑特征

马尔康县境内藏族住宅多建于高坡、半坡、河谷三角地带，以几家或几十家为村落，俗称"寨子"。石砌平顶房，呈上小下大的立体梯形。墙面大小石头层次相间呈弧形，一般三至四层。每层原木为檩，置桦木橼子，再铺树枝和苔藓植物，并盖上土。底层南面左侧留门，东面有通气孔，无窗，门配自制木匙。畜圈进门左侧有梯井。二层一般分四间，"喀"

[①] 《地理位置》，马尔康县人民政府，2015 年 3 月 25 日。

[②] 马尔康县地方志编纂委员会编《马尔康县志（1991—2005）》，方志出版社，2014，第 359 页。

是全家平常生活起居、饮食和待客的地方，又称庄房。庄房上方称"喀什科"，是家中男性长辈、喇嘛和贵宾的座位；左边叫"卡拉"，是烧火和一般男客的座位；右边叫"卡特"，为妇女的座位；下方为"思甲里"，是小孩的座位。

土司官寨，比一般民房高大，通常为四合院，高三四层，有几十至百余间不等，最上一层住土司，当差百姓和牲口住下层，客人、喇嘛以等级招待住二、三层。正房中间设为经堂，其他房屋为储藏室、牢狱、公堂、武器库等，官寨旁有高大碉楼，用于防卫。官寨具有日光充足、环境宁静、冬暖夏凉、瞭望看守、居高临下便于防御的特点。但卫生、防火、采光、排烟方面较差。

20 世纪 80 年代，公路沿线将新型的建筑材料运用于修房造屋中，使用房顶预制件、钢筋、水泥等。装饰中使用瓷砖、钢砖、涂料。屋内布局也予以了改革，采用套间式，畜圈分离，改板窗为玻璃窗以提高室内采光量，等等，主体以石木结构为多。①

图 12 - 16　马尔康县定居点

4. 阿坝县

（1）定居环境

阿坝县地处青藏高原东南缘，阿坝藏族羌族自治州西北部，位于川甘

---

① 马尔康县地方志编纂委员会编《马尔康县志（1991—2005）》，方志出版社，2014，第359 页。

青三省交汇处，与州内的若尔盖县、红原县、马尔康县、壤塘县和甘肃省玛曲县、青海省久治县及班玛县等七县接壤，是内地通往西北的重要交通枢纽，是重要的商贸中心和物资集散地，是以牧为主、农牧林兼营的县，属典型的老、少、边、穷、病地区。地理位置介于 32°18′N～33°37′N、101°18′E～102°35E。全县面积 10435 平方千米，辖 2 镇、2 场、17 乡、83 个行政村、4 个分场、1 个居委会，总人口 79505 人，全县藏族人口 74824 人，占总人口的 94.1%，其他为汉族、羌族、回族，阿坝县是一个以藏族为主的少数民族聚居县。①

阿坝县境内地形复杂，地势由西北向东南逐渐倾斜，县城海拔 3290 米，境内最高海拔 5154 米，最低海拔 2936 米，径流分属长江、黄河两大水系，属高原寒温带半湿润季风气候，无明显四季之分，昼夜温差大，无霜期短，太阳辐射强，年均气温 4℃。②

（2）居住习惯与建筑特征

阿坝县的藏寨是被建筑学界极为重视的独具阿坝县地方特色的藏式古建筑群落，作为一个藏式村落，它具备完善的防卫体系、合理的内部规划和保存完好的藏式古民居群。方圆不过四五十里，从上阿坝的安斗、甲尔多、各莫、四洼、德格到中阿坝的河支、龙藏、麦昆、哇尔玛，整个阿曲河上游沿岸藏式古建筑群的密集程度完全可以用星罗棋布来形容。人们在瞠目结舌之余，不禁要发出这样的疑问：阿曲河流域为什么会出现如此之多的藏式建筑群？这些独具特色的藏式建筑群又是什么时候修建的？可以这样说，大凡到过阿坝县的人，无不被阿坝县城附近的藏寨民居风光所震撼。这里的藏寨民居在建筑材料和结构上虽然与安多藏区其他地方的藏寨民居区别不是很大，但在建筑造型、布局结构上却形成了阿坝县特有的风景——阿坝藏寨特色民居。

阿坝县城附近一带诸如麦昆乡、哇尔玛乡、河支乡、龙藏乡等地的藏寨民居建筑，大都是以黄土夯筑高墙来建房的。其墙基通常用石料砌筑，土墙底部宽，越往上的建筑越薄。其底部的墙体厚度大都在一米以上，内

---

① 《阿坝县情介绍》，阿坝县政府门户网站，2015 年 3 月 27 日。
② 参见阿坝县地方志编纂委员会编《阿坝县志（1990—2005）》，方志出版社，2013，第 523～527 页相关内容。

墙陡直。外墙略向内倾斜，于是就形成了下大上小的"宝塔式"建筑格局。房屋内通常用木板间隔。房顶是平的，上面用黄泥土铺面，且滴水不漏，踩上去还不会泥泞。这种住房一般由主楼和前院两部分组成。前院由黄土夯筑的围墙与主楼一并围出一块四方天地，院子里通常种有树木、花草之类的植物，使整个前院形成一个独特的小世界。主楼一般分为三层：一楼用来饲养牲畜和堆放杂物。二楼是人居住的地方，一般分为三部分，一部分是厨房兼作客厅，一部分是卧室，一部分则是经堂。经堂在阿坝藏民们的家庭中占有相当重要的地位，一般要使用近40平方米的面积，经堂内供奉全家人所信仰的藏传佛教教派的活佛塑像、经书、唐卡、历代活佛的画像及经文等。房内的这种设施、布局、分工与嘉戎藏族（马尔康）一带的民居建筑基本相同。

从建筑形式与建筑风格上说，阿坝藏寨民居建筑与其他藏区的民居建筑的区别是相当大的，四周藏族的民居以石碉楼为主，而阿坝县的藏寨民居几乎全部是泥土夯筑而成，且其正房更为高大、高层建筑更为集中、气势更为恢宏，同时，它还拥有自己的特色，那就是中西合璧的建筑装饰形式。阿坝县藏寨民居的窗户多采用木制梯形窗户。

图 12-17　查理乡额色玛村老房子

阿坝县地处四土藏区、草地藏区交界区，住房呈现出从北部帐篷向南部阿曲流域土房和柯河乡、垮沙乡、茸安乡部分地区石碉房过渡的特征。

牧区的居住没有固定的房屋，一般为逐水草、居帐篷，帐篷成为北部求吉玛乡、贾洛乡、贾柯牧场，东部麦尔玛乡，西部若柯牧场的主要居室。

帐篷是用黑色牛毛织成的数十幅毡子缝成的两大片长方形篷布以扣环连接而成。这种帐篷耐磨、防风、夏凉、轻便易于搬迁。随着改革开放和藏区经济的不断发展，一种轻便美观的白色帆布帐篷在农牧区广泛使用，白色的帐篷上镶有红、蓝、黄、绿各色五彩花边，印有吉祥八宝图等各种宗教图案。一般帐房呈梯形体，小者为"人"字形；以横梁、小木柱支撑即成。顶部留一天窗，用于通风、排烟、散热；前有一篷布门开合自如；一般帐篷室内面积 20 平方米，大者可达二三百平方米，可容数百人。帐篷内正中为石砌三脚锅灶或者现代的铁质火炉，后带燃料仓，自然地把室内分为两半，右为男席，左为女席，灶后或男席上方供有佛像；帐内正面摆放着内装粮食、盐、酥油的牛皮袋、牛毛袋、木箱，上盖长条羊毛毯子。各户均有一土木结构的冬平房。牧区建筑面积普遍较小，除沿袭使用土木结构外，新建的定居房大多使用砖混结构加铝合金玻璃门窗。

农区中部阿曲流域上、中、下阿坝和查理乡及柯河农区以土房为主，多以黄土筑墙，下宽上窄，顶盖泥土，冬暖夏凉，防水性能好。土房由主楼和前院两部分组成，主楼一般 2～3 层，底层养牲畜、堆放燃料，中层设寝室、客房、厨房、经堂，有三楼者设经堂和储藏室。屋内以木板间隔。1990 年后，全县各族居民居住条件明显改善，阿坝镇居民逐渐修建起楼房、砖瓦房或土木结构的现代民居。

建筑结构上，农区在主要沿袭过去土木结构的基础上，大量采用铝合金玻璃门窗等现代建筑材料，既美观实用、采光好，又易采购材料，同时少量出现砖混结构。[①]

5. 壤塘

（1）定居环境

壤塘地处 31°29′N～32°41′N、100°31′E～101°29′E，位于青藏高原东部，大渡河上游，四川省阿坝藏族羌族自治州西部，县境东及东北与马尔康市、阿坝县接壤，南与金川县毗连，西部和南部与甘孜州色达县、炉霍

---

① 参见阿坝县地方志编纂委员会编《阿坝县志（1990—2005）》，方志出版社，2013，第523～527 页相关内容。

图 12 – 18　阿坝县牧民定居点

县、道孚县相望，北邻青海省班玛县。县城海拔 3285 米。至 2010 年底，壤塘县行政区划面积 6863 平方千米，辖 1 镇、11 乡：壤柯镇、蒲西乡、宗科乡、石里乡、吾依乡、岗木达乡、上杜柯乡、茸木达乡、南木达乡、尕多乡、中壤塘乡、上壤塘乡，共 60 个村 131 个村民小组。据 2010 年统计，壤塘县总人口 3.48 万人，其中，农牧民人口 29028 人，占总人口的 83.4%，藏族人口占总人口的 85%。

壤塘县地形以丘状高原为主，相间河谷平地和高山，有较大的山 74 座，海拔 4500 米以上的山峰 60 余座。壤塘县最高海拔杜拉甲格则山 5178 米，最低海拔 2650 米，县城所在地壤柯镇海拔 3285 米，县境中南部杜柯河流域山脉呈西北—东南走向，河谷深切，山谷相对高度为 1000 ~ 1500 米，北面的则曲河流域地势由东向北倾斜，河谷开阔水势平缓，为丘状高原，丘谷相对高度 200 ~ 400 米。壤塘县主要河流有杜柯河和则曲河两大主流，杜柯河有支流宗科、色曲、日科等 40 余条，另有则曲河支流 6 条。杜柯河在县境内流长 180 千米。其他有溪沟 100 余条，其中，流域面积在 50 平方千米以上的溪沟有 28 条。有湖泊 10 个、沟 432 条。壤塘县属高原季风气候，昼夜温差大，年平均气温 2.2℃ ~ 7.5℃，从河谷到高山，气候变化明显，多为小区域气候。则曲河和杜柯河一带为高山草原气候区，杜柯河流域为山地气候和山地森林气候混合区。年均气温分布为南高北低，相差约2℃~8℃。县城壤柯镇年均气温4.8℃，7月最高气温29.4℃，最低-23.4℃。年平均降水量763.1毫米，中部偏多，南北略少。①

（2）居住习惯与建筑特征

牧区住房以帐篷为主，牧区普遍使用黑牛毛织成的毡子缝制帐篷。小黑牛毛帐篷，用两根木柱和横梁支撑，周围用绳拴于木桩固定；大黑牛毛帐篷20余平方米，顶部正中留一口，置宽一尺余、长数尺可开合的天窗。前面布上开门，大者可容二三百人。

图 12 -19　壤塘县老房子

冬季，牧民到固定的冬房居住。冬房系土木结构，一般为两层，分隔四五间。一层为畜圈，二层为住房（亦搁放物品），有的建有三层，在三层存放粮食。每层用细木柱条糊牛粪或泥土间隔，其特点是避风保暖。

农区居住在山寨，山寨楼房高10米左右，以石木结构为主，内用木板隔间。房屋一般为三层，下层关牲畜，堆燃料；中层住人，作库房、客厅；上层多堆放杂物或草料，也有设经堂或小巧的卧室，木屋舒适、通风、不潮湿、宽敞明亮，并具有防震抗震性能。厕所设在房屋外墙侧，以

---

① 《壤塘概况》，壤塘县政府门户网站，2015年3月27日。

图 12 – 20　壤塘县定居点

木臂挑出，与室内相通。

　　在壤塘地区宗教文化艺术中，雕塑与绘画堪称一绝。雕塑的种类有泥塑像、木刻、酥油花、细沙画等，特别是造型完美、生动、惟妙惟肖。寺庙中的佛像，以泥塑为主，也有木雕。木雕常用在门窗楣柱等处，上面刻有象征吉祥的龙、虎、狮、鹏、八宝吉祥图等。砖雕主要用于建筑藏式楼房的屋脊花边、飞檐上的兽物以及窗壁上的浮雕。细沙画即是用各色干沙在平板上绘各种图案。绘画主要是绘制唐卡和壁画。被称为宗教卷轴画的唐卡，画有织锦、丝绣、彩画等，作为藏族宗教艺术珍品，价值昂贵，供奉在寺庙或藏民家中的经堂里。壁画主要是用于寺廊。①

　　6. 理县

　　(1) 定居环境

　　理县位于青藏高原东缘、阿坝藏族羌族自治州东南部，地处 30°54′N ~ 31°12′N、102°32′E ~ 103°30′E。东北与茂县、黑水接壤，西南与小金相连，东南与汶川相通，西北与马尔康、红原毗邻，距成都 202 千米，距州府马尔康 193 千米，县城海拔 1888 米。据 1997 年统计，理县面积 4313.4 平方

---

①　参见壤塘县地方志编纂委员会编《壤塘县志（1991—2005）》，方志出版社，2013，第 462 页。

千米，人口 4.3 万。辖 3 镇、10 乡。县政府驻杂谷脑镇。2000 年，理县辖
4 个镇、9 个乡。[①]

理县气候属山地型立体气候，春夏季降水量多，冬季无霜期短，年降
雨量在 650～1000 毫米，河谷地带年平均气温 6.9℃～11℃。地质结构属
龙门山断裂带中断，地形呈蜿蜒起伏的立体单元，地表由西北向东南倾
斜。地貌类型为低中山—中山—高山—极高山，是典型的中高山峡谷区。
境内群山连绵，峰峦重叠，海拔 1422～5922 米，境内山峦起伏，平均海拔
2700 米，高差悬殊，沟谷纵横。地形呈蜿蜒起伏的立体单元，地表由西北
向东南倾斜。[②]

（2）居住习惯与建筑特征

据《理番厅志》载，县属藏、羌民族自迁徙来县定居时就"居室多作
平房，以泥土封其顶，上可曝晒衣、粮，虽雨不漏、墙垣垒石为之"。现
村寨保存下来的"碉房"，昔称"邛笼"，有的高达十多丈，是当时藏、羌
人民储藏物资的设施。其特色的建筑包括筹边楼、桃坪羌寨和木卡羌寨。

筹边楼位于理县薛城镇薛城小学内一平地突兀拔起的天然岩石顶上，
雄伟壮观，为唐蕃对峙时剑南道西川节度使李德裕为筹划川西防务所建。
楼为正方形二层重檐歇山式木结构建筑。底楼为正方形，边长 7.38 米，高
4.43 米，以外柱 12 根、内柱 4 根将其空间隔成进深、面阔各 3 间。内外
柱为方形，四棱卷刹起弧线，方形须弥座石质柱础。楼外建石栏杆一周，
石栏杆、桩、条栏均为方形，柱顶为须弥座上托莲花瓣石珠。二楼高 3.60
米，中为方形大厅，边长 3.64 米，四周板壁及顶部望板皆彩绘各种人物故
事图案，内容多为李德裕筹边故事，如商讨军事、演练兵士、山川地形
等。大厅四面各开方形大窗三幅，厅外有一周木栅栏。

桃坪羌寨共有 98 户人家，完整地保存了羌族古老民族的特点，背山面
水，坐北朝南，布局严密完整。走进桃坪，映入眼帘的便是那些有着上千
年历史的参差交错、古朴神秘的羌族古民居建筑。这些建筑全由石头垒
成，高高低低、起起落落。走进桃坪，仿佛走进一个深深浅浅、迂回曲折
的迷魂阵，因此桃坪被人们称为"神秘的东方古堡"。桃坪最高大的建筑

---

① 《基本县情》，理县政府门户网，2015 年 4 月 11 日。
② 《四川－理县》，中国国家地理网，2015 年 4 月 11 日。

是羌碉，它是桃坪的标志性建筑，主要用于防御敌人。座座古碉如宝剑直插云霄，有很强的视觉冲击力。在羌族聚集区，每隔一定距离就有一个这样的碉楼，连接起数百里的村村寨寨，一旦发现敌情，马上释放烟雾，很快把战争的信息传到百里之外。这些碉楼成了桃坪羌寨独特的文化景观。

　　木卡羌寨沿用名"木宅寨"，羌语叫"麻泽布"，"木"为寨形，"卡"为关卡，是灌（口）马（塘）茶马古道的必经之路。木卡羌寨房屋是典型的山谷坡面上的石木建筑群，具有平定、石墙、木架、过街楼、悬挑阳台等一系列典型的羌民族传统建筑特征。其民居"依山而建，垒石为室"，整个村落依靠自然的坡度呈梯状布局，在不同的高度上错落布置，高差甚大，从下往上看就如同岩石上生长出来的房子，十分雄伟。因此木卡羌寨被誉为"岩石上的羌寨"。

图 12-21　理县定居藏寨

　　理县县域其他藏族传统民居建筑皆为石块砌墙、木质梁架的石木结构。一般有三四层，也有五六层的，三层者底层作畜圈，二层作厨房、库房和住房，三层设经堂、客房。20世纪90年代后，新修的民居多设窗户且增大，室内开间数减少，而单位开间面积增大，室内墙壁均为白灰粉

刷，室内装修在保持传统风格的同时亦趋现代化，有的采用钢筋水泥等材
料，地面铺水泥或三合土，在二楼客厅外仿城市住房的砖混结构，房屋附
建阳台，有的则按城市建房样式修建砖混结构的楼房。房内设施日趋现代
化，堂屋不仅购置收录机或电视机，有的还放洗衣机，客厅卧室摆有沙
发，有的人家厨房有电炊具。①

图 12 – 22　理县定居点

7. 新设计特点

受嘉戎文化影响较大的区域，定居方案主要采用传统的砖混结构，同
时，采用稳固性较好、硬度较高的石块作为建筑外围的隔离带。根据牧民
的不同需求，嘉戎地区的定居分别有单层设计和双层设计，不同规模人口

家庭和经济情况可自行选择大小。所有设计均有畜养圈，从而降低牧民的生产管理成本，同时还在房屋之间留有足够的空间供牧民晾晒或其他使用，房屋内配备基本的水电、独立卫浴。同时对村委会活动中心也进行风格相似的单体建筑设计，在门窗等地保留传统的风格，墙上保留民族风格装饰线。在定居点选取方面，小金县选取沿河山间平原地区，大金、马尔康、阿坝、壤塘主要位于山间平原，部分靠山而建。而汶川和理县则由于历史上的地质灾害较为严重，将定居点选择在了更为平坦的平原区域。所有设计方案均严格按照八级抗震建设要求，保证房屋的牢固，从而更好地保证牧民的生命安全、财产安全。

嘉戎藏寨自古以来就利用本地区多石之特点，用黄泥作黏合剂，砌石墙造住房，以巨木为梁，横搭杂木，盖土于上，坚固不漏；垒石为墙、架巨木为梁的方式至今不衰。以钢筋水泥及石土为主体，浆砌构造屋柱，提高嘉戎藏寨的安全系数。寨子多修于向阳、避风之坡地，以几户至几十户为一寨子，砌石如同砌砖，把大小不等的石块垒砌为墙，大石块砌一圈，用小石和黏土取平，再往上砌一圈，逐层砌盖，墙体基宽顶窄，墙面略呈梯形。当地对于定居点的选址，基本上考虑了文化、交通、教育以及基础设施使用便捷度这几个方面，靠近当地的主要交通干线。同时聚居形态有利于基础设施的投入，增高投入效益。

随着旅游业的发展，小金县境内诸多旅游区得到发展，如四姑娘山风景区、夹金山风景区等。当地的饮食和服饰还保留着浓厚的藏族文化，逢年过节会跳传统的锅庄舞，祈求神灵保佑。当地水资源较为充沛，农牧业发展较好。因此在此次定居中主要针对传统文化元素保留、生活品质提高这两方面进行，小金县回民房子为石木结构的平房，里面有几开间，可作卧室和厨房。有的在正房侧边修个耳房作厨房。阿坝县农区以土房为主，多以黄土筑墙，下宽上窄，顶盖泥土，冬暖夏凉，防水性能好，土房由主楼和前院两部分组成。主楼一般二至三层，底层关牲畜、堆放燃料，中层设寝室、客房、厨房、经堂。有三楼的设经堂和储藏室等。阿坝、马尔康、汶川等地汉化较为严重，因此在居住方式方面更加重视将传统的嘉戎藏族文化融入生活元素之中，在屋内设置经堂，同时配以藏族民族装饰。

壤塘县的一个定居点在南木达乡南木达村。定居点南面靠近南木达乡政府，北面是阿坝县到壤塘县的县级公路。南木达乡南距壤塘县城28千

图 12 - 23　壤塘县定居点室内经堂

图 12 - 24　壤塘县定居点

米。规划 81 户 383 人，均为牧民，规划地为荒地。总用地面积 10 万平方
米左右，总建筑面积 27356 平方米，住宅面积 14920 平方米，村民活动中
心 286 平方米，牲畜棚面积 12150 平方米，规划户均用地 300 平方米。民
居有 40 平方米、60 平方米、80 平方米、120 平方米、160 平方米、200 平

方米的不同户型，本着安全、经济、适用的原则，尊重牧民生活习惯，并满足牧民生产需求。建筑风貌充分体现当地藏民族文化特色和传统建筑风格，采用平屋顶造型。规划布局因地制宜、依山就势、显山露水，体现多样化原则，适当集中，便于管理。既尊重藏族牧民的生活习惯，又解决防寒保暖问题。每家每户为单元围合院落，并组成了复合式的牧民新村住宅区空间特征。①

图 12 - 25　壤塘县定居点设计效果图

　　理县的定居点较传统的民居和帐篷有更好的防寒保温效果，同时能够保证牢固性。茂县在新中国成立后，在火塘旁边立汉式锅灶。墙壁挂锄头、镰刀等。屋内光线不足。房屋平台有晾架、仓笼，四周砌矮墙，用于晒粮、堆草。房屋四角砌台置放白石，另在屋顶矮墙砌石龛，羌语"勒克西"。新设计定居点也充分利用屋顶空间供生产晾晒之用，此外对采光进行更加合理科学的设计，在屋前屋后均开有窗户，新设计对原有功能基本保留，并在空间上更好地将生活生产相分割而不分离。壤塘县牧区住房以帐篷为主，牧区普遍使用黑牛毛毡缝制帐篷，小黑牛毛帐篷用两根木柱和横梁支撑并用绳拴木桩固定。冬季，牧民到固定的冬房入住，冬房为土木结构，一般为两层，分隔四五间，下面关牲畜，上面住人。也有设置经堂和小型卧室。

　　值得一提的是，马尔康有十分具有特色的碉楼，由苯波教为该地镇魔修筑者，碉楼无窗无门无枪眼，均四角，高9层，宽5～6米，顶无盖，是人们崇拜和神圣的地方。随着频繁的战争，善于修建碉楼的马尔康人，开山劈石，就地取材，到处修筑碉楼群，形成防御体系，就定居方案设计，对其充分保护并融合到日常生活元素之中。

---

① 省委省政府富民安康办。

　　阿坝县的一个定居点位于哇尔玛铁村哇玛乡政府北侧，紧邻乡政府及小学，为缓坡地，现有碎石路和土路通往各村。目前用地内有 80 多户牧民住宅和一所小学，住宅为土木结构，内部木结构承重，有二至三层。本次规划共需安置 121 户 812 人。

图 12－26　阿坝县定居点

　　阿坝县定居点，依山就势，错落有致，极有特色。总建设用地 198000平方米，总建筑面积 38400 平方米，规划设计了三种户型：240 平方米、200 平方米、160 平方米。住宅建筑设计上遵循尊重地域文化、依山就势、就地取材的原则。藏族民居大多地处高原地带，地形多变，传统藏居选址一般因地制宜、因势利导。在材料上，定居点选用当地的土坯作为主体材料，并加入稻草、麦秆等加强其抗震性能，木柱、木梁作为主体的支承体系，门窗、檐口也以木材加以装饰，具有浓厚的乡土气息。

图 12－27　阿坝县定居点设计效果图

结论与展望

　　川西北牧民定居在过去一个较短的时间内，取得了实质性的进展，这主要表现在四个方面。一是定居点的规模化修建及其配套设施的跟进，从景观上、社会面貌上改变了川西北农牧区原貌，展示了政府强大的社会治理能力和经济爆发力。二是农牧民，尤其是游牧民生产生活状态得到了重大改变，很大程度上结束了他们对传统生产生活的依赖，实现了文明成果的共创共享。三是通过配套的民生工程，使广大牧民的游牧习惯脱离了代际延续，在高原草地中形成了一个新的文化群体，那就是职业教育培养的学员，通过职业教育和异地生活的培训，他们将很难再回到传统的游牧状态中去了。四是产业的升级与转型初步见效，很多定居工程在各个产业层次中发挥多重效能，牧民由此而向新生的"生意人"转型。

　　尽管以上变化是明显的，但定居化自身的规律性是客观的，需要遵从的。定居是一个较长的过程。定居的内在稳定性在人，定居其实就是定人。人的生产生活习惯一方面需要物质条件支持；另一方面需要新的知识支撑。较短时间提供的物质条件附着了大量的新知识，就大多数牧民而言，对于这些新知识的消化吸收不是一蹴而就的。所以我们看到一个现象——也是一个普遍的现象，那就是定居与回流在牧区轮番上演——也就不足为怪了。当牧民发现他在新的定居点生产和生活得不到原有的满足后，他就会自动寻求原有的生活生产环境。作为社会人的牧民，他的需求是多方面的，有时可能是奢侈的，除了基本的生活生产需求外，他还有精神上的更多追求。也就是形式上的定居与精神上的定居要相一致。当形式上的定居与精神上的定居匹配度、契合度达到一个相当的水准后，真正的安居就实现了，由安居自然进入定居。这条定律同样适合对当前中国那些非牧区的流动人口的研究。

所以，今后一个时期，我们应该持续关注新社区的形成，以及那些推动社区建设的新阶层和群体的形成，还有那些给社区和人群注入营养的新的产业、职业的产生和形成，我们还要持续关注各要素的相融合发展，特别是政府对相关领域的持续投入尤为重要。

　　川西北最大的特征是地广人稀，自然资源丰富、历史文化厚重，这种特征可以是优势，也可以是劣势。在牧民定居进程中，应该扬长避短，化劣势为优势。今后一段时期应在如下几个方面持续用功。

一　推进健康发展工程

　　（1）推进妇幼保健事业。通过多种方式，关注农牧区妇女的保健生育状况。在军民融合发展的前提下，由军民联合开展农牧区巡回医疗，充分利用现代化保健保育和医疗技术。要针对广大农牧民生活习惯，提倡和推广科学健康的生存生活方式。与安居工程和城镇化工程结合，科学规划幼儿园和母幼生活区，为哺乳期满后不愿回到农牧区的农牧民提供母子生活住房。寄宿制幼儿园对脱离哺乳期、达到入托入学年龄的幼儿进行早期教育。建立幼儿教育服务体系、幼儿生活服务体系和幼儿保健服务体系。制定科学办法和实施细则，达到"生育一个，留下一家"的城镇化效果。加大福利保障投入和改革户籍登记制度。对于进城生育和定居的农牧民，实行医疗保健免费，并给予一定补贴，对于特困户，实施有效的救助。

　　（2）推进农牧民健康福利事业。加强现有卫生机构设施建设。加强县级医院、保健院、计划生育指导所的基础建设，配备先进的设置，加强医疗卫生人才队伍建设。坚持以预防保健为主。组织巡回医疗队对农牧区进行健康意识的宣传教育，特别要重视在校学生的教育，使他们形成良好的卫生健康习惯。对重症和绝症患者以就地为主的方式实施必要的人道主义关怀和救治，是社会主义制度优越性的表现。针对蜕变宗教对危重病人进行迷信卜卦并进行残害和剥夺其生命的情况，要制定措施依法制止。对于经过治疗基本恢复健康的人员，要就地集中进行健康教育和实施必要的保健，以巩固其治愈效果。相关部门应当提供必要的生活和医疗保健费用援助。

　　（3）各项事业的配套推进。在育儿和健康福利工程的实施过程中，最为重要的保障之一就是安居工程。这个工程对于加快城镇化进程，解决农牧民进城后的生活具有重要的稳定作用。建立妇女儿童居住区。建立康复人员休养生活区，并加强上述区域的科学管理，防止违法现象发生。建立联合职业教育机构，对愿意参加职业培训的人员，实行免费培训，以帮助他们提高生存能力和适应能力。建立体制，帮助孕妇到医院孕检，帮助临盆妇女到医院生产。孩子脱离哺乳期之后，要及时送进幼儿园享受学前教育。要在城镇安排特困牧民母子居住点，给予他们一定的生活补贴。在特困牧民母子集中的地方，要充分照顾他们语言障碍和生活习惯，成立服务机构，定点专门服务，引导他们逐步融入城镇生活。孩子进入义务教育阶段后，母子不愿分开的，或者母亲不愿回到牧场的，也要妥善解决母亲的生活就业问题。这样，可以极大减少或者杜绝新生"牛场娃"的形成。

二 加强并改进定居牧民及其子女的职业技术教育

（1）强调民族文化交流和教育中的政治性的同时关注以人的素质提升为中心的有效教育的实效性。目前以政治目标主导的大规模跨区教育，具有阶段性意义，对于人的基本素质提升具有积极意义同时应强调以人的基本素质为中心的养成教育，这关涉不同群体的长远利益和区域发展的协调性，对根本解决藏区发展具有前瞻性和战略性意义。

（2）加大不同群体之间文化认同能力培养。充分把握跨文化交流时代特征，正视跨文化教育与跨文化活动是当前世界一体化发展的潮流所向这一客观现实。一体化潮流中的转型社会背景下，跨文化交流已经成为关涉和谐社会建设的重要因素。在加大民族文化发掘和提升的同时，更应该加大跨文化教育，以提升不同群体彼此间文化认同的能力。针对民族跨区教育，应编制针对性、实用性强的跨文化教材，培养跨文化教育工作者，加大跨文化的宣传教育，以推动不同民族文化、区域文化、圈层文化的和谐交融，促进和谐社会的文化建设。

（3）正视宗教信仰群体的客观实在性，妥善处理信教群体信仰诉求。宗教信仰并不一定与社会主义和谐社会建设相矛盾，也并不一定与分裂主义势力必然联系。对于坚持宗教信仰的群体或个人，允许其在一定范围内保持自己的信仰习惯或开展适当的宗教活动。

（4）加强就业引导，推动就业公平。针对跨区教育中就业选择的明显分野现象，应加大民族学生就业能力的培养。民族学生就业竞争力受教育影响较大，当前职业教育模式主要是针对内地生的普适性教育，没有更多地照顾到民族学生的特点。故应以职业教育的转型为先导，加大民族学生特长和潜力的发掘，扬长避短发挥民族学生特长技能，从根本上改变就业竞争中对政策照顾的依托，推动就业公平。

（5）加快发展民族地区职业教育，逐步实现跨区教育与就地教育的相互促进。在选送部分学生进入内地学习的同时，加大民族聚居区职业教育投入，加快发展聚居区民族职业教育，将依托内地教育的"单核发展"模式提升为当地教育与内地教育的"双核互动"发展模式，以解决民族职业教育的根本发展问题。

（6）因材施教，加强民族地区学生的艺体类专业培养，重视民族地区女生的跨区教育培养。艺体专业对于文化基础知识的要求相对较低，而藏区大多数学生在艺体方面的天资禀赋往往较好，女生在歌舞方面尤其如此。发挥藏区大多数学生对于艺体专业学习的天赋领悟和理解力，倾向性投入和建设艺体学校和艺体专业，对于发展民族教育和特色教育具有积极推动作用。

三　走农业产业化之路

（1）农户＋农牧园区＋农牧企业集团相结合的经济。通过定居点建设，形成定居带，带动川西北农牧区经济社会快速稳定发展，把农牧区建设成为生态型、园林式的特色民族新村。建立完善的利益共享机制。加大农牧园区的建设步伐，充分发挥管理企业化、经营一体化和劳动组织化的优势。充分发挥好"9＋3"职业教育培养的数以万计的青年学员的积极性，对于回到农牧区，又很快熟悉生产技术的人员要重点扶持。

（2）加强园区本部经济建设，推动龙头企业发展。采取定居点为中心，建立集兽医、选种、育种、交配、繁殖等于一体的园区本部，把大部分科技性生产集中起来进行规模化经营。以农业产业化集团为载体，创办新的加工企业，兼并现有企业，采用先进的设备，提高畜牧产品市场贡献占有率。同时整合现有的传统企业，充分利用现有的资源，通过多方投入资金、技术、人才，进行招商引资，汇集多方生产要素，开发特色畜牧食品。通过龙头企业，拉动草原牧业，实现牧民的增收致富。

（3）定居进程中以新村建设带动产业发展。农业产业化经营成为农村经济新的增长点。农业产业化龙头企业连接着千万农户。在具有地域优势的农业产业带，推动农业产业化龙头企业紧密结合并形成新的支柱产业。发展农业产业化经营将继续调整农业产业结构，促进农牧民增收紧密相结合。提高农产品及其加工品的国际竞争力，发展重点龙头企业。加强对农业产业化经营管理、监督、指导和服务工作，结合牧民新村建设，打造特色农牧园区，推动园区产业向规模化方向发展。通过旅游公司＋专合组织＋农牧园区，形成特色旅游农业产业链，提升农牧业产业化水平。

四 综合配套推进各项事业

（1）推进综合配套改革。从发展方向上引导，从政策资金上扶持，协调各部门之间、条块之间的工作关系和利益关系，制定产业化的总体发展规划，避免产业雷同和重复建设，解决农业产业化在发展中遇到的难题和难点。指导农业产业化经营组织发展具有本地特色和竞争力的优势产品，形成区域主导产业。在农牧民中通过推广新技术、新品种，创新传统产业技术，提高产品的科技含量和生产效率。加大对农业产业化经营中龙头企业的培育，上规模、上档次、上水平，真正起到农业产业化经营的火车头作用。特别是组建农业产业化（股份）集团公司，以股份合作为主，多种经济形式并存的方式，低成本或重组形成新型的农业市场主体，不断增强实力，提高企业竞争力和带动力。

（2）提高服务组织效能，建立办事高效、运转协调、行为规范的管理体系。加强专业合作社建设，建立与农户新型的合作关系。政府应着重于体系建设、法规执行、信息发布、扶持和规范企业等，鼓励社会力量从事技术推广。同时，加强专家基地建设，发挥高层次人才的作用，打造农村"三支队伍"，发挥其作用。鼓励金融机构和信用合作社按照"效益优先、因地制宜、规模经营、循序渐进"的原则，在充分进行市场调查和掌握足够的产业政策信息的基础上，支持农牧户发展生产经营。

（3）充分发挥市场网络的作用，推进一体化的农牧经济发展。充分发展市场网络，建立健全流通服务体系，形成一个以批发大市场为主框架、以各级综合农贸市场为支持、以各地自建商贸城为网络、以农民产销组织为补充的流通体系。把市场网络系统、流通服务体系的建设与农牧民新村建设有机地结合起来，要强调将有关的项目、企业、市场、加工区等与城镇建设相结合，使其相对集中。

（4）在推进产业化中加强稳定发展机制建设，避免和消除农牧区公共危机。在产业化进程中，同时要引导宗教与社会主义相适应。在产业化进程中，注意发挥基层组织和民兵等维稳力量的生产带动潜力，增加农牧民创收的同时，壮大基层组织集体财力，增加经济凝聚力和政治凝聚力。

附录1 2009 年川西北牧民定居工程启动时待定居情况统计表

国家社会科学重大特别委托项目《藏族牧民定居经济社会绩效调查》基础数据之一

州、县	人口（人）	户数（户）	已定居人口（人）	已定居户数（户）	未定居人口（人）	未定居户数（户）
甘孜州	282808	61584	22122	4283	260686	57301
康定	8930	1951	2097	468	6833	1483
丹巴	1336	281			1336	281
九龙	3902	985			3902	985
雅江	11050	2068	777	116	10273	1952
道孚	13806	2924	2119	433	11687	2491
炉霍	13280	2673	1164	197	12116	2476
甘孜	18066	3987	95	22	17971	3965
新龙	9332	1812	726	115	8606	1697
德格	32704	7124	3928	711	28776	6413
白玉	15820	3176	1442	289	14378	2887
石渠	60620	14482	3504	726	57116	13756
色达	31597	7344	2125	425	29472	6919
理塘	33488	7741	1368	243	32120	7498
巴塘	9301	1551			9301	1551
乡城	7808	1273			7808	1273
稻城	8363	1531	2777	538	5586	993
得荣	3405	681			3405	681

续表

州、县	人口 （人）	户数 （户）	已定居人口 （人）	已定居户数 （户）	未定居人口 （人）	未定居户数 （户）
阿坝州	248353	49456	37676	7999	210677	41457
理县	10300	2475	0	0	10300	2475
松潘县	23566	4738	2686	489	20880	4249
九寨沟县	19397	4317	12229	2750	7168	1567
黑水县	11052	2562	0	0	11052	2562
金川县	5455	1087	19	4	5436	1083
小金县	5520	1037	50	12	5470	1025
马尔康县	4972	1246	656	139	4316	1107
阿坝县	54216	8953	2454	446	51762	8507
若尔盖县	53201	10063	2882	570	50319	9493
红原县	31307	6957	8406	1868	22901	5089
壤塘县	29367	6021	8294	1721	21073	4300
凉山州木里县	2169	512			2169	512
合计	533330	111552	59798	12282	473532	99270

附录2 2009年川西北牧民定居建设人居项目统计表

国家社会科学重大特别委托项目《藏族牧民定居经济社会绩效调查》基础数据之二

州、县	规划定居人口		定居点个数	定居房		生产设施			村民活动中心	学校		新型帐篷
	户数（户）	人口（人）	（个）	新建	改建	牲畜棚圈	牲畜暖棚	储草棚		数量	占比面积	
				平方米	平方米	平方米	平方米	平方米	平方米	（所）	（平方米）	（顶）
甘孜州	57301	260685	866	2914947	3157857	8000310	5333540	3989240	155320	121	155611	57301
康定	1483	6833	27	85421	92539	177960	118640	74150	4600	6	8930	1483
丹巴	281	1336	8	16186	17534	33720	22480	14050	1600	7	9020	281
九龙	985	3902	24	56736	61464	118200	78800	49250	3800	6	9240	985
雅江	1952	10273	34	112435	121805	234240	156160	97600	4400	8	8684	1952
道孚	2491	11687	35	102557	111103	298920	199280	124550	5800	5	9380	2491
炉霍	2476	12116	24	142618	154502	297120	198080	123800	11400	4	9440	2476

268

续表

州、县	规划定居人口 户数（户）	规划定居人口 人口（人）	定居点 个数（个）	定居房 新建（平方米）	定居房 改建（平方米）	生产设施 牲畜棚圈（平方米）	生产设施 牲畜暖棚（平方米）	生产设施 储草棚（平方米）	村民活动中心 平方米	学校 数量（所）	学校 占比面积（平方米）	新型帐篷（顶）
甘孜	3965	17971	62	189571	205369	475800	317200	198250	3800	7	7140	3965
新龙	1697	8606	25	70310	76170	203640	135760	84850	3200	7	8076	1697
德格	6413	28776	125	289344	313456	961950	641300	513040	13920	5	9750	6413
白玉	2887	14378	58	149664	162136	433050	288700	230960	10600	8	10430	2887
石渠	13756	57116	119	686700	743924	2063400	1375600	1100480	22800	6	12430	13756
色达	6919	29472	134	358694	388586	1037850	691900	553520	26800	16	10385	6919
理塘	7498	32120	88	431885	467875	1124700	749800	599840	24400	8	10616	7498
巴塘	1551	9301	24	59558	64522	186120	124080	77550	2800	8	9300	1551
乡城	1273	7808	45	73325	79435	152760	101840	63650	9000	10	7969	1273
稻城	993	5585	22	50717	54943	119160	79440	49650	4000	4	8551	993
得荣	681	3405	12	39226	42494	81720	54480	34050	2400	6	6270	681
阿坝州	41457	210677	534	2071488	2244112	5923980	3949320	3021990	136950	7	15603	41457
理县	2475	10300	28	142560	154440	297000	198000	123750	8400	4	14823	2475
松潘县	4249	20880	58	238627	258513	637350	424900	339920	17400	0		4249
九寨沟县	1567	7168	26	90259	97781	188040	125360	78350	6500	0		1567
黑水县	2562	11052	34	147571	159869	307440	204960	128100	10200	0		2562

续表

州、县	规划定居人口		定居点	定居房		生产设施			村民活动中心	学校		新型帐篷
	户数（户）	人口（人）	个数（个）	新建 平方米	改建 平方米	牲畜棚圈 平方米	牲畜暖棚 平方米	储草棚 平方米	平方米	数量（所）	占比 面积（平方米）	（顶）
金川县	1083	5436	45	50506	54714	129960	86640	54150	4200	3	780	1083
小金县	1025	5470	66	55872	60528	123000	82000	51250	19800	0		1025
马尔康县	1107	4316	43	63763	69077	132840	88560	55350	7400	0		1107
阿坝县	8507	51762	77	429994	465826	1276050	850700	680560	19250	0		8507
若尔盖县	9493	50319	71	412829	447231	1423950	949300	759440	21300	0		9493
红原县	5089	22901	28	204211	221229	763350	508900	407120	8100	0		5089
壤塘县	4300	21073	58	235296	254904	645000	430000	344000	14400	0		4300
凉山州木里县	512	2169	9	24576	26624	61440	40960	40960	1800	9	1620	512
合计	99270	473531	1409	5011011	5428593	13985730	9323820	7052190	294070	137	172834	99270

附录 3　2009 年川西北牧民定居建设公共项目统计表

国家社会科学重大特别委托项目《藏族牧民定居经济社会绩效调查》基础数据之三

州、县	饮水设施			交通设施		能源设施			广播通讯设施			垃圾收集点
	打井	水源点	管道	连接公路	定居点内便道	10千伏输电线路	30千伏安变压器	60千瓦大阳发电设备	有线广播	卫星电视接收设备	移动通信信号发射塔	
	（眼）	（处）	（千米）	（千米）	（千米）	（千米）	台	套	处	套	处	处
甘孜州	1444	443	3805	6681	1856	5026	473	18277	866	866	343	866
康定	79	27	73	113	97	108	22		27	27	13	27
丹巴		8	49	171	27	77	5	153	8	8	7	8
九龙		24	364	118	163	115	9	379	24	24	11	24
雅江		34	258	245	32	59	4	1369	34	34	33	34
道孚		33	177	198	96	106	12	1422	35	35	8	35
炉霍	20	23	195	245	245	225	42		24	24	11	24

续表

州、县	饮水设施			交通设施		能源设施			广播通讯设施			垃圾收集点
	打井	水源点	管道	连接公路	定居点内便道	10千伏输电线路	30千伏安变压器	60千瓦太阳能发电设备	有线广播	卫星电视接收设备	移动通信信号发射塔	
	（眼）	（处）	（千米）	（千米）	（千米）	（千米）	台	套	处	套	处	处
甘孜	275	11	56	369	79	140	10	3363	62	62	19	62
新龙		18	75	436	96	508	20		25	25	9	25
德格	57		493	392	156	239	33	2432	125	125	59	125
白玉	4	54	942	947	279	849	68	1297	58	58	16	58
石渠	663	2	10	273	36	618	71	4381	119	119	36	119
色达	346	26	130	1680	134	230	23	2952	134	134	28	134
理塘		80	294	495	174	915	78		88	88	52	88
巴塘		24	243	145	28	211	39	263	24	24		24
乡城		45	189	488	109	423	9		45	45	16	45
稻城		22	155	275	34	115	13	266	22	22	19	22
得荣		12	102	91	71	88	15		12	12	6	12
阿坝州	510	339	4548	6132	1788	3903	468	9052	534	534	130	534
理县	51	28	224	140	191	119	34		28	28	22	28
松潘县		58	464	150	174	145	58	1416	58	58	11	58
九寨沟县		26	208	52	52	78	26		26	26	26	26
黑水县		34	272	196	41	77	8		34	34	2	34

续表

州、县	饮水设施			交通设施		能源设施			广播通讯设施			垃圾收集点
	打井（眼）	水源点（处）	管道（千米）	连接公路（千米）	定居点内便道（千米）	10千伏输电线路（千米）	30千伏安变压器（台）	60千瓦太阳发电设备（套）	有线广播（处）	卫星电视接收设备（套）	移动通信信号发射塔（处）	（处）
金川县		11	88	91	57	106	15		45	45	1	45
小金县		66	528	83	132	485	25		66	66	6	66
马尔康县		39	312	363	435	281	37		43	43	8	43
阿坝县	77		308	474	82	171	60	1756	77	77	12	77
若尔盖县	382		1528	4284	284	2130	65	2868	71	71	14	71
红原县		19	152	41	57	222	51	1679	28	28	10	28
壤塘县		58	464	258	283	89	89	1333	58	58	18	58
凉山州木里县		9	72	30	9	252	9		9	9	9	9
合计	1954	791	8425	12843	3653	9181	950	27329	1409	1409	482	1409

附录 4　2009 年川西北牧民定居人居建设项目投资测算表

国家社会科学重大特别委托项目《藏族牧民定居经济社会绩效调查》基础数据之四

州、县	定居房		建设性畜棚圈		建设性畜暖棚		建设储草棚		村民活动中心	学校	新型帐篷	饮水设施		
	新建	改建	每户面积	造价	每户面积	造价	每户面积	造价				打井	水源点	管道
	（元/平方米）	（元/平方米）	（平方米）		（平方米）		（平方米）		（元/平方米）	（元/平方米）	（元/顶）	（元/眼）	（元/处）	（元/千米）
甘孜州														
康定	800	480	120	80	80	400	50	220	1500	1500	5000	30000	5000	30000
丹巴	800	480	120	80	80	400	50	220	1500	1500	5000	30000	5000	30000
九龙	800	480	120	80	80	400	50	220	1500	1500	5000	30000	5000	30000
雅江	800	480	120	80	80	400	50	220	1500	1500	5000	30000	5000	30000
道孚	800	480	120	80	80	400	50	220	1500	1500	5000	30000	5000	30000
炉霍	800	480	120	80	80	400	50	220	1500	1500	5000	30000	5000	30000

续表

| 州、县 | 定居房 | | 建设性畜棚圈 | | 建设性畜暖棚 | | 建设储草棚 | | 村民活动中心 | 学校 | 新型帐篷 | 饮水设施 | | |
	新建（元/平方米）	改建（元/平方米）	每户面积（平方米）	造价	每户面积（平方米）	造价	每户面积（平方米）	造价	（元/平方米）	（元/平方米）	（元/顶）	打井（元/眼）	水源点（元/处）	管道（元/千米）
甘孜	800	480	120	80	80	400	50	220	1500	1500	5000	30000	5000	30000
新龙	800	480	120	80	80	400	50	220	1500	1500	5000	30000	5000	30000
德格	1000	600	150	80	100	400	80	220	1500	1500	5000	30000	5000	30000
白玉	1000	600	150	80	100	400	80	220	1500	1500	5000	30000	5000	30000
石渠	1000	600	150	80	100	400	80	220	1500	1500	5000	30000	5000	30000
色达	1000	600	150	80	100	400	80	220	1500	1500	5000	30000	5000	30000
理塘	1000	600	150	80	100	400	80	220	1500	1500	5000	30000	5000	30000
巴塘	800	480	120	80	80	400	50	220	1500	1500	5000	30000	5000	30000
乡城	800	480	120	80	80	400	50	220	1500	1500	5000	30000	5000	30000
稻城	800	480	120	80	80	400	50	220	1500	1500	5000	30000	5000	30000
得荣	800	480	120	80	80	400	50	220	1500	1500	5000	30000	5000	30000
阿坝州														
理县	800	480	120	80	80	400	50	220	1500	1500	5000	30000	5000	30000
松潘县	1000	600	150	80	100	400	80	220	1500	1500	5000	30000	5000	30000
九寨沟县	800	480	120	80	80	400	50	220	1500	1500	5000	30000	5000	30000
黑水县	800	480	120	80	80	400	50	220	1500	1500	5000	30000	5000	30000

多元文化共演与经济社会变迁

续表

州、县	定居房		建设性畜棚圈		建设性牲畜暖棚		建设储草棚		村民活动中心	学校	新型帐篷	饮水设施		
	新建 (元/平方米)	改建 (元/平方米)	每户面积 (平方米)	造价	每户面积 (平方米)	造价	每户面积 (平方米)	造价	(元/平方米)	(元/平方米)	(元/顶)	打井 (元/眼)	水源点 (元/处)	管道 (元/千米)
金川县	800	480	120	80	80	400	50	220	1500	1500	5000	30000	5000	30000
小金县	800	480	120	80	80	400	50	220	1500	1500	5000	30000	5000	30000
马尔康县	800	480	120	80	80	400	50	220	1500	1500	5000	30000	5000	30000
阿坝县	1000	600	150	80	100	400	80	220	1500	1500	5000	30000	5000	30000
若尔盖县	1000	600	150	80	100	400	80	220	1500	1500	5000	30000	5000	30000
红原县	1000	600	150	80	100	400	80	220	1500	1500	5000	30000	5000	30000
壤塘县	1000	600	150	80	100	400	80	220	1500	1500	5000	30000	5000	30000
凉山州木里县	800	480	120	80	80	400	80	220	1500	1500	5000	30000	5000	30000

附录 5 2009 年川西北牧民定居公共设施建设投资测算表

国家社会科学重大特别委托项目《藏族牧民定居经济社会绩效调查》基础数据之五

州、县	交通设施		能源设施			广播通信设施			垃圾收集点
	连接公路	定居点内便道	输电线路	变压器	60千瓦太阳能发电设备	有线广播	卫星电视接收设备	移动通信信号发射塔	
	(元/千米)	(元/千米)	(元/千米)	元/台	元/套	元/处	元/套	元/处	元/处
甘孜州									
康定	100000	30000	80000	12000	7000	3000	6000	120000	4000
丹巴	100000	30000	80000	12000	7000	3000	6000	120000	4000
九龙	100000	30000	80000	12000	7000	3000	6000	120000	4000
雅江	100000	30000	80000	12000	7000	3000	6000	120000	4000
道孚	100000	30000	80000	12000	7000	3000	6000	120000	4000
炉霍	100000	30000	80000	12000	7000	3000	6000	120000	4000

续表

州、县	交通设施		能源设施			广播通信设施			垃圾收集点
	连接公路	定居点内便道	输电线路	变压器	60千瓦太阳能发电设备	有线广播	卫星电视接收设备	移动通信信号发射塔	
	(元/千米)	(元/千米)	(元/千米)	元/台	元/套	元/处	元/套	元/处	元/处
甘孜	100000	30000	80000	12000	7000	3000	6000	120000	4000
新龙	100000	30000	80000	12000	7000	3000	6000	120000	4000
德格	100000	30000	80000	12000	7000	3000	6000	120000	4000
白玉	100000	30000	80000	12000	7000	3000	6000	120000	4000
石渠	100000	30000	80000	12000	7000	3000	6000	120000	4000
色达	100000	30000	80000	12000	7000	3000	6000	120000	4000
理塘	100000	30000	80000	12000	7000	3000	6000	120000	4000
巴塘	100000	30000	80000	12000	7000	3000	6000	120000	4000
乡城	100000	30000	80000	12000	7000	3000	6000	120000	4000
稻城	100000	30000	80000	12000	7000	3000	6000	120000	4000
得荣	100000	30000	80000	12000	7000	3000	6000	120000	4000
阿坝州									
理县	100000	30000	80000	12000	7000	3000	6000	120000	4000
松潘县	100000	30000	80000	12000	7000	3000	6000	120000	4000
九寨沟县	100000	30000	80000	12000	7000	3000	6000	120000	4000
黑水县	100000	30000	80000	12000	7000	3000	6000	120000	4000

续表

州、县	交通设施		能源设施			广播通信设施			垃圾收集点
	连接公路	定居点内便道	输电线路	变压器	60 千瓦太阳能发电设备	有线广播	卫星电视接收设备	移动通信信号发射塔	
	（元/千米）	（元/千米）	（元/千米）	元/台	元/套	元/处	元/套	元/处	元/处
金川县	100000	30000	80000	12000	7000	3000	6000	120000	4000
小金县	100000	30000	80000	12000	7000	3000	6000	120000	4000
马尔康县	100000	30000	80000	12000	7000	3000	6000	120000	4000
阿坝县	100000	30000	80000	12000	7000	3000	6000	120000	4000
若尔盖县	100000	30000	80000	12000	7000	3000	6000	120000	4000
红原县	100000	30000	80000	12000	7000	3000	6000	120000	4000
壤塘县	100000	30000	80000	12000	7000	3000	6000	120000	4000
凉山州木里县	100000	30000	80000	12000	7000	3000	6000	120000	4000

附录6 2009年川西北牧民定居人居建设估算表

国家社会科学重大特别委托项目《藏族牧民定居经济社会绩效调查》基础数据之六

单位：万元

州、县	总计	定居房		生产设施					卫生室设备及周转金	饮水设施		
		新建	改建	牲畜棚圈	牲畜暖棚	储草棚	村民活动中心	学校	新型帐篷		打井	水源点	管道
甘孜州	1034777	271522	176489	64002	213342	87763	23298	23342	28651	1299	4332	222	11415
康定	24860	6833.68	4441.87	1423.68	4745.6	1631.3	690	1339.5	741.5	40.5	237	13.5	219
丹巴	8126	1294.88	841.63	269.76	899.2	309.1	240	1353	140.5	12		4	147
九龙	19287	4538.88	2950.27	945.6	3152	1083.5	570	1386	492.5	36		12	1092
雅江	33311	8994.80	5846.64	1873.92	6246.4	2147.2	660	1302.6	976	51		17	774
道孚	34035	8204.56	5332.94	2391.36	7971.2	2740.1	870	1407	1245.5	52.5		16.5	531
炉霍	42104	11409.44	7416.10	2376.96	7923.2	2723.6	1710	1416	1238	36	60	11.5	585
甘孜	58316	15165.68	9857.71	3806.4	12688	4361.5	570	1071	1982.5	93	825	5.5	168

280

州、县	总计	定居房		生产设施							饮水设施		
		新建	改建	牲畜棚圈	牲畜暖棚	储草棚	村民活动中心	学校	新型帐篷	卫生室设备及周转金	打井	水源点	管道
新龙	29895	5624.80	3656.16	1629.12	5430.4	1866.7	480	1211.4	848.5	37.5		9	225
德格	109883	28934.40	18807.36	7695.6	25652	11286.88	2088	1462.5	3206.5	187.5	171	0	1479
白玉	69786	14966.40	9728.16	3464.4	11548	5081.12	1590	1564.5	1443.5	87	12	27	2826
石渠	234929	68670.00	44635.44	16507.2	55024	24210.56	3420	1864.5	6878	178.5	1989	1	30
色达	139666	35869.40	23315.16	8302.8	27676	12177.44	4020	1557.75	3459.5	201	1038	13	390
理塘	147126	43188.50	28072.50	8997.6	29992	13196.48	3660	1592.4	3749	132		40	882
巴塘	22687	4764.64	3097.06	1488.96	4963.2	1706.1	420	1395	775.5	36		12	729
乡城	29066	5866.00	3812.88	1222.08	4073.6	1400.3	1350	1195.35	636.5	67.5		22.5	567
稻城	19036	4057.36	2637.26	953.28	3177.6	1092.3	600	1282.65	496.5	33		11	465
得荣	12663	3138.08	2039.71	653.76	2179.2	749.1	360	940.5	340.5	18		6	306
阿坝州	762293	196138	127490	47391.84	157972.8	66483.78	20542.5	2340.45	20728.5	801	1530	169.5	13644
理县	40705	11404.80	7413.12	2376	7920	2722.5	1260	2223.45	1237.5	42	153	14	672
松潘县	79639	23862.70	15510.78	5098.8	16996	7478.24	2610		2124.5	87		29	1392
九寨沟县	24268	7220.72	4693.49	1504.32	5014.4	1723.7	975		783.5	39		13	624
黑水县	39427	11805.68	7673.71	2459.52	8198.4	2818.2	1530		1281	51		17	816
金川县	16006	4040.48	2626.27	1039.68	3465.6	1191.3	630	117	541.5	67.5		5.5	264
小金县	23259	4469.76	2905.34	984	3280	1127.5	2970		512.5	99		33	1584

续表

州、县	总计	定居房		生产设施						卫生室设备及周转金	饮水设施		
		新建	改建	牲畜棚圈	牲畜暖棚	贮草棚	村民活动中心	学校	新型帐篷		打井	水源点	管道
马尔康县	24302	5101.04	3315.70	1062.72	3542.4	1217.7	1110		553.5	64.5		19.5	936
阿坝县	146468	42999.40	27949.56	10208.4	34028	14972.32	2887.5		4253.5	115.5	231		924
若尔盖县	211044	41282.90	26833.86	11391.6	37972	16707.68	3195		4746.5	106.5	1146		4584
红原县	77131	20421.10	13273.74	6106.8	20356	8956.64	1215		2544.5	42		9.5	456
壤塘县	80042	23529.60	15294.24	5160	17200	7568	2160		2150	87		29	1392
凉山州木里县	9752	1966.08	1277.95	491.52	1638.4	901.12	270	243	256	13.5		4.5	216
合计	1806821	469626	305257	111886	372953	155148	44111	25925	49635	2114	5862	396	25275

附录 7　2009 年川西北牧民定居公共设施建设估算表

国家社会科学重大特别委托项目《藏族牧民定居经济社会绩效调查》基础数据之七

单位：万元

州、县	交通设施		能源设施			广播通讯设施			垃圾收集点
	连接公路	定居点内便道	输电线路	变压器	60w大阳能发电设备	有线广播	卫星电视接收设备	移动通讯信号发射塔	
甘孜州	**66810**	**5568**	**40208**	**568**	**10707**	**260**	**520**	**4116**	**173**
康定	1130	291	864	26.4		8.1	16.2	156	5.4
丹巴	1710	81	616	6	107.1	2.4	4.8	84	1.6
九龙	1180	489	920	10.8	265.3	7.2	14.4	132	4.8
雅江	2450	96	472	4.8	958.3	10.2	20.4	396	6.8
道孚	1980	288	848	14.4		10.5	21	96	7
炉霍	2450	735	1800	50.4		7.2	14.4	132	4.8
甘孜	3690	237	1120	12	2354.1	18.6	37.2	228	12.4

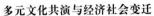

续表

| 州、县 | 交通设施 | | 能源设施 | | | 广播通讯设施 | | | | 垃圾收集点 |
	连接公路	定居点内便道	输电线路	变压器	60w太阳能发电设备	有线广播	卫星电视接收设备	移动通讯信号发射塔		
新龙	4360	288	4064	24		7.5	15	108		5
德格	3920	468	1912	39.6	1702.4	37.5	75	708		25
白玉	9470	837	6792	81.6		17.4	34.8	192		11.6
石渠	2730	108	4944	85.2	3066.7	35.7	71.4	432		23.8
色达	16800	402	1840	27.6	2066.4	40.2	80.4	336		26.8
理塘	4950	522	7320	93.6		26.4	52.8	624		17.6
巴塘	1450	84	1688	46.8		7.2	14.4	0		4.8
乡城	4880	327	3384	10.8	186.2	13.5	27	192		9
稻城	2750	102	920	15.6		6.6	13.2	228		4.4
得荣	910	213	704	18		3.6	7.2	72		2.4
阿坝州	**61320**	**5364**	**31224**	**561.6**	**6336.4**	**160.2**	**320.4**	**1560**		**106.8**
理县	1400	573	952	40.8		8.4	16.8	264		5.6
松潘县	1500	522	1160	69.6	991.2	17.4	34.8	132		11.6
九寨沟县	520	156	624	31.2		7.8	15.6	312		5.2
黑水县	1960	123	616	9.6		10.2	20.4	24		6.8
金川县	910	171	848	18		13.5	27	12		9
小金县	830	396	3880	30		19.8	39.6	72		13.2

续表

州、县	交通设施		能源设施			广播通讯设施			垃圾收集点
	连接公路	定居点内便道	输电线路	变压器	60w大阳能发电设备	有线广播	卫星电视接收设备	移动通讯信号发射塔	
马尔康县	3630	1305	2248	44.4		12.9	25.8	96	8.6
阿坝县	4740	246	1368	72	1229.2	23.1	46.2	144	15.4
若尔盖县	42840	852	17040	78	2007.6	21.3	42.6	168	14.2
红原县	410	171	1776	61.2	1175.3	8.4	16.8	120	5.6
壤塘县	2580	849	712	106.8	933.1	17.4	34.8	216	11.6
凉山州木里县	300	27	2016	10.8		2.7	5.4	108	1.8
合计	128430	10959	73448	1140	17043	423	845	5784	282

附录8 国家社会科学重大特别委托项目《藏族牧民定居经济社会绩效调查》问卷之一

姓　　名：＿＿＿＿＿＿＿＿　　性别：＿＿＿＿＿＿＿＿＿

出生年月：＿＿＿＿＿＿＿＿　　族别：＿＿＿＿＿＿＿＿＿

问卷（一）

此问卷有的可以多选，如果多选请按您认为的重要性顺序排列。

1. 您认为9＋3有必要办吗（　　　）

A. 是　　　　　　　B. 否　　　　　　C. 办不办都一样

2. "9＋3"给您工作（　　　）

A. 带来麻烦　　　　　　　　　　B. 带来促进

C. 既无明显好处也无害处

3. "9＋3"学生与其他学生比（　　　）

A. 更好管　　　　　　B. 更难管　　　　C. 差不多

4. 在一学期中，您的精力（　　　）

A. 花在"9＋3"学生身上更多　　B. 花在"9＋3"学生身上更少

C. 与其他同学都差不多

5. "9＋3"学生与其他学生相比（　　　）

A. 更单纯　　　　　　B. 更复杂　　　　C. 无差别

6. 大多数"9＋3"同学遇到问题（　　　）

A. 总是先向您反映　　　　　　　B. 总是由其他同学先反映

C. 从来不主动反映

7. "9+3" 学生或家人邀请过您去他家乡吗

A. 是　　　　　　　　　　B. 否

8. 您对9+3学生的家长（可多选）（　　）

A. 接触过

B. 没有接触过

C. 家长对您和学校寄予希望

D. 家长不信任您

E. 家长不信任政府

联系方式：_____

分管或专业：_____

爱好：_____

9. 您感到9+3学生与其他学生比较（可多选）（　　）

A. 更需要关心　　　　　　B. 不要过分关心

C. 一视同仁　　　　　　　D. 重点关注个别学生

10. 您在生活中发现9+3学生与其他学生比较（　　）

A. 更加艰苦朴素　　　　　B. 更加奢侈浪费

C. 无明显差别

11. 您认为9+3学生与其他学生比，今后在个人发展中（　　）

A. 更容易取得成绩　　　　B. 更不易取得成绩

C. 不确定

12. 您愿意到藏区去长期从事现在这类工作吗（　　）

A. 是　　　　　　　　　　B. 否

C. 要看具体条件

13. 对于一些涉及9+3学生与其他学生之间的纠纷，您认为

A. 更多是其他学生的原因　　B. 更多是9+3学生的原因

C. 与一般纠纷无异

14. 针对民族地区的特殊情况，你认为有没有必要成立专门的民族职业教育院校？

A. 是　　　　　　　　　　B. 否

C. 可有可无

15. 您是否觉得9＋3学生在本校内以及校际的联系较其他学生更多更紧密？

A. 是　　　　　　　　　　B. 否

16. 你觉得"9＋3"的提法或概念科学吗，如果不是，你认为应该怎样界定这个事物？

姓名：_____

性别：_____

出生年月：_____

出生地：_____

族别：_____

政治面貌：_____

问卷（二）

此是辅助问卷，可以多选，如果多选请按顺序排列如"你最喜欢的东西"依次是：G手机、D房子、A汽车、I衣着，就在括号后依次填上G、D、A、I等。

1. 你认为你的家庭（　　）

A. 富裕　　　　　B. 中等　　　　　C. 经济困难

2. 你家庭结构是（　　）

A. 父母、自己　　B. 单亲　　　　　C. 父母、兄弟、姊妹

3. 入学前你家长期住在（　　）

A. 农村　　　　　B. 工厂　　　　　C. 城镇

4. 你拮据时选择（　　）

A. 向同学借钱　B. 向家里要钱　C. 向老师借钱　D. 忍受

F. 赶紧寻找任何赚钱途径

5. 你用过了，但一时不用的东西（　　）

A. 送人　　　　　B. 好好保存　　　C. 扔掉　　　　　D. 卖掉

6. 对你喜欢的异性（　　）

A. 主动联系　　　　　　　B. 随时关心对方帮助对方

C. 担心或反对别人接近对方

专业和班级：_____

爱好：_____

特长：_____

答题时间：_____

联系方式：_____

7. 按你喜欢的程度对如下选项排序（　　　）

A. 手机　　　　　B. 刀具　　　　　C. 烟酒　　　　　D. 汽车

E. 球类　　　　　F. 电脑　　　　　G. 房子　　　　　H. 衣着

I. 其他（请写出名称）

8. 你情感世界里（　　　）

A. 有过恋爱经历　　　　　　　　　B. 没有恋爱过

C. 正在考虑恋爱的事　　　　　　　D. 对这方面不感兴趣

F. 有人喜欢我　　　　　　　　　　G. 我喜欢一个人但没公开过

9. 你选择对象时（　　　）

A. 喜欢家乡人　　　　　　　　　　B. 喜欢少数民族

C. 喜欢有学问的人　　　　　　　　D. 喜欢有钱有势的人

E. 喜欢善良的人　　　　　　　　　F. 没有考虑过

10. 当你得知家里或亲友有困难或麻烦时（　　　）

A. 毫不犹豫放下学习工作去关心帮助

B. 先电话问问，等有空再说

C. 不管，让他自己解决

11. 过节或生日你最希望（　　　）

A. 收到祝福短信　　　　　　　　　B. 收到钱或东西

C. 自己悄悄过

12. 你来到这所学校是因为（　　　）

A. 自己喜欢　　　　B. 家庭安排　　　　C. 学校动员

13. 你认为的 9 + 3 免费职业教育是（　　　）

A. 莫名其妙　　　　　　　　　　　B. 应该照顾特殊群体的体现

C. 使内地同学利益受到损害

14. 你了解的 9 + 3 免费职业教育是（　　　）

A. 学校招生业务发展的需要　　　　B. 民族地区的要求

C. 政府规定

15. 请按印象深刻的程度对你生活过的地方因素进行排序，印象最深排第一（　　）

A. 自己的住房　　　　　　　　　B. 社区文化

C. 乡政府　　　　　　　　　　　D. 责任田或父母工作的地方

E. 老师或同学　　　　　　　　　F. 亲人

G. 故乡山水

16. 你觉得9 + 3同学与内地同学相比（　　）

A. 差不多　　　　B. 更优秀些　　　C. 更差些　　　　D. 更难交往些

F. 更愿意同他们交往

17. 你对现在所学的专业（　　）

A. 感兴趣　　　　　　　　　　　B. 不感兴趣

C. 一般　　　　　　　　　　　　D. 能解决今后生存生活问题

18. 如果你毕业工作后挣到钱，除了吃饭穿衣外（　　）

A. 给家乡父母亲人　　　　　　　B. 添置自己的其他生活必须品

C. 捐赠给寺庙　　　　　　　　　D. 存起来

19. 你对你的任课老师（　　）

A. 喜欢　　　　　B. 一般　　　　　C. 不喜欢

20. 毕业后你选择（　　）

A. 考公务员　　　B. 做本专业　　　C. 另谋出路

21. 与你亲近的同学受了气，你选择（　　）

A. 积极参与支持出气　　　　　　B. 多劝劝

C. 不管闲事

22. 平时与你联系最多的（以手机上通信记录为例）是

A. 老师　　　　　　　　　　　　B. 父母

C. 家乡9 + 3同学　　　　　　　　D. 这个学校其他同学

E. 其他人

23. 你的QQ好友里联系最多人的是

A. 进入这个学校以前认识的　　　B. 进入这个学校后认识的

C. 没有上学了的　　　　　　　　D. 都没有

24. 令你最感激的是＿＿＿＿＿＿＿＿＿＿＿＿＿＿＿＿＿＿＿＿＿＿

25. 令你最快乐的是 _____

26. 令你最敬佩的是_____

附录9 国家社会科学重大特别委托项目《藏族牧民定居经济社会绩效调查》问卷之二

问 卷

调 查 地: _____   时 间: _____

信息提供人: _____   实施者: _____

1. 家庭人口_____人,其中劳动人口_____人;

2. 与户主关系_____:父母_____,配偶_____,子女_____,孙辈_____,岳父母或公婆_____,其他_____。

3. 文化程度_____:小学_____,中学_____,大学_____,其他_____。

4. 日常用语_____:藏语_____,羌语_____,汉语_____,其他_____。

5. 定居前住_____县_____乡_____村,于_____年_____月_____日_____迁来_____。

6. 到此定居是:自愿,政府安排,其他原因。

_____

_____

7. 您认为定居与以前比:好,差不多,没有以前好,为什么?(简单原因是）生活习惯，生活不习惯，生产习惯，生产不习惯，收入增加，收入减少，其他。

_____

_____

8. 您认为草场生态变坏的原因是：牲畜太多（过牧），气候自然变化，网围栏使牧场固定变小；

_____

_____

9. 定居前你家有草场_____亩，现在有草场_____亩，现在能满足放牧需要吗？如果不能满足，是（1）面积少（2）草产量少（3）其他原因。

_____

_____

10. 如果政府同意，您是否想回到以前的地方像过去那样生产生活？如果想，是因为（1）不适应现在的生产（2）不适应现在的生活（3）现在生活生产没有过去好（4）其他原因。

_____

_____

11. 定居前后收入变化

项目	卖牲畜	卖牛奶酥油	卖牛羊肉	卖牛羊毛	采集山货	外出打工	政府补贴	其他	全家年收入
定居前									
定居后									

12. 定居前后支出变化

项目	买牲畜	买饲料	买生产工具	租草地	房屋修缮	食物购买	衣物购买	药品购买或就医	全家年支出
定居前									
定居后									

13. 定居前后食物结构变化（从多到少排列，）

（1）面食，（2）牛奶酥油，（3）牛羊肉，（4）猪肉，（5）大米，（6）蔬菜（7）水果，（8）烟酒，（9）其他杂食

定居前：_____

_____

定居后：_____

_____

14. 定居前后家庭设施数量变化

项目	电视机	酥油分离器	打茶器	烤箱	洗衣机	汽车	摩托车	自行车	三轮车	固定电话	手机	帐篷	太阳能用具	燃气灶	收录机	节能灯
定居前																
定居后																

15. 定居后，您或家人的健康状况比定居前（1）好了（2）差了（3）原因是：

_____

_____

16. 家中现有存款吗

如有，打算（1）购买牲畜扩扩建圈棚扩大生产，（2）卖交通工具，（3）子女上学，（4）婚嫁，（5）捐赠，（6）其他。

_____

_____

17. 定居前后业余活动变化（请从多到少排序，没有的不排）（1）打牌，（2）看电视，（3）听收录机，（4）看录像，（5）喝酒，（6）唱歌跳舞，（7）念经，（8）聊天，（9）进城逛商店逛街，（10）其他

定居前：_____

_____

定居后：_____

_____

_____

18. 您喜欢这种调查方式吗？您喜欢陌生人来您家做客吗？

_____

_____

_____

附录 10　国家社会科学重大特别委托项目《藏族牧民定居经济社会绩效调查》问卷之三

价值观调查表

姓　　　名＿＿＿＿＿＿	性　　　别＿＿＿＿＿＿
族　　　别＿＿＿＿＿＿	出生日期＿＿＿＿＿＿
专业班级＿＿＿＿＿＿	出　生　地＿＿＿＿＿＿
信　　　仰＿＿＿＿＿＿	答题日期＿＿＿＿＿＿
答题地点＿＿＿＿＿＿	联系方式＿＿＿＿＿＿

　　下面有两组关于终级性价值观和工具性价值观的价值观词语（每组 18 个），每种价值后都有一段简短的描述，以简单解释该词语的含义，在测试时，请您按其对自身的重要性对两类价值系统（两类词语）分别排列顺序，将最重要的排在第 1 位，次重要的排在第 2 位，依此类推，最不重要的排在第 18 位。（用词语的数字代号排序即可）

1. 终级性价值观（terminal values）

1. 舒适的生活（富足、安宁）

2. 兴奋的生活（刺激的、积极的）

3. 成就感（持续的贡献）

4. 世界和平（没有冲突和战争）

5. 美的世界（艺术和自然的美）

6. 平等（兄弟情谊、机会均等）

7. 合家安宁（有能力照顾自己所爱的人）

8. 自由（独立、自主的选择）

9. 幸福（满足感）

10. 内心平静（没有内心冲突）

11. 成熟的爱（性和精神上的亲密）

12. 国家安全（免遭攻击）

13. 享乐（快乐、休闲的生活）

14. 拯救灵魂（救世的、永恒的生活）

15. 自尊（自重）

16. 社会承认（他人的尊重和赞赏）

17. 真正的友谊（亲密）

18. 睿智（对生活有成熟的理解）

排序

---

2. 工具性价值观（instrumental values）

1. 有抱负（雄心勃勃、辛勤工作奋发向上）

2. 心胸宽广（开放）

3. 有才能（能力、效率）

4. 快活（轻松愉快）

5. 整洁（卫生、清洁）

6. 勇敢（坚持自己的信仰）

7. 宽恕（谅解他人）

8. 助人（为他人的福利而工作）

9. 诚实（正直、真挚）

10. 富于想像（大胆、有创造力）

11. 独立（自力更生、自给自足）

12. 有理智（有知识、善思考）

13. 逻辑性（理性的）

14. 钟情（博爱、温情、温柔）

15. 服从（有责任感、尊重）

16. 有教养（礼貌、性情好）

17. 负责任（可靠的）

18. 自控（自律、约束）

排序

主要参考文献

刘自乾：《刘自乾先生建设新西康十讲》，建康书局，1943。

中共四川省委藏区基层工作组：《省委藏区基层工作总结及调研集》，2009
　　年11月（内部参考，省委印发）。

四川藏学研究所：《国外藏人研究》1998年第19期。

拉巴平措、马丽华：《现代中国藏学文集·任乃强藏学文集》（上），中国
　　藏学出版社，2009。

葛剑雄主编、侯杨方著《中国人口史》，复旦大学出版社，2005。

西藏自治区社会科学院编《近代康藏重大事件史料选编（二）》，西藏古籍
　　出版社，2004。

赵心愚、秦和平编《康区藏族社会历史调查资料辑要》，四川民族出版
　　社，2004。

孙明经摄影、孙建三撰述《定格西康》，广西师范大学出版社，2008。

尹昌衡：《尹昌衡集》，社会科学文献出版社，2011。

文艳林：《自编康藏研究资料》（1—10卷），复印本，2011。

四川省文物考古研究所编《四川考古报告集》，文物出版社，1998。

甘孜州志编纂委员会编《甘孜州志》（1991—2005），四川出版集团、四川
　　民族出版社，2010。

四川省民族调查组：《四川省阿坝州藏族社会历史调查》，四川省社会科学
　　出版社，1985。

阿坝县志编纂委员会：《阿坝县志》，民族出版社，1993。

黄甫生等：《武器的悖论——武器装备伦理研究》，中国社会科学出版
　　社，2010。

阿坝州志编纂委员会编《阿坝州志》（1991—2005），四川出版集团、四川

民族出版社，2007。

南充志编纂委员会编《南充市志》（1991—2005），方志出版社，2010。

绵阳志编纂委员会编《绵阳市志》（1840—2000），四川出版集团、四川人民出版社，2011。

四川巴塘县地方志编纂委员会编《巴塘县志（续编）》，方志出版社，2001。

四川省理塘县地方志编纂委员会编《理塘县志》（续编），四川出版集团、四川科学技术出版社，2009。

四川白玉县地方志编纂委员会编《白玉县志（1995－2005）》，方志出版社，2010。

乡城县志编纂委员会编《乡城县志》，四川大学出版社，1997。

四川稻城县地方志编纂委员会编《稻城县志（1991－2005）》，四川出版社、四川科学技术出版社，2009。

四川省得荣县地方志编纂委员会编《得荣县志》，四川出版集团、四川科学技术出版社，2009。

四川省甘孜藏族自治州雅江县志编纂委员会编《雅江县志（1991—2005）》，四川出版集团、四川美术出版社，2009。

甘孜县地方志编纂委员会编《甘孜县志》，四川科学技术出版社，1999。

四川省色达县志地方志编纂委员会编《色达县志（1991—2005）》，四川出版社、四川科学技术出版社，2009。

石渠县志编纂委员会编《石渠县志》，四川人民出版社，2000。

四川省德格县地方志编纂委员会编《德格县志（1989—2005）》，四川科学技术出版社。

炉霍县地方志编纂委员会编《炉霍县志（1991—2005）》，方志出版社，2010。

四川省道孚县志编纂委员会编《道孚县志》，四川人民出版社，1998。

四川省甘孜藏族自治州新龙县志编纂委员会编《新龙县志（1988－2006）》，方志出版社，2010。

康定县地方志编纂委员会编《康定县志》，巴蜀书社出版社，2000。

四川省丹巴县志编纂委员会编《丹巴县志1989－2005（续编）》，四川科学技术出版社，2001。

四川省九龙县志编纂委员会编《九龙县志》，四川人民出版社，1997。

木里藏族自治县地方志编纂委员会编《木里藏族自治县志（1991－2006）》，中国文史出版社，2010。

黑水县志编纂委员会编《黑水县志（1989—2005）》，方志出版社，2013。

若尔盖县地方志编纂委员会编《若尔盖县志（1989－2005）》，九州出版社，2011。

红原县地方志编纂委员会编《红原县志（1992－2005）》，方志出版社，2011。

松潘县地方志编纂委员会编《松潘县志1991－2005》，方志出版社。

九寨沟县地方志编纂委员会编《九寨沟县志（1986－2005）》，方志出版社，2011。

小金县地方志编纂委员会编《小金县志》，方志出版社，2013。

金川县地方志编纂委员会编《金川县志1989－2005》，方志出版社，2013。

马尔康县地方志编纂委员会编《马尔康县志（1991－2005）》，方志出版社，2014。

阿坝县地方志编纂委员会编《阿坝县志（1990－2005）》，方志出版社，2013。

壤塘县地方志编纂委员会编《壤塘县志（1991－2005）》，方志出版社，2013。

汶川县史志编纂委员会编《汶川县志》，四川出版集团巴蜀书社，2007。

茂县乡镇简志编纂委员会编《茂县乡镇简志（卷一）》，中央民族大学出版社，2012。

理县地方志编纂委员会编《理县志（1991－2005）》，方志出版社，2013。

图书在版编目（CIP）数据

多元文化共演与经济社会变迁：川西北牧民定居调
查／文艳林著. -- 北京：社会科学文献出版社，
2018.6
西藏历史与现状综合研究项目
ISBN 978 - 7 - 5201 - 2569 - 7

Ⅰ.①多… Ⅱ.①文… Ⅲ.①牧民 - 定居 - 调查研究
- 川西地区 Ⅳ.D422.7

中国版本图书馆 CIP 数据核字（2018）第 074267 号

西藏历史与现状综合研究项目
多元文化共演与经济社会变迁
——川西北牧民定居调查

著　　者／文艳林

出　版　人／谢寿光
项目统筹／宋月华　周志静
责任编辑／刘　丹

出　　　版／社会科学文献出版社·人文分社（010）59367215
　　　　　　地址：北京市北三环中路甲 29 号院华龙大厦　邮编：100029
　　　　　　网址：www. ssap. com. cn
发　　　行／市场营销中心（010）59367081　59367018
印　　　装／三河市尚艺印装有限公司

规　　　格／开　本：787mm×1092mm　1/16
　　　　　　印　张：19.75　字　数：323 千字
版　　　次／2018 年 6 月第 1 版　2018 年 6 月第 1 次印刷
书　　　号／ISBN 978 - 7 - 5201 - 2569 - 7
定　　　价／98.00 元